高等学校"十二五"省级规划教材
省级精品资源共享课指定教材
高职高专创新人才培养规划教材
连锁经营管理

连锁配送实务

（第三版）

刘宝　编著

当前，不论是火热发展的新零售产物——盒马鲜生、超级物种、7FRESH，还是布局零售末端的无人货架、无人零售机，都在不断地强化物流配送环节，可见物流配送在整个零售环节、供应链环节发挥的作用越来越大。此次教材修订着力体现连锁配送体系中的集中配送新趋势，以及物联网、大数据等新技术在新业态中的应用。

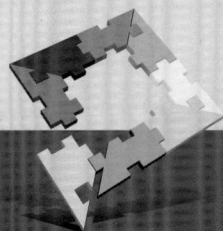

东北财经大学出版社
Dongbei University of Finance & Economics Press
大连

图书在版编目（CIP）数据

连锁配送实务 / 刘宝编著. —3版. —大连：东北财经大学出版社，2018.3
（高职高专创新人才培养规划教材·连锁经营管理）
ISBN 978-7-5654-3076-3

Ⅰ．连… Ⅱ．刘… Ⅲ．连锁企业-物资配送-高等职业教育-教材 Ⅳ．F717.6

中国版本图书馆CIP数据核字（2018）第024756号

东北财经大学出版社出版
（大连市黑石礁尖山街217号　邮政编码　116025）
网　　址：http://www.dufep.cn
读者信箱：dufep@dufe.edu.cn
大连图腾彩色印刷有限公司印刷　　东北财经大学出版社发行
幅面尺寸：185mm×260mm　字数：365千字　印张：15.25　插页：1
2018年3月第3版　　　　　　　　　　2018年3月第3次印刷
责任编辑：郭海雷　曲以欢　　　　　　责任校对：贺　丽
封面设计：冀贵收　　　　　　　　　　版式设计：钟福建

定价：32.00元

第三版前言

本书自出版以来，深受广大读者的关注，第二版被评为安徽省高等学校"十二五"省级规划教材，同时被指定为省级精品资源共享课程配套教材。这些成绩的取得对编著者而言既是鼓励也是鞭策，激励我们在以后的教学中勇于探索、不断提高。

随着中国经济步入新常态，连锁经营也在持续、稳定发展。根据中国连锁经营协会的调查，2016年连锁百强企业的销售规模达到2.1万亿元，同比增长3.5%；门店总数11.4万余个，同比增长5.9%。其中，百强企业共经营超市和大型超市1.1万余个，便利店7.1万余个，百货店及购物中心1 200余个，专业店和专卖店2.2万余个，餐饮等其他门店9 000余个。连锁经营发展的规模继续扩大，跨业态、跨领域发展的趋势明显。

《国务院办公厅关于推动实体零售创新转型的意见》、《家电物流服务通用要求》（GB/T 33446-2016）、《医药产品冷链物流温控设施设备验证性能确认技术规范》（GB/T 34399-2017）、《食品生产经营风险分级管理办法（试行）》、《北京市连锁便利店行业规范（试行）》、《无人值守商店运营指引》等一批政策文件、管理办法、行业或区域标准等相继出台，提出要提高连锁经营企业商品统一采购和集中配送的比例，鼓励物联网、大数据等技术在物流配送体系中的应用，对连锁配送的社会化、标准化、信息化和专业化水平提出了更高的要求。

在上述背景下，编著者再次对本书进行了修订。此次修订继续保持第二版教材的结构、体例和风格，同时力图体现连锁配送发展中的新趋势、新技术、新做法和新经验。

本次修订的变化如下：

（1）对连锁经营与配送的内涵、连锁配送中心的规划、连锁配送中心的作业、连锁配送信息管理、生鲜品连锁配送管理、家电连锁配送管理等内容进行了更新。

（2）改写了连锁配送的基本模式、拣货方法、补货方式、射频识别技术在配送管理中的应用等内容。

（3）增加了连锁配送中心的设施设备、提高送货效率的措施等内容，添加了"沃尔玛与亚马逊在配送服务上的竞争""沃尔玛与智能锁公司合作开展配送""国内生鲜电商的主要配送模式""配送服务成为生鲜电商的新战场""无人机节省配送时间"等大量最新研究案例和阅读材料。

（4）为便于学生获取连锁经营领域的前沿资讯、政策法规、行业观点、数据资料，了解最新实务操作案例，本次修订在各章之后新增了"课外拓展"栏目，以二维码的形式提供了访问入口。

本书由安徽商贸职业技术学院刘宝教授编著，在修订过程中参阅了大量国内外教材、专著和论文，在此向这些文献的作者表示感谢。本书的修订得到了东北财经大学出版社郭海雷编辑的大力支持，在此致以衷心的感谢。

由于连锁配送管理的理论与实践在持续发展，加上编者水平有限，书中难免存在个别不妥与疏漏之处，敬请业界专家和读者批评指正。

编著者

2017年10月修订于芜湖

目　录

第5章　连锁配送中心的作业 / 96

第6章　连锁配送成本管理 / 144

第1章

连锁配送管理概述

学习目标

通过本章的学习，了解连锁经营的内涵和发展优势；掌握配送的概念、类型及在连锁经营中的重要功能与作用；认识连锁企业的配送特征；熟悉连锁企业配送管理的职能和内容。

引例 **联华超市配送管理的改进**

联华超市是我国一家知名的商业零售企业，其在成立之初，就拥有了统一采购、统一配送等现代连锁商业的特征。但是与国际商业巨头相比，其形似而神不似。比如，从门店订货到总部配送完全靠手工操作，手续相当繁复，效率低下。有个例子，有天下大雨时雨伞卖得断货，在门店及时发出订货单后，雨伞根本不会在半天内送到，伞到了，雨早停了。而世界零售业巨头沃尔玛已开始使用卫星传输信息，跨国商品的调配就像在本地一样迅捷。这使联华超市认识到：必须建立现代化物流系统，降低物流成本，而配送中心在连锁超市物流中占据越来越重要的地位，其集货、储存、流通加工、配货、配送等功能也要越来越完善。现代化物流必须依靠配送中心来实现商品的集中储存和配送，以便在企业内形成一个稳定运行、完全受控的物流系统，满足超市对于商品的多品种、多批次、低数量的及时配送要求。既有利于保证和保持良好的服务水平，又便于企业对超市物流各个环节的管理和监控。

联华超市结合国际的先进经验，充分考虑集团的实际情况，建成了利用已有的建筑物改成的配送中心，采用仓库管理系统实现整个配送中心的全计算机控制和管理，而在具体操作中实现半自动化，以货架形式来保管，并配以无线数据终端进行实时物流操作，以自动化流水线来输送，以数字拣选系统来拣选，基本上实现了物流功能条码化与配送过程无线化，具有"穿过式配送"能力，利用"虚拟配送中心"功能协助完成"店铺直送"，建立了"自动补货系统"，还包括强大的退货管理、例外管理以及配送调度安排、线路优化和跟踪等功能，形成了一套完整的解决方案。同时，联华的门店计算机管理系统和智能化物流配送系统，通过网络与总部相连接，加快了商流、物流、信息流的传递，管理人员都能通过网络随时随地了解企业的营运状况。

资料来源 佚名. 联华超市的配送中心［EB/OL］.［2017-11-06］. http://course.shufe.edu.cn/course/marketing/allanli/lianhua.htm.

1.1 配送的概念与类型

1.1.1 配送的含义和特征

1) 配送的含义

配送是现代物流中一种特殊的、综合的活动形式，在物流系统中占有重要地位。根据《中华人民共和国国家标准物流术语》的解释，配送是指"在经济合理区域范围内，根据用户要求，对物品进行拣选、加工、包装、分割、组配等作业，并按时送达指定地点的物流活动"。

从配送的实施过程来看，配送包括两个方面的活动："配"是对货物进行集中、拣选、加工、包装、分割、组配、配备和配置；"送"是以各种不同的方式将货物送达指定地点或用户手中。配送几乎包括了所有的物流功能要素，是物流的一个缩影或在某小范围内物流全部活动的体现。

@ 补充阅读材料 1-1

"配送"一词的由来

"配送"一词是日本在引进美国物流科学时，对英文原词的意译，采用了"配送"两个日语汉字。我国在学习和引进物流科学时是转学于日本的，所以直接取"配送"两个字，作为我国的一个新词汇。

2）配送的特征

（1）配送是一种特殊的综合性物流活动。

配送是以分拣和配货为主要手段，以送货和抵达为目的的一种特殊的、综合的物流活动。其特殊性表现在它包含了某一段的装卸、包装、流通加工、保管等活动，但又不是这些活动的全部或全过程。因此，配送不能简单地等同于运输或其他物流活动的全部。

（2）配送是从物流据点至需求客户的一种特殊的送货方式。

配送的实质虽然是向顾客（消费者、工厂、连锁店等）送货，但它和一般的送货是有区别的，这种区别就在于：第一，配送中从事送货的不是生产企业，而是专职的流通企业；第二，配送属于一种"中转型"的送货，而一般送货，尤其是从工厂至用户的送货往往是"直达型"的送货；第三，一般送货是企业生产什么、有什么就送什么，而配送则是顾客需要什么才送什么。

（3）配送是"配"和"送"的有机结合形式。

配送是按照顾客订货所要求的品种、规格、等级、型号、数量等在物流据点经过分拣、配货后，将配好的商品送交顾客。在进行"送"之前，先要进行大量的分拣、配货、配装等工作，"配"是"送"的前提和条件，"送"是"配"的实现与完成，两者相辅相成，缺一不可。

（4）配送以用户要求为出发点。

配送是按照顾客的要求，由供应者送货到户的服务性供应方式，从其服务方式来讲是一种门到门的服务方式，可以将顾客所需要的货物从物流据点一直送到顾客的仓库、营业场所、车间乃至生产线的起点，它一头连接着物流系统的业务环节，一头连接着服务对象的各种服务要求。配送功能完成的质量及达到的服务水准最直接而又最具体地反映了物流系统对需求的满足程度。

（5）配送是一种专业化的分工方式，是大生产、专业化分工在流通领域的体现。

以往的送货只是作为推销的一种手段，而配送则是一种专业化的流通分工方式。因此，如果说一般的送货是一种服务方式的话，那么配送则是一种物流体制形式。它根据客户的订货要求准确及时地为其提供物资保证，在提高服务质量的同时，可以通过专业化的规模经营获得较低的成本。

3）配送与运输的联系和区别

（1）配送与运输的联系。

第一，配送和运输都是线路活动。配送与运输活动必须通过运输工具在运输路线上移动才能实现物品的位置移动，它们都是一种线路活动。

第二，配送与运输是互补的。一般来说，在运输和配送同时存在的物流系统中，运输处在配送的前面，先通过运输实现物品长距离的位置转移，然后交由配送来完成短距离的输送。

（2）配送与运输的区别。

配送与运输在输送性质、货物性质、输送工具、管理重点、附属功能等方面存在一定的差异，具体可以参见表1-1。

表1-1　　　　　　　　　　　　　　　配送与运输的区别

内　容	配　送	运　输
输送性质	支线运输、末端运输	干线运输
货物性质	多品种、小批量	少品种、大批量
输送工具	小型货车	大型货车、火车等
管理重点	服务优先	效率优先
附属功能	物流的多功能	装卸、捆包

1.1.2　配送的类型

在长期的实践中，配送以不同的运作特点和方式满足不同顾客的要求，从而形成了不同的配送类型。以下从不同的标准出发，对物流配送进行分类。

1）按照配送主体分类

（1）配送中心配送。

这种配送的组织者是专职从事配送的配送中心。这种配送中心专业性强，和客户有固定的配送关系，一般实行计划配送。需配送的商品通常有一定的库存量，一般情况下很少超越自己的经营范围。这种配送中心的设施及工艺流程是根据配送需要专门设计的，所以配送能力强，配送品种多，配送数量大，可以承担企业主要物资的配送及实行补充性配送等，是配送的主要形式。

配送中心的配送覆盖面宽，是一种大规模的配送形式，必须要有配套的、可以大规模实施配送的设施，如配送中心建筑、车辆、路线等，一旦建成很难改变，灵活机动性较差，投资较高。因此，这种配送形式有一定的局限性。

（2）商店配送。

这种配送形式的组织者是商业或物资的门市网点，这些门市网点主要承担商品的零售，一般来讲规模不大，但经营品种比较齐全。除日常经营的零售业务外，这种配送方式还可以根据用户的要求，将经营商品的品种配齐，或代用户外订、外购一部分本商店不经营的商品，与商店经营的品种一起配齐运送给客户。

这种配送形式的组织者实力有限，往往只是零售商品的小量配送，所配售的商品种类繁多，但是用户的需求量并不大，甚至于只是偶尔需要某些商品，很难与大配送中心建立计划配送关系，所以常常利用小零售网点来从事此项工作。

由于商业及物资零售网点数量较多，配送半径较小，所以比较灵活机动，可承担生产企业非主要生产物资的配送以及对消费者个人的配送。可以说，这种配送是配送中心配送的辅助及补充形式。商店配送有两种主要形式：

①兼营配送形式。进行一般销售的同时，商店也兼有配送的职能。商店的备货可用于日常销售及配送，因此有较强的机动性，可以使日常销售与配送相结合，相互补充。在铺面一定的情况下，这种配送形式往往可以取得更多的销售额。

②专营配送形式。商店不进行零售，而是专门进行配送。一般情况下，如果商店位置条件不好，不适合门市销售，而又具有某些方面的经营优势以及渠道优势，可采用这种方式。

（3）仓库配送。

这种配送形式是以一般仓库为节点来进行配送。它可以把仓库完全改造成配送中心，也可以在保持仓库原功能的前提下，以仓库原功能为主，再增加一部分配送职能。由于其并不是按配送中心专门设计和建立的，所以，一般来讲，仓库配送的规模较小，配送的专业化较差。但是由于可以利用原仓库的储存设施及能力、收发货场地、交通运输路线等，因此其既是开展中等规模的配送可以选择的形式，同时也是较为容易利用现有条件而不需大量投资的形式。

（4）生产企业配送。

这种配送形式的组织者是生产企业，尤其是进行多品种生产的生产企业。这些企业可以直接从本企业开始进行配送，而不需要再将产品发送到配送中心进行配送。由于避免了一次物流中转，所以生产企业配送具有一定的优势，但是由于生产企业，尤其是现代生产企业，往往进行大批量低成本生产，品种较为单一，因此无法像配送中心那样依靠产品凑整运输取得优势。实际上，生产企业配送不是配送的主体，它只是在地方性较强的产品生产企业中被较多采用，比如就地生产、就地消费的食品、饮料、百货等。此外，在生产资料方面，某些不适于中转的化工产品及地方建材也常常采用这种方式。

2）按照配送时间及数量分类

（1）定时配送。

定时配送是指按规定的时间间隔进行配送，比如数天或数小时1次等。每次配送的品种及数量可以根据计划实行，也可以在配送之前以商定的联络方式（比如电话、计算机终端输入等）通知配送的品种及数量。定时配送有以下4种具体形式：

①小时配。小时配是指接到配送订货要求之后，在1小时之内将货物送达。这种方式适用于一般消费者突发的个性化需求所产生的配送要求，也经常用作配送系统中应急的配送方式，如B2C型的电子商务。在一个城市范围内，也经常采用小时配的配送服务方式。

②日配。日配是指接到订货要求之后，在24小时之内将货物送达的配送方式。日配是定时配送中应用较为广泛的方式，尤其在城市内的配送中，日配占绝大多数。一般而言，日配的时间要求大体上是上午的配送订货，下午可送达；下午的配送订货，第二天早上送达。日配可以使用户基本上无须保持库存，降低其库存成本。

③准时配送。准时配送方式是指按照双方协议的时间，准时将货物配送到用户的一种方式。这种方式和小时配、日配的主要区别在于，小时配、日配是向社会普遍承诺的配送服务方式，针对社会上不确定的、随机性的需求；准时配送则是两方面协议的结果，往往是根据用户的生产节奏，按指定的时间将货物送达。准时配送的服务方式，可以通过协议计划来确定，也可以通过看板方式来实现。

④快递配送。快递配送是一种快速配送服务的配送方式。一般而言，快递服务覆盖的地区较为广泛，所以服务承诺期限按不同地域会有所变化。这种快递方式是综合利用"小时配""日配"等，在较短时间内实现送达的方式，但不确定送达的具体时间，所以一般作为向社会广泛服务的方式，而很少作为生产企业实现"零库存"的配送方式。

（2）定量配送。

定量配送是指按照规定的批量，每次配送的品种数量一定，而配送时间不固定的配送形式。这种配送方式数量固定，备货工作较为简单，可以根据托盘、集装箱及车辆的装载能力规定配送的数量，能够有效利用托盘、集装箱等集装方式，也可以做到整车配送，配送效率较高。由于不严格限定时间，因此可以将不同用户所需的物品凑成整车后配送，运力的利用也较好。对于用户来说，每次接货都处理同等数量的货物，有利于人力、物力的准备工作。

（3）定时定量配送。

定时定量配送是指按照规定的时间和规定的商品品种及数量进行配送的方式。它结合了定时配送和定量配送的优点，是一种精密的配送服务方式，对配送企业的服务要求比较严格，管理和作业难度较大。定时定量配送方式计划性强、准确性高，主要应用于大量而且稳定生产的汽车、家用电器、机电产品的供应物流中。

（4）定时定路线配送。

定时定路线配送是指在设计好的既定运行路线上，制定配送车辆到达的时间表，按运行时间表进行配送的方式。用户可以按照配送企业规定的路线及规定的时间选择这种配送服务，并在指定时间到指定位置接货。采用这种方式有利于配送企业安排车辆及驾驶人员，可以依次对多个用户实行共同配送，无须每次都决定货物配装、配送路线、配车计划等问题，因此比较易于管理，配送成本较低。对用户而言，可以在确定的路线、确定的时间表上进行选择，又可以有计划地安排接货力量，虽然配送路线可能与用户还有一段距离，但由于成本较低，用户也乐于接受这种服务方式。

（5）即时配送。

即时配送是指完全按用户突然提出的配送要求立即进行配送的方式。这种配送完全按用户提出的配送时间和数量进行配送，它是一种灵活性很高的应急配送方式。即时配送可以满足用户的临时性需求，对配送速度及时间要求严格，因此，通常只有配送设施完备，具有较高管理和服务水平及作业组织能力、应变能力的专业化配送机构才能较广泛地开展即时配送业务。

3）按照配送组织形式分类

（1）集中配送。

集中配送是由专门从事配送业务的配送中心对多家客户开展的配送。配送中心规模大、专业性强，可与客户确定固定的配送关系，实行计划配送。集中配送的品种多、数量大，一次可同时对同一线路上的几家客户进行配送。

（2）分散配送。

对小量、零星货物或临时需要的分散配送业务一般由销售网点负责。销售网点具有分布广、数量多、服务面宽等特点，比较适合开展距离近、品种繁多而用量小的物资配送。

（3）共同配送。

共同配送是指由多个企业联合组织实施的配送活动。它可以分为以同产业或异产业企业为共同配送基础的横向共同配送，以及以像零售与批发、批发与供应商这种以流通渠道各环节成员间共同配送为基础的纵向共同配送。

①同产业间的横向共同配送。同产业间的横向共同配送是指处于相同产业的生产或经营企业，为了提高物流效率，通过配送中心集中运输货物的一种方式。其具体做法有两种形式：一种是在企业各自分散但拥有运输工具和配送中心的情况下，视运输货物量的多少，采取委托或受托的形式开展共同配送，即将本企业配送数量较少的商品委托给其他企业来运输，而本企业配送数量较多的商品，则在接受其他企业委托运输的基础上实行统一配送，这样企业间相互提高了配送效率。另一种形式是完全的统一化，即在开展共同配送前，企业间就在货物运输规格等方面完全实现统一，然后共同建立配送中心，共同购买运载车辆，企业间的货物运输统一经由共同的配送中心来开展。

同产业间的横向共同配送的最大好处在于能提高企业间物流的效率，减少对物流固定资产的投资，更好地满足企业降低成本的要求。其缺陷在于由于运送业务的共同化和配送信息的公开化，各企业自身有关商品经营的机密容易泄漏给其他企业，因而对企业竞争战略的制定和实施有不利的影响。

②异产业间的横向共同配送。异产业间的横向共同配送是指将不同产业企业生产经营的商品集中起来，通过配送中心向顾客输送的一种形式。与同产业间的横向共同配送不同，异产业间的横向共同配送的商品范围比较广泛，属于多产业结合型的配送。

异产业间的横向共同配送克服了同产业间的横向共同配送固有的缺点，它既能保证物流效率化，又能有效防止企业信息资源的外流，使企业在效率和战略发展上同时兼顾，并能充分发挥产业间的互补优势。它存在的问题是难以把握不同产业企业间物流成本的分担，因而在某种意义上增加了企业间的谈判成本。

③纵向共同配送。纵向共同配送是指在物资流通渠道中，不同阶段企业共同开展的一种配送形式。纵向共同配送发展的一个重要宗旨是实现流通各阶段物流成本最低，包括批发商与厂商间的共同配送和零售商与批发商间的共同配送。无论是厂商与批发商之间还是批发商与零售商之间，在投资共同物流设施和共同信息系统时，都必须关注投资的整体效果，即参与各方应充分了解相互间物流的特性以及所承担的物流成本，并且建立起行之有效的物流信息系统。

4）按照配送商品的种类和数量分类

（1）单（少）品种、大批量配送。

单（少）品种、大批量配送主要适用于客户所需要的商品品种较少，或对某个品种的商品需要量较大、较稳定的情况。这种形式多由生产企业或者专业性很强的配送中心将商品直接送达客户，由于配送量大，商品品种较少，可以提高车辆的利用率，同时也可以使配送组织内部的工作简化，因此配送成本较低。

（2）多品种、少批量配送。

多品种、少批量配送是根据用户的要求，将所需要的各种物品（每种物品的需要量不大）配备齐全、凑整装车后由配送据点送达客户的形式。它主要适用于品种数量多、每一品种都是需求量不大的次要物资的情况。这种配送对作业水平要求高，对配送中心设备要求复杂，配货送货计划难度大，因此需要较高水平的组织工作来保证和配合。

（3）配套（成套）配送。

配套（成套）配送是为了满足企业生产的需要，依照企业生产的进度，将装配的各种零配件、部件、成套设备定时送达企业，使生产企业可随即将这些成套的零部件送上生产线进行组装，生产出产品的形式。在这种配送形式中，配送企业完成了生产企业大部分的供应工作，从而使生产企业专门致力于生产，体现了物流为生产服务的精神。

5）按照配送加工程度分类

（1）集疏配送。

集疏配送是指只改变产品数量组成形式，而不改变产品本身的物理、化学性质并与干线运输相配合的配送方式，如大批量进货后小批量多批次发货，或零星集货后形成一定批量再送货等。

（2）加工配送。

加工配送是指与流通加工相结合的配送，即在配送据点中设置流通加工环节，或是把流通加工中心与配送中心建立在一起来实施配送业务。如果社会上现成的产品不能满足用户需要，或者是用户根据本身的工艺要求，需要使用经过某种初加工的产品时，可以在经过加工后进行分拣、配货再送货到用户。流通加工与配送的结合使得流通加工更有针对性，减少了盲目性。对于配送企业来说，不但可以依靠送货服务、销售经营取得收益，还可通过加工增值取得收益。

6）按照配送专业化程度分类

（1）综合配送。

综合配送是指配送商品的种类较多，在一个配送网点中组织不同专业领域的产品向用户配送。由于其综合性较强，因此被称为综合配送。综合配送可以减少用户组织所需物资的进货负担，只需要和少数配送企业联系，便可以解决多种需求的配送。因此，这是用户服务较强的方式。

综合配送的局限性在于，由于产品性能、形状差别很大，在组织时技术难度较大。因此，一般只是在性状相同或相近的不同类产品间实行综合配送，而对于差别过大的产品则难以实现综合化。

（2）专业配送。

专业配送是指按照产品的性状不同，适当划分专业领域的配送方式，如煤、水泥、金属材料和平板玻璃等的配送。专业配送并非越细分越好，实际上性状相同而类别不同的产品，也有一定的综合性。专业配送的主要优势是可以根据专业的共同要求来优化配送设施、配送机械及配送车辆，制定适应性强的工艺流程等，从而大大提高配送各环节运作的效率。

1.1.3　配送在物流系统中的作用

配送是物流系统中的重要功能之一，其高效运营与管理有利于提高物流效益，完善整个物流系统。具体而言，配送在物流系统中的地位和作用可以归纳为以下4点：

1) 配送有利于促进物流资源的合理配置、降低物流成本

配送能够集中社会库存和分散的运力，以配送企业的库存取代分散于各个企业中的库存，进而以社会供应系统取代企业内部的供应系统，且按照统一计划合理分配和使用资源，做到物尽其用，合理配置资源，从而使物流活动达到规模经济，并以专业化和规模优势取得较低的物流成本。

在库存分散的状态下，经常会出现物资超储积压和设备闲置现象，一方面要占用大量资金，影响资金周转；另一方面又不能充分实现物资的价值。而将分散的库存物资集中于配送企业以后，由于后者的服务对象是社会上的众多客户，因而很容易将多余物资派上用场，实现其价值和使用价值。由此不难看出，仅就集中库存、统筹规划库存和统一利用库存物资这几项功能而论，推行配送制也能使资源配置趋于合理化。此外，考虑配送的运行效果实施配送，还有益于建立起合理的库存结构和运输结构，进而能够提高物流设施的利用率和物流设备的工作效率。显然，这也是资源配置合理化的一种表现。

2) 配送可以改善和优化物流中的运输环节

20世纪下半叶以来，科学技术的进步、运输工具的改善，使得干线运输在多种运输方式中都达到了较高的水平，长距离、大批量的运输实现了低成本化。但是，在干线运输完成之后需要支线运输和小搬运来完成末端运输，这种支线运输及小搬运成了物流过程中的一个薄弱环节。采用配送方式，将支线运输和小搬运活动统一起来，发挥灵活性、适应性和服务性的特点，使运输系统的运行效率得以提高。

3) 配送能够提高末端物流的经济效益

在物流活动的末端，采用配送方式，通过增大订购量来实现经济批量，又通过将用户所需的各种商品集中起来统一进行发货，代替分别向不同用户进行小批量、分散发货，可以实现经济的订货和发货，使末端物流经济效益得到提高。

4) 配送有利于开发和应用新技术

配送是一种综合性的、小范围内的物流活动，包含备货和送货。配送的顺利开展，必须配备相应的各种物流设施和设备。实践证明，只使用简陋的工具和完全依靠人力去从事配送活动是难以为继的。在现代社会，随着生产规模的不断扩大和市场容量的不断增加，配送的规模也在相应扩大。在这样的形势下，用于配送的各种设备和设施，不但数量会越来越多，而且其技术含量、技术水平也会不断提高。

如今，为了适应配送服务范围不断扩大及操作频率明显加快的需要，许多专用工具和专用设备也陆续被研制出来，并先后被用于配送的有关环节中。这样做的结果是，一方面，大大提高了配送的作业效率；另一方面，在客观上也促进了技术进步。在生产及流通实践中，设备的更新和先进技术的应用常常是同步进行的。在配送业务不断拓展的过程中，正是随着各种专用设备的广泛使用和各种自动化装置、自动化设施的相继组建，许多生产技术和现代化物流技术才陆续被开发出来，并且得到广泛应用。就后者而论，目前，很多国家的配送企业正是在更新、改造设备的基础上，才先后采用了一系列先进操作技术和管理技术，如集装箱、托盘运输技术、条形码标识技术、计算机控制的自动拣选技术等。

1.2 连锁经营与配送

1.2.1　连锁经营的概念与特征

1）连锁经营的概念

连锁经营是一种商业组织形式和经营制度，一般是指经营同类商品或服务的若干个经营单位，以一定的形式组成一个联合体，在整体规划下进行专业化分工，并在分工的基础上实施集中化管理，把独立的经营活动组合成整体的规模经营，从而实现规模效益。

连锁经营体系由总部、门店和配送中心构成。总部是连锁经营管理的核心，其主要职能是决定方向、完善体系、服务门店和实施管控，具体包括战略规划、网点开发、市场调研、采购配送、质量管理、经营指导、人员招聘、教育培训等；门店是连锁经营的基础，其主要职责是按照总部的指示和服务规范要求，承担日常销售业务；配送中心是连锁经营的物流机构，承担着各门店所需商品的集货、库存、加工、包装、配货、运输、送货等任务。可以说，总部的主要职能是管理，门店的主要职能是销售，配送中心的主要职能是服务。

连锁经营包括三种形式：第一种为直营连锁，是指连锁门店均由连锁公司全资或控股开设，在总部的直接控制下开展统一经营；第二种为自愿连锁，是指若干个门店或企业自愿组合起来，在不改变各自的资产所有权关系的情况下，在总部的指导下开展共同经营；第三种为特许连锁（或称特许经营、加盟连锁），是指拥有注册商标、企业标志、专利、专有技术等经营资源的企业（称为特许人），通过订立合同，将其拥有的这些经营资源许可其他经营者（称为被特许人）使用，被特许人按照合同约定在统一的经营模式下开展经营，并向特许人支付相应费用的经营活动。

一般认为，最初的连锁经营形式是直营连锁，目前也仍然是一种主要形式，但从发展速度和完善程度来看，特许连锁已成为最发达、最规范的形式，目前两者有相互融合的趋势。

@补充阅读材料1-2

三种连锁形式的适应性分析

直营连锁主要适用于零售业，特别是大型百货商店和超级市场，主要原因是这类商业企业都需要巨额的投资和复杂的管理，如果采用特许经营的方式来发展，管理难度较大。例如，沃尔玛、凯马特、西尔斯等企业均采用了直营连锁的方式。

特许连锁适用于制造业、服务业、餐饮业以及便利店之类的小型零售业等领域。例如，美国的施耐普昂连锁公司，就是美国著名的一家五金工具生产企业，它运用特许经营方式在全球发展了5 000多家特许经营店。

自愿连锁比较适用于中小零售业，特别是对中小型零售商店具有吸引力。根据我国目前的状况，发展自愿连锁的难度较大，其中很重要的一个原因是，一些企业缺乏持久的合作精神以及过多考虑短期利益。

2) 连锁经营的特征

（1）组织形式的联合化和标准化。

连锁经营的组织形式是由一个总店和众多的分店所构成的一种企业联合体。这些被纳入连锁经营体系的商店，如同被一条锁链相互连接在一起，所以被称为"连锁商店"。因此，联合化是连锁经营的一个基本特征。

传统的商业组织形式虽然也存在着一定程度的联合，但主要是局部的合作，如工商联营，引厂进店，多方合作开发技术项目或产品、市场。而连锁经营则是整体性、稳定性、全方位的联合，所有的连锁店都使用统一的店名，具有统一的店貌，提供标准化的服务和商品，而且，企业的形象一旦确立就极易在大众的印象中扎根。如美国的快餐品牌麦当劳，它以金黄色的拱形大"M"招牌作为特定的质量、服务、环境和价格的象征，并向客人保证：无论你在哪一个地方的麦当劳快餐店吃汉堡包，其大小、分量、质量和味道都完全一样，否则它就不是麦当劳汉堡包。所以，连锁经营又是标准化的联合。如果只有店名和店貌的统一而无服务的标准化，那就只有连锁经营的"形"，而无连锁经营的"神"，本质上就不是连锁经营。

（2）经营方式的一体化和专业化。

连锁经营把传统流通体系中相互独立的各种商业职能有机地组合在一个统一的经营体系中，实现了采购、配送、批发、零售的一体化，从而形成了生产和销售一体化的流通格局，提高了流通领域的组织化程度。同时，由于连锁企业拥有大量的分店，具有大批量销售的市场优势，所以可以引导供应商真正做到根据市场需求和商业经营者的要求来进行生产，从而形成以大商业为先导、以大工业为基础的现代经营格局。

在供应链上，连锁经营是一对多的关系，即总部向外要面对众多的供应商，向内则面对众多的连锁分店，承担着产品集散的功能，连锁总部负责集中进货和配送，各连锁分店负责销售。统一采购和集中进货使连锁分店获得了低成本的优势，从而提高了分店的利润空间。由于连锁分店在布局上面广量大，满足了消费者的分散性和就近购物的消费习惯，也增强了消费者与连锁店之间的感情联系，从而有效地解决了传统经营中追求规模效益与消费分散性之间的矛盾。

@ 补充阅读材料 1-3

中国便利店发展的现状与特点

在 2017 年中国便利店大会期间，主办方中国连锁经营协会与波士顿咨询公司联合发布了《2017 中国便利店发展报告》，报告指出，中国便利店发展与现状呈现出八大特点：

（1）2016 年便利店行业增速达 13%，市场规模超过 1 300 亿元。开店数量及同店销售双双增长。

（2）市场空间大，一、二线城市是增长热点。同时，区域格局明显，全国布局尚未出现。

（3）盈利提升空间大。单店销售、利润水平虽历年有所改善，但与国际领先企业差距仍然较大。

（4）运营成本快速上升。租金、人工成本在2016年均呈现出上涨趋势。

（5）商品结构亟待提升。生鲜及半加工食品占比低，自有品牌占比低。

（6）加盟机制不完善。加盟占比较低，3成企业尚未开展加盟，加盟管理较为松散。

（7）数字化初见雏形。半数企业引入网购，网购占比约11%；移动支付技术普及，但使用率低。

（8）会员体系有待加强。55%的企业建立了会员体系，有会员体系的企业的会员销售稳步上升。

1.2.2　连锁经营的优势

1）组织优势

连锁组织总部及成员是一个大家庭，成员众多，遍布各地，但由于分工明确，相互依存，且执行了标准化和规范化的经营管理办法，因而成为一个利益共同体，真正实现了风险共担、利益共享。成员单位不是独立地面对市场，而是与其他成员一道在总部的精心筹划和统一指导协调下，共同参与竞争，开发市场，极大地提高了组织的整体作战能力。从某种意义上讲，连锁组织可能是某个行业的垄断组织，把原来相互竞争的众多商业单位联合起来，消除了原有的矛盾和资源浪费，实现了资源的优化配置和利益最大化。不仅如此，成员单位还可以借助组织已有的知名品牌，分享组织的商誉，这样易于增进顾客的亲近感。加盟一个成功的连锁组织，等于不花钱就拥有了一个名牌企业。

2）价格优势

连锁组织总部的一项基本职能是不断地为成员单位创造产品价格优势，由于采取总部统一进货的制度，规模有了保障，因而可以获得厂商更好的价格折扣。对成员单位来说大大降低了采购成本，增强了市场竞争力，提高了企业的经济效益，这是连锁经营无可比拟的优势。

3）规避风险优势

（1）通过经营指导，降低投资风险。

对缺乏经验的投资者来说，如果投资一个有巨大潜力但陌生的领域或行业，往往无从下手，既要承担投资的正常风险，还要承担"无经验"的心理压力。但加入连锁组织，即使你自己对生意没有太多的经验，只要虚心好学，务实奋进，总部都可以给你提供各种训练和指导，比如经营指导、产品技术指导、销售技能指导等，从而避免了投资者不懂行所带来的风险。据国际加盟连锁协会统计，国外普通企业，最初一年的破产率达35%，5年后的破产率达92%，而连锁组织第一年的破产率为4%～6%，5年后也只有12%，和普通企业比相差80%。

（2）通过总部的调节职能可以减少资金积压，降低库存风险。

单个企业，因受地域和市场规模的限制，往往存在库存积压难以处理的问题，而连锁组织则可充分利用其成员的分散性和销售的地区差异进行库存调度，使滞销的产品得到及时有效的处理，从而规避了库存风险。

1.2.3 配送在连锁经营中的功能与作用

1）配送在连锁经营中的功能

（1）集中采购。

在连锁经营中，除特殊情况外，各分店所需要的商品均集中进行采购，这是连锁经营的生命力所在。连锁企业的采购依据是整个连锁分店的要货计划，配送中心汇集各连锁分店提出的要货计划后，结合总部的要求和市场供应情况，制订采购计划，统一向市场采购商品和物料。对连锁企业而言，采购环节是一个创造性环节，其所经营的商品均需通过采购环节来创造效益。要防止因不能准确掌握本部及下属连锁分店的商品和采购信息，导致库存不足而影响销售，或因采购交易时间过长而致使商品长期脱销。

（2）集中储存。

连锁店与其他商店一样，需要有常年销售的商品，需要销售产销时间不同的商品，如果对常年销售的商品，在各连锁店每次发出要货请求后，配送中心就到市场上采购，势必增加成本和采购费用，也不可能最大限度地享受到批量优惠。这就要求配送中心在保证商品储存品质的限度内大批量购进，在连锁分店提出要货请求后，就直接调运分送。对于季节性商品，配送中心也应保持一定的仓储量，以保证销售的需要。

（3）统一配送。

集中采购与集中储存都属于商品"集中"的物流过程，"散"则由配送职能来完成。配送作为连锁业物流的基本功能之一，在其中占有相当重要的地位。实践证明，连锁经营的发展离不开物流配送，合理的物流配送使连锁经营中的统一采购、统一配货、统一价格得以实现，能否建立高度专业化、社会化的物流配送中心关系到连锁经营的规模效益能否充分发挥。

2）配送在连锁经营中的作用

（1）配送有利于实现连锁经营的规模效益。

作为现代零售业经营发展趋势的连锁经营，其优势之一就是规模效益。连锁业规模效益是通过"统一进货、统一配送、统一管理"来降低经营成本的。连锁企业配送中心与各店铺联合经销的经营系统，使店铺与供应商等外部经济关系变为同一所有者的公司各部门的内部业务关系。总部通过配送中心，一方面可以汇总多店铺的经营数量，形成相当的需求规模；另一方面可以在高度及广度上给各零售商店以业务上的指导，提高店铺的经营水平，将集中化进货与分散化销售结合起来，使分散的销售力转化为大量集中的进货力，并介入生产，实现经营的规模化。

由于连锁经营企业所属的店铺点多，分布面广，面对的消费群体也不同，因此，在进货的品种、数量和时间上也不完全相同。单个的连锁店铺一次要货的品种可能比较多，但同一品种的要货量不会太大，这对供应商来讲是不太受欢迎的，而且在价格上也不能享受最大的优惠。在这种情况下，配送中心可以充分发挥及协调各个连锁店铺的商业采购作用，集中零星要货为较大批量要货，争取供应商在价格上给予尽可能大的优惠。同时，由于集中统一进货，对供应也会形成影响，因此无论是在与供应商的交往关系中，还是在与同行的竞争关系中都可以获得优势，从而实现规模效益。

（2）配送有利于促进连锁经营的速度效应。

在高度专业化基础上的营运使连锁店获得了竞争中的速度优势，但高度专业化是与配送中心的物流活动密切相关的。连锁店的营运是在总体规划下进行专业化分工，在分工的基础上实施集中管理的，以便使连锁店在激烈的竞争中能快速反应，领先于对手，由此实现采购、库存、配送、收银、经营、公关、促销、商品陈列的专业化分工，而物流可以协调这些分工合作，形成高效率的专业化分工，从而实现连锁的速度优势。配送中心作为总部与分店的联系纽带，通过分店快销、配送中心快送、采购部快购，使企业运转速度大大快于独立商店。

（3）配送有利于完善连锁经营体系。

①配送有力地支持了连锁经营的市场营销活动。物流配送是一种服务活动，是商品的生产与消费、进货与销售之间的协调者。物流配送中心如同生产营销系统的延伸，在向门店供货时，可依市场需求进行小包装、小批量、多批次的供应，并且配送中心的多种活动都以满足门店需求为目标，有力地支持了门店市场营销活动。配送中心能够保持一定的库存，起到了蓄水池的作用。特别是国庆节、春节等销售量比平日成倍增加的商品销售高峰期，配送中心的库存对确保销售给予了有力的支撑。

②配送对各分店节约库存成本起到了重要作用。由于各连锁分店的主要任务是现场销售，在场地安排上营业场所面积要占70%，用于储存的场地不会太大。而建立在大量采购、快速分拣、快速配货、快捷运输基础上的连锁配送系统，辅以信息系统对各分店销售库存信息的准确及时反馈，能够解决什么时候送、送多少最好的问题，从而能够使各分店不需保留大量库存。配送中心以集中的库存形式取代以往一家一户的库存结构方式。这种集中库存比起传统的前店后库形式大大降低了库存总量，增强了供销的调控能力。连锁经营中将供货集中起来，可以尽可能地增加销售门店的营业面积，大大减少各分店单独储存所需要的保险储备总量。此外，集中储存通过储销的职能分工及专业化管理，可以减少库存总面积，提高库存周转率，从而降低库存成本。

③配送保证门店管理逐步向"只管销售"方向发展。专业化的物流分工使门店管理专注于销售，实现企业经营决策权向总部集中，物流活动向配送中心转移，这是连锁经营成功的关键因素之一。

案例精析 1-1

沃尔玛与亚马逊在配送服务上的竞争

几十年来，沃尔玛一直是美国零售业乃至全球零售业无可争议的巨人。它不仅是全球最大的零售商，也是最大的私人雇主。2015年，它将4 820亿美元营业额收入囊中，几乎是苹果公司的两倍。但如今这个"巨人"在经历了电子商务的浪潮之后，昔日的行业颠覆者正逐渐面临被颠覆的命运。

作为实体零售的巨人，沃尔玛在电商领域却是初出茅庐。当电商巨头亚马逊有望取代沃尔玛成为美国零售业霸主时，沃尔玛已将亚马逊作为竞争目标，力争抢回不断被蚕食的网上零售份额。

《经济学人》报道称，2015年美国消费者每花10美元，就有1美元是花在电子商务上，这一数字比2014年增长了15%。亚马逊在北美的年度销售额增长几乎达到30%。相比之下，沃尔玛占美国零售销售额的比重是10.6%，虽然仍是亚马逊的两倍多，但相比它

2009 年巅峰时期近 12% 的市场份额，说明其在走下坡路。2016 年 1 月，沃尔玛表示将在美国关闭 154 家门店，这个数字在未来还会增加。

相对于沃尔玛来说，亚马逊的一个最大优势就是它的 Prime 服务，其中最吸引人的就是 2 日内免费配送，仅这一条就足以说服很多消费者成为亚马逊的会员。

既然将亚马逊设定为目标，沃尔玛也不甘示弱地推出过类似的服务，收取 50 美元年费，提供 3 日内免费配送服务。而现在，沃尔玛又要放大招了，它决定升级之前的 ShippingPass，且提供免费试用 30 天的配送服务。

其实这项服务与亚马逊的 Prime 会员制度类似，《华尔街日报》称，沃尔玛将原来的 3 日送达缩短至 2 日送达，且将年费下降了 1 美元，由原来的一年 50 美元下降到 49 美元，仅为亚马逊 Prime 服务 99 美元年费的一半，且没有最低消费的限制。顾客只要支付一年 49 美元的订阅费就可以享受到不限次的 2 日送达服务。全球咨询公司的董事长艾睿铂表示，沃尔玛已经意识到其不能像鸵鸟一样，只是把头埋进沙子里来逃避现实。网购送货服务正是这个无法忽视的现实，亚马逊提高了消费者心目中的标准。

《华尔街日报》指出，美国的消费者已经习惯了 Prime 的送货速度。根据艾睿铂对美国消费者进行的相关调查，网上购物者可以接受的收货时间平均为 4.8 天，而这一数字在 2012 年时为 5.5 天，其中可以接受 5 天以上收货的消费者比例也由 2012 年的 74% 下降到了 60%。

不过，这种快速的交货需要投入昂贵的成本，因为需要花重金投资仓库、库存和运输管理技术，这样一来零售商的利润空间就会受限。不过《华尔街日报》指出，沃尔玛在此之前已经做了很多准备，它将更多的库存转向其美国七大在线购物仓库，并且同一些较小规模的区域物流商建立合作伙伴关系来运送更多的包裹。沃尔玛将建立 8 个大型电商仓库，并与地区物流商合作，优化配送服务。同时，沃尔玛为其电商业务增加了 150 个分发中心，服务于 8 个发货中心和 4 600 家美国门店，其中 80 家门店将作为配送枢纽。

沃尔玛向来以超低的价格结合种类繁多、琳琅满目的商品为傲，但这种曾经难以比拟的商业模式正在失去它的魔力：折扣店等竞争对手的低价可与其相媲美，而亚马逊的仓库则可以在品类上打败它。

就在沃尔玛孜孜不倦地为美国人省钱的时候，亚马逊已经开始了全新的商业模式：致力于为消费者节省时间。亚马逊已经形成了自己独特的超级卖场，其遍布全美的仓库经过精心布局，可以把货物加速送至消费者手中。更别提亚马逊的 Dash[①] 实体按钮的创新，它使消费者在厨房按一下这个按钮即可订购商品，简洁按钮的背后是消费者留在亚马逊上的各种信息集合。

沃尔玛也在奋起反击。沃尔玛正在花费数十亿美元来扩大规模，在实体店和网上为客户提供更丰富的商品，凭借其对细节的"过分"注重让其运营变得更加高效。例如，当发现面包师在盆底剩下了太多的奶油和糖霜之后，其调整面包师的操作流程，当年节省的糖霜超过 35 卡车；将配送在线商品的包装箱由原来的 12 种增加到 27 种，预计沃尔玛在一年内可以节省 720 万立方英尺的包装箱。

虽然要超越亚马逊不是一件易事，但沃尔玛的规模仍是它最有利的武器。《经济学

---

① Dash 是一个带按钮的联网小盒子，按一下，就会向亚马逊发出设定好的订单，如牛奶、鸡蛋、果汁、肥皂、咖啡、卫生纸等。

人》表示，在10个美国人中，就有9个生活在距离沃尔玛门店10英里的范围之内，这就体现出了沃尔玛电商的优势，因为消费者既可以去门店购买，也可以在网上下单后到实体店取货。

资料来源　年双渡. 沃尔玛能否在配送服务上扳回一局［N］. 中国商报，2016-08-05，有修改。

精析：能否通过配送，为消费者提供更多的便利，使消费者享受更好的服务是决定零售企业竞争优势的关键因素。要想在这场互联网零售争霸战中取得胜利，沃尔玛要做的还有很多。

1.3 连锁企业的配送管理

1.3.1 连锁企业的配送特征

不同于一般生产企业或商业企业的物流配送活动，由于经营商品种类众多及门店分散的特点，连锁企业的配送活动相对复杂，具有一定的特殊性，其主要特点表现为：

1）批量采购，统一配送

连锁企业各门店的商品统一由总部采购，按照统一的分销策略和各门店对商品品种、规格、包装等的要求，统一储存和配送，从而实现大批量进货，获取折扣和延长付款的机会，形成规模效益。只有那些没条件实行统一采购的才分散给各门店采购。

2）商品种类繁多，配送和仓储要求多样化

一般来说，连锁企业经营的商品种类很多，涉及日用品、食品、家用电器、家居装饰等。因此对配送和仓储的要求呈现多样化的趋势，如对于冷冻食品在运输和仓储过程中要有严格的卫生和保温措施——全过程冷链物流；而对于易碎易压物品（如玻璃制品）在仓储和运输过程中也需要专业的操作和运输。

3）配送作业复杂

作为连锁企业的物流配送部门，其必须将供货厂商、连锁企业各区域配送中心、各分店纳入系统管理之中，以最低的成本，维持一定程度的服务水平。它不但要负责供货物流、配送物流，还必须负责退货物流、废弃物流的处理等。由于供应商只负责大包装供货，配送中心需要按照店铺的订货量进行拆零、分拣。配送部门还必须处理诸如赠品、退货（包括正品、残次品）等问题，并且由于商品新增及淘汰的频率很高，还必须及时增加新品，更换滞销品。另外，各类品种的消费品，特别是食品通常有不同的保质期，需要有针对性的保质期管理。这些特点要求连锁企业的配送系统要有更快的反应速度、更复杂的技术和信息支持。

4）配送时间要求严格

连锁企业处于供应链末端，直接面对多样化的消费需求，商品理货、配货工作繁重；且由于销售受市场、促销、节日等因素影响，容易出现波动，门店配送量变化大。在物流配送作业如此复杂的请况下，销售门店为在有限的空间陈列更多品种的商品，要求高频率配送，而大多数门店的交通环境恶劣，时间要求严格。对于仓储空间等资源有限的门店，一般要求通过提高配送频率来满足需求，有些小型的便利店甚至一天要求送货几次，而且配送过程有时间限制，如限定某个时间到货。

无人机节省配送时间

无人机运送对提升快递行业的效率有着莫大的帮助，在节省配送时间的同时，也节省人力成本。

京东在 2017 年 6 月 18 日宣布无人机送货正式进入常态化运营，并在西安规划了 40 条无人机航线以满足客户需求，预计每天配送 4 次，每次运送 5~7 个订单。6 月 30 日，顺丰与赣州市南康区联合申报的物流无人机示范运行区的空域申请，得到正式批复，成为目前国内首个取得无人机物流合法飞行权的公司。

高效对于快递行业的发展是必不可少的因素，单纯增加配送网点、仓库和配送人员对快递行业的发展局限性很大。快递行业一直依靠的薄利多销经营方式很难维持，大量劳动力的需求让快递行业面临着巨大的生存压力。无人机运送对于提升快递行业的效率有着莫大的帮助，在节省配送时间的同时，也节省人力成本。根据金融研究公司 ARK Invest 的研究结果，亚马逊通过无人机运送快递的成本每件不到 1 美元，配送的实效也提升至最快 30 分钟内送达。

资料来源 向琳. 无人机开启物流配送新时代〔N〕. 证券时报，2017-07-15.

5）配送成本不确定性大

连锁企业配送一般是多批次、小批量的，配送数量往往达不到应有的经济规模，再加上网点深入社区、交通不方便等，使配送运作成本大大提高、难度加大。连锁企业的配送成本很大程度上还受到门店管理、销售的制约，例如门店商品是否备有库存，卖场商品陈列的数量，订货后多长时间内将商品送到商场，订货单位是箱还是包，拆零商品的品种数有多少，送货频率和紧急订货突发配送的情况等，一旦销售政策发生变化，对配送运作的要求也将发生改变，最终导致配送成本的改变。也就是说，决定配送成本的不仅仅在于物流部门，而且很大程度上还在于销售部门。

1.3.2 连锁企业配送管理的职能

连锁企业配送管理是指连锁企业对整个配送活动进行计划、组织、指挥、监督、控制、调节的总和。管理职能是管理系统功能的体现，是管理系统运行过程的表现形式。管理者的管理行为，主要表现为管理职能。根据连锁企业配送管理过程的内在逻辑，可以将连锁企业配送管理划分为计划、组织、领导、控制等几大职能。

1）连锁企业配送管理的计划职能

计划职能是指管理者为实现组织目标而对工作进行的筹划活动。计划职能一般包括：调查与预测、制定目标、选择活动方式等一系列工作。任何管理者都要执行计划职能，而且，要想将工作做好，无论大事小事都不能缺少事先的筹划。计划职能是管理者的首要职能。

配送计划是为了实现配送预期目标所做的准备性工作。首先，要确定配送所要达到的目标，以及为实现这个目标所进行的各项工作的先后次序；其次，要分析研究在配送目标实现的过程中可能发生的任何外界影响，尤其是不利因素，并确定应对这些不利因素的对策；最后，要明确贯彻和指导实现配送目标的人力、物力、财力的具体措施。

2）连锁企业配送管理的组织职能

为了使配送活动按配送计划规定的目标正常运行，对配送的各项活动进行科学组织是必不可少的。组织职能是管理者为实现组织目标而建立与协调组织结构的工作过程。组织职能一般包括：设计与建立组织结构，合理分配职权与职责，选拔与配置人员，推进组织的协调与变革等。合理、高效的组织结构是实施管理、实现目标的组织保证。因此，不同层次、不同类型的管理者总是或多或少地承担不同性质的组织职能。

连锁企业配送管理的组织职能是指在配送活动中通过建立有效的组织结构，科学配备相关人员，把各个相互关联的环节合理地结合起来，而形成一个有机的整体，以便充分发挥配送活动中每个部门、每个人员的作用。第一，应在对连锁企业配送活动进行仔细作业分析的基础上，科学地设计配送组织结构，确保其组织设计符合分工明晰、统一指挥、权责对等的要求，并能够有一定的柔性；第二，设计并建立连锁企业配送管理的职权关系体系、组织制度规范体系与信息沟通模式，以完善并保证配送活动的有效运行；第三，要对连锁企业的配送管理实施合理的人员配备与科学的人力资源开发。

3）连锁企业配送管理的领导职能

领导职能是指管理者指挥、激励下级，以有效实现组织目标的行为。领导职能一般包括：选择正确的领导方式，运用权威实施指挥，激励下级，调动其积极性，以及进行有效的沟通等。凡是有下级的管理者都要履行领导职能，不同层次、类型的管理者领导职能的内容及侧重点各不相同。领导职能是管理过程中最常见、最关键的职能。

在连锁企业配送管理实践中，通过计划职能，明确了配送管理的目标以及实现目标的途径；通过组织职能，构建了一个高效的组织结构；通过领导职能，在配送运营中营造起一种氛围，一种促使人们全心全意、全力以赴、自觉自愿去实现配送目标的氛围。为实现以上目标具体可采取的措施有：第一，对员工进行有效激励，即通过使参与企业配送活动的各方面、各层次人员的需要、愿望、欲望等得到满足，来引导他们以企业或领导者期望的方式行事；第二，在企业配送活动中进行有效的人际沟通，包括正式和非正式的沟通，实现信息、思想和情感在个人或群体间的传递与交流，从而保证整个配送系统的协调运行，增强整体凝聚力；第三，营造组织气氛，建设组织文化。通过建立组织内外通畅的沟通渠道，采用适宜的激励措施和办法，以及不断改进和完善领导作风等方面的工作，营造出一个人人愿意做出贡献的工作环境氛围，使配送目标得以顺利实现。

4）连锁企业配送管理的控制职能

控制职能是指管理者为保证实际工作与目标一致而进行的活动。控制职能一般包括制定标准、衡量工作、纠正出现的偏差等一系列工作过程。工作失去控制就要偏离目标，没有控制很难保证目标的实现，控制是管理者必不可少的职能。但是，不同层次、不同类型的管理者控制的重点内容和控制的方式是有很大差别的。

连锁企业配送管理的控制职能是通过检查监督、评价和调整来实现的。各级配送部门有被监督和检查的义务，也有去监督、检查其他部门的责任。通过监督和检查，可以了解配送的实施情况，发现配送活动中的矛盾，找出存在的问题，分析问题发生的原因，找出克服的方法。

在一定时期内，人们对配送实施后的结果与原计划的配送目标进行对照、分析，这就是配送的评价。通过对配送活动进行评价，可以确定配送计划的科学性、合理性如何，确认配送实施中的成果与不足，从而为今后制订新的计划、组织新的配送提供宝贵的经验和资料。按照配送评价的范围不同，可以分为专门性评价和综合性评价。专门性评价是指对配送活动中的某一方面或某一具体活动做出的分析，如分拣工作的效率、送货服务的准确性等。综合性评价是指对配送活动总体管理水平的综合性分析，主要评价某一次或某一类配送活动是否达到了期望的目标值，是否完成了预定的任务。按照配送各部门之间的关系，配送评价又可以分为纵向评价和横向评价。纵向评价是指上一级配送部门对下一级部门和机构的配送活动进行的分析。这种分析通常表现为本期完成情况与上期或历史完成情况的对比。横向评价是指执行配送业务的各部门之间的各种工作效果的对比，主要反映配送各部门相对效率的高低。

在检查监督和评价的过程中，若发现配送各部门、各环节出现不平衡情况以及实施与计划的偏差，就需要根据配送的影响因素，对配送各部门、各个环节的能力做出新的综合平衡，重新布置实现配送目标的力量，这就是对配送活动的调整。通过配送调整可以解决各部门、各环节之间，上、下级之间，配送内部和外部环境之间的矛盾，从而使配送过程协调一致，紧紧围绕配送目标开展活动，从而保证配送计划的最终实现。

在连锁企业配送管理实践中，上述计划、组织、领导和控制职能一般是顺序履行的，即先要执行计划职能，然后是组织、领导职能，最后是控制职能。但上述顺序不是绝对的，在实际管理中这四大职能是相互融合、相互交叉的。

1.3.3　连锁企业配送管理的内容

商品配送是实现连锁经营的必要条件，它连接着连锁企业的商品销售和采购，保证连锁企业商品的正常流转，保证基层连锁店的正常销售活动，满足市场的需求。

连锁企业的配送工作主要解决以下问题：第一，要合理地向基层连锁商店配送商品，做到商品配送的适销、适时、适量；第二，要及时、合理地调剂各个连锁商店商品的余缺，做到既不缺货又不积压；第三，要科学地统计和分析市场上的商品需求，以便制订合理的配送计划；第四，要合理地组织商品货源。与上述问题相对应，连锁企业配送管理主要应包括如下内容：

1）配送模式管理

配送模式是企业对配送所采取的基本战略和方法。根据国内外的发展经验及我国的配送理论与实践，目前，连锁企业主要形成了自营、共同配送、互用配送、第三方配送等几种配送模式。企业选择何种配送模式主要取决于配送对企业的重要性、企业的配送能力、市场规模与地理范围、保证的服务及配送成本等因素。一般来说，企业配送模式的选择方法主要有矩阵图决策法、比较选择法等。连锁企业配送的几种基本模式将在第2章进行详细阐述。

2）配送方案管理

连锁企业配送的对象、品种、数量等较为复杂，为了做到有条不紊地组织配送活动，管理者需要制订系统的配送方案，并遵照一定的工作程序对配送活动进行安排与管理。一般情况下，配送方案管理主要包括制订配送计划、选择配送路线、配送合理化分析、配送成本分析、配送方案优化等内容，具体内容可参见第3章。

管理者需要制订出配送计划，供具体负责进行配送作业的员工执行。商流是其制订配送计划的主要依据，即商流提出了何时、何地、向何处送货的要求，配送则据此恰当安排运力、路线、运量，完成此项任务。制订正确而又可操作的配送计划，是既经济又有效地完成配送任务的重要前提。

连锁企业的配送路线是否合理，对配送速度、成本、效益影响很大。因此，采用科学合理的方法确定合理的配送路线是一项非常重要的工作。对配送路线进行优化决策，可以使物流决策部门充分利用物流资源，发挥物流配送系统潜力，提高物流经济效益，实现物流科学化。确定配送路线可以采取各种数学方法和在数学方法的基础上发展演变出来的经验方法。无论采用何种方法，首先都应确定试图达到的目标，再考虑实现此目标的各种限制因素，在有约束的条件下寻找最佳方案，实现试图达到的目标。

对于配送合理化与否的判断，是配送方案管理的重要内容。一般来说，可以从库存、资金、成本和效益等方面进行分析。其中，总效益、宏观效益、微观效益、资源筹措成本等是判断配送合理化与否的重要标志。

3）配送作业管理

虽然不同类型商品的配送作业流程不尽相同，但从一般情况来看，连锁企业配送作业管理主要包括进货入库作业管理、在库保管作业管理、加工作业管理、理货作业管理和配货作业管理。配送作业管理的主要内容将在第5章进行详细阐述。

4）配送系统各要素的管理

（1）人的管理。

人是连锁企业配送系统和配送活动中最活跃的因素。对人的管理包括：配送从业人员的选拔和录用；配送专业人才的培训与提高；配送教育和配送人才培养规划与措施的制定等。

（2）物的管理。

"物"指的是配送活动的客体即物质资料实体。物的管理贯穿于配送活动的始终。它涉及连锁企业配送活动诸要素，即物的采购、储存、拣选、输/配送等。

（3）财的管理。

财的管理主要是指降低配送成本，提高经济效益等方面的管理内容。它是配送管理工作的出发点，也是配送管理一切工作的归宿。其主要内容有：配送成本的计算与控制，配送经济效益指标体系的建立，资金的筹措与运用，提高经济效益的方法等。连锁配送成本管理的主要内容将在第6章进行详细阐述。

（4）设备的管理。

设备的管理主要是指与配送设备管理有关的各项内容，包括各种配送设备的选型与优化配置，各种设备的合理使用和更新改造，各种设备的研制、开发与引进等。

（5）技术的管理。

配送技术管理包括配送硬技术和配送软技术的管理。对配送硬技术进行管理，即是对配送基础设施和配送设备的管理，如对配送设施的规划、建设、维修、运用，对配送设备的购置、安装、使用、维修和更新，提高设备的利用效率以及日常工具管理工作等。对配送软技术进行管理，主要是对配送各种专业技术的开发、推广和引进，配送作业流程的制定，技术情报和技术文件的管理，配送技术人员的培训等。配送技术管理是配送管理工作的依托。

（6）信息的管理。

配送信息管理主要是指对反映配送活动内容、配送要求、配送作用和配送特点的信息所进行的搜集、加工、处理、存储和传输等。信息是配送系统的神经中枢，配送管理只有做到有效处理并及时传输配送信息，才能对系统内部的人、财、物、设备、技术等要素进行有效的管理。这部分内容将在第7章进行详细阐述。

5）配送质量和客户服务管理

（1）质量管理。

配送质量管理包括配送服务质量、配送工作质量、配送工程质量等的管理。配送质量的提高意味着配送管理水平的提高，意味着企业竞争能力的提高。因此，配送质量管理是配送管理工作的中心问题。配送质量管理主要应以提高配送工作全过程的质量、提高配送服务水平为根本目的，设计合理的配送质量管理评价指标，建立全面的配送质量管理体系。

（2）客户服务管理。

配送的客户服务管理是配送质量管理的核心，主要指对配送活动相关服务的组织和监督，衡量配送服务满足客户需要的程度。例如，调查和分析顾客对配送活动的反映，决定顾客所需要的服务水平、服务项目等。在配送客户服务管理中，4个传统的客户服务因素——时间、可靠性、方便性和信息的沟通，是配送服务管理需要考虑的基本因素，这些因素也是制定配送服务标准的基础。

@ **补充阅读材料1-5**

配送增值服务

配送增值服务是在基本服务的基础上延伸出的服务项目。增值服务涉及的范围很广，一般可归纳为以顾客为核心的增值服务、以促销为核心的增值服务、以制造为核心的增值服务和以时间为核心的增值服务四种。

以顾客为核心的增值服务是指围绕顾客的特殊需求而开展的各种形式的增值服务。这种增值服务向买卖双方提供利用第三方专业人员来配送产品的各种可供选择的方式，其是处理客户向供应商的订货、直接送货到商店或客户家，以及按照零售店货架储备所需的明细货物规格持续提供的配送服务。以促销为核心的增值服务旨在为用户提供有利于用户营销活动的服务，在为他们提供配送服务的同时，增加更多有利于促销的物流支持。以制造为核心的增值服务旨在为用户提供有利于生产制造的特殊服务。以时间为核心的增值服务是以对顾客的反应为基础，运用延迟技术，使配送作业在收到用户订单时才启动，并将物品直接配送到生产线上或零售店的货架上，其目的是尽可能降低预估库存和生产现场的搬运、检验等作业，使生产效率达到最高。

案例精析1-2

高效配送——7-11的配送管理

7-11诞生于美国，成熟于日本。目前，7-11分布于全球16个国家和地区，拥有56 000多家便利连锁店，在中国大陆开设店铺1 000多家。物流配送是保证连锁便利店运营的重要环节，7-11的成功与其物流配送管理密切相关。

1）特定区域集中开店

7-11便利店销售的主要商品包括日常生活用品和鲜食，也引入了多种便利服务以迎合顾客的需求，包括代收水电费、代售飞机票、开展邮寄物品和收快递服务、自动汇款，复印及传真服务，自动银行提款机服务及电话卡售卖等。7-11便利店的特点可以总结为"不便宜，但便利"。7-11的目标客户主要是那些早出晚归、贪图方便、有一定经济基础的白领阶层和单身男女，因此销售价格自然高于一般的平价商店或超级市场，利润率也比同类商店要高2%～3%。

7-11便利店一直秉承"特定区域高密度集中开店"的开店策略，这是实施高效物流配送的先决条件。7-11通过集中化的物流管理成功地削减了相当于商品原价10%的物流费用。

"特定区域高密度集中开店"能够保证向一个区域内的门店实行集中配送。特定区域内门店数量的增加，能缩短配送的距离和时间，产生规模经济效益，降低物流成本，提高服务能力和配送效率，同时提高在该区域内的知名度，可以有效地开展广告宣传，提高消费者对品牌的认同度。

2）与时俱进的物流配送模式

便利连锁店的店铺规模不大，但商品种类多，一般普通的7-11连锁店需要摆列3 000种左右的食品。这些商品大多来自于不同的供应商，仓储及运输要求各不相同，同时还需根据客户的不同需要调整货物的品种，这对物流配送提出了很高的要求。7-11的物流配送模式经历了以下三个阶段：

（1）批发商直接送货阶段。

日本7-11在成立之初并没有自己的配送中心。7-11的供应商有各自的批发商，批发商成为联系7-11和供应商间的纽带。它所要做的就是把供应商生产的货物迅速有效地运送到7-11手中，批发商就相当于7-11的配送中心。批发商为了自身的发展，需要尽可能多地向更多的便利店配货，导致其送货时间不确定。同时，7-11必须同大量不同商品的批发商联系，配送效率低下。

（2）集约化配送阶段。

鉴于批发商直接送货策略的弊端，7-11逐步改变了以往由多家批发商分别向各个便利点送货的方式，改由某区域内的特定批发商统一管理同类供应商，然后向7-11统一配货，称之为集约化配送。集约化配送缩减了批发商的数量，减少了配送环节，节省了物流费用，实现了规模经济预期。

（3）共同配送中心配送阶段。

按照不同的地区和商品群，生产商和批发商充分利用闲置的土地资源或利用率较低的设备，与7-11共同投资，共同经营管理配送中心。配送中心一般分布在距中心城市商圈35千米左右、非中心城市商圈60千米左右的地方。共同配送中心统一集货，再向各门店配送。各区域设立共同配送中心，实现高频次、多品种、小批量配送。

3）适当的物流配送质量控制

随着7-11店铺数量的增加和商品种类的增多，客观上要求其必须根据不同的商品特性实行差异化的物流配送，从而保障产品的鲜度和及时配送。为了保证在物流配送过程中不影响商品的质量，7-11对物流实行温度控制，按适合各类商品特性的温度进行配送，使商品以最佳的状态出现在商店货架上。7-11根据不同的温度带建立配送体系，对配送的商品种类和频次进行细分。

7-11将商品分为四类：冷冻类、冷藏类、常温类和暖温类。冰块、冰淇淋等冷冻类商品，保存温度为-20℃，每周配送3～7次；三明治、乳制品、生菜、牛奶等冷藏类商品，保存温度为5℃，每天配送3次；罐头、方便面、饮料、杂货等常温类商品，保存温度为10℃，每周配送7次；盒饭、烤面包等暖温类商品，保存温度为20℃，每天配送3次。

针对不同类型的食品，采用保温车和冷藏车进行配送。这样就可以跨越商品品类和行业的界限，同一温度带管理区的商品，均可以实现同一车辆混合运输。多频次、多品种、小批量配送，既可以保证商品的及时供应，又可以降低物流成本，提高配送效率。

4）先进的信息管理系统

连锁便利店的供应商和门店数量庞大，商品种类繁多，商品配送要求的准时、保鲜等特性，决定了7-11对信息管理系统的依赖程度非常高。7-11公司在1975年引入了POS销售时点系统，期间通过不断的创新和完善，建立了在零售业领域领先的信息管理系统。先进的信息管理系统是7-11连锁经营成功的重要条件。

7-11的共同配送中心以先进的信息管理系统为基础。配送中心的信息系统定期收到各便利店发来的库存报告和需求信息，配送中心将这些信息进行分析，向不同的供应商订货，供应商在约定时间之内向配送中心供货。为了保证及时供货，配送中心一般会保持4天左右的安全库存。共同配送中心在收到供应商的供货后，根据区域内的各家店铺的需求分别向其供货。共同配送中心可以掌握店铺库存和在途库存等信息，保证及时供货，让新鲜的商品总是可以以更快的速度出现在货架上。

7-11的信息系统收集销售点数据后，传送至7-11总部进行数据处理，预测各类商品的销售趋势，同时结合库存数据分析商品的脱销率。7-11通过对这些数据的分析，确定上架产品类型、如何补货、货架摆设及个别商店的特殊送货要求。

先进的信息技术是特定区域密集开店、共同配送中心配送网络等策略的基本保障，也是7-11连锁经营的重要条件。

资料来源　贾磊，沈振辉. 连锁便利店物流配送管理模式分析——以7-11为例［J］. 安阳工学院学报，2017（3），有修改。

精析：7-11的核心竞争力之一在于其物流配送。通过特定区域密集开店、选择合适的物流配送模式、进行科学的物流配送质量控制以及运用先进的信息管理系统，7-11大大提升了其配送管理水平。

🔖 本章小结

配送是指在经济合理区域范围内，根据用户要求，对物品进行拣选、加工、包装、分割、组配等作业，并按时送达指定地点的物流活动。配送与运输在输送性质、输送工具、管理重点、附属功能等方面存在一定的差异。在长期的实践中，配送以不同的运作特点和方式满足不同顾客的要求，从而形成了不同的配送类型。可以从不同的标准出发，对物流配送进行分类。

配送是物流系统中的重要功能之一，其高效运营与管理有利于提高物流效益，完善整个物流系统。配送有利于促进物流资源的合理配置，降低物流成本；配送可以改善和优化物流中的运输环节；配送能够提高末端物流的经济效益；配送有利于开发和应用新技术。

连锁经营是适应社会化大生产和现代消费方式的客观要求，实现高效流通的一种现代企业组织形式。连锁经营实现了组织形式的联合化和标准化，以及经营方式的一体化和专业化。配送在连锁经营中具有集中采购、集中储存、统一配送等功能，配送有利于实现连锁经营的规模效益，有利于促进连锁经营的速度效应，也有利于完善连锁经营体系。

　　连锁企业的配送活动相对复杂，具有一定的特殊性，其主要特点表现为：批量采购，统一配送；商品种类繁多，配送和仓储要求多样化；配送作业复杂；配送时间要求严格；配送成本不确定性大。根据连锁企业配送管理过程的内在逻辑，可以将连锁企业配送管理划分为计划、组织、领导、控制4大职能。连锁企业配送管理主要应包括配送模式管理、配送方案管理、配送作业管理、配送系统各要素的管理、配送质量和服务的管理等内容。

主要概念

　　配送　配送中心配送　共同配送

基础训练

一、不定项选择题

1.按照配送主体分类，配送可以分为（　　　）。

A.配送中心配送　　　　B.商店配送　　　　C.生产企业配送　　　D.仓库配送

2.（　　　）是指由多个企业联合组织实施的配送活动。

A.集中配送　　　　　　B.共同配送　　　　C.分散配送　　　　　D.配套配送

3.连锁经营包括（　　　）等几种形式。

A.直营连锁　　　　　　B.自愿连锁　　　　C.共同连锁　　　　　D.特许连锁

4.配送在连锁经营中具有（　　　）等功能。

A.统一生产　　　　　　B.统一配送　　　　C.集中储存　　　　　D.集中采购

5.连锁企业配送管理的（　　　）职能是指在配送活动中通过建立有效的组织结构，科学配备相关人员，把各个相互关联的环节合理地结合起来，而形成一个有机的整体，以便充分发挥配送活动中的每个部门、每个人员的作用。

A.计划　　　　　　　　B.组织　　　　　　C.领导　　　　　　　D.控制

二、判断题

1.配送是以分拣和配货为主要手段，以送货和抵达为目的的一种特殊的、综合的物流活动。（　　　）

2.我国连锁企业大都采取第三方配送模式。（　　　）

3.日配是接到订货要求之后，在12小时之内将货物送达的配送方式。（　　　）

4.即时配送是指完全按用户突然提出的配送要求随即进行配送的方式。（　　　）

5.横向共同配送是指物资流通渠道中，不同阶段企业共同开展的一种配送形式。（　　　）

三、简答题

1.配送与运输有何联系和区别？

2.配送在连锁经营中有什么功能与作用？

3.连锁企业配送管理的主要内容是什么？

四、实训题

【实训项目】

连锁企业配送管理认知实训

【实训情境设计】

参观本地区一家大型连锁超市，或通过网络收集某知名连锁企业的相关资料，了解该企业配送管理的现状，分析其配送管理的特色和存在的不足。可以5~6名同学为一组，通过团队合作完成该项实训。

【实训任务】

结合本章所学的连锁企业配送管理的理论知识体系，初步认识该企业配送的计划、组织、领导、控制是如何展开的，对企业的配送模式选择和配送方案设计进行系统分析，并合理评价。同时，认真学习有关实践工作当中所体现的管理艺术性。要求各组提交一份某连锁企业配送管理状况调研报告。

【实训提示】

在认真温习本章理论知识的基础上，各组选择一家连锁企业为认识分析的对象（建议选择知名度较高、管理较规范的大型连锁企业），要求全班各组选择的连锁企业各异，在本章知识学习完成后还能继续长期关注。实训过程中，要注重组员的合理搭配与团结协作，要做好资料的记录整理，以组为单位提交的某连锁企业配送管理状况调研报告要有理有据，切忌空泛。

【实训效果评价】

针对实训任务的完成情况，填写表1-2。

表1-2 实训效果评价表

考核项目	考核标准	所占比例
实训组织与准备	人员组织合理，分工明确，对调研目的和调研内容准备充分	10%
资料收集整理	能正确、熟练地通过网络搜集目标企业的相关资料信息，对网络资源能够有效甄别、分析，并根据实训任务的需要进行科学整理。选择实地参观考察的小组，合理选择考察项目，并对所选考察项目进行全面深入的调研，得出第一手信息资料	20%
信息处理	分解复杂信息任务，列出行动计划，选择适当的方法获取信息，培养职业信息敏感性，筛选有效信息，整理和综合信息，用文字与图表展示信息，用多媒体手段辅助信息传达	10%
与人交流合作	树立沟通意识，积极交流表达，围绕主题交谈，把握交谈方式，倾听他人讲话，以多种形式回应，运用交谈技巧准确表达观点。理解团队目标，建立合作关系，明确自身角色，接受工作安排，遵守合作承诺，沟通工作进度，调整合作关系	10%
解决问题	明确指出问题所在，并提出解决问题的基本思路或对策。在他人的支持下做出计划并实施，此过程要利用相关资源。检查问题是否解决，对方法做出总结和修改	20%
连锁企业配送管理状况调研报告	撰写的报告内容完整、真实，体会深刻，针对性强，切实反映目标企业配送管理的特色和存在的问题，表述符合基本原理，观点有独到之处	30%

课外拓展

获取连锁经营领域前沿资讯、政策法规、行业观点、数据资料，了解最新实务操作案例，请关注微信公众号"中国连锁经营协会"（微信号：CCFA2013）。

第2章

连锁配送的业务流程与模式

学习目标

通过本章的学习，掌握连锁企业进行商品配送的基本环节与一般流程；掌握连锁企业的四种配送模式，认识各种配送模式的优缺点；领会影响连锁企业配送模式选择的各种因素。

引例 花王川崎物流中心的配送业务流程

日本的花王川崎物流中心，运用现代化手段，高效率地提供配送服务。花王的大型广域物流配送中心——"花王川崎物流中心（川崎L/C）"，是花王构筑广域物流系统的第一阶段成果。它位于日本神奈川县川崎市（东扇岛），占地约为24 000平方米，自动仓库的储存量为100万箱（是花王川崎工厂的3倍）。川崎L/C的一天出货量为6万箱，其中40%的小批量订货，直接送到各零售店铺（包括东京都南部和神奈川县的大约1万家店铺），其余60%用大型卡车，送至其他客户处。零售店的订货量，分为零星商品和整箱两种，一般设有最小订货单位，按最小订货单位的倍数发货。

川崎L/C实行一天两次接单，截止时间分别是中午12点和下午3点，要求在接单后的24小时内把商品送到客户手中。

第一，入库、验收。大型卡车将商品运至物流中心一层的入库处，商品堆装在托盘上入库，同时通过条形码读取品名、数量等信息。商品通过自动电梯，运入二层、三层的自动仓库。这些程序都由计算机自动控制。

第二，储存。商品储存在高层仓库里。高层仓库的货架高30米，一共有30列16段，一列长60米，仓库共拥有28 800个货架，可储存100万箱的货物。

第三，拣选和分货。根据计算机的指示，从高层货架以托盘为单位，取出商品，进行拣选或分货。

第四，集货。按照计算机指示的配送路线、配送时间、地点，将分好的商品，用传送带运至配货流水线进行集中，按照配送的顺序，进行相反的排列。

第五，装货。将集货流水线上的商品，用流水线按照不同分店汇集后，将货装入集装箱，或是直接装入卡车。

第六，配送。按照计算机处理安排的配送时间表，用卡车在24小时内将商品送到目的地。对于配送范围内比较近的零售店，采用小型集装运货车直接送至店内；若距离较远，则先在夜间通过大型集装箱运货车送至中转站，再由小型货车在白天依次配送。

简单地说，就是根据零售店和销售公司的订货信息，从高层货架自动地将货物提出，通过分拣设备，在流水线上，以箱为单位分拣完毕后，再由集货流水线，将货物按照从各零售店发来的订单要求将货备齐，通过自动配送流水线，装入集装箱或是小型卡车。装货的顺序和要配送路线的顺序正好相反，最先送至零售店的货物最后装入，这样卡车司机，就可以按照预定的配送路线，高效率地进行配送。

资料来源　牛鱼龙．日本物流经典案例［M］．重庆：重庆大学出版社，2006．

2.1 连锁配送的业务流程

2.1.1 连锁配送的基本环节

从总体上看，连锁企业的配送业务是由备货、理货和送货 3 个基本环节组成的。其中每个环节又包含着若干项具体的活动。

1）备货

备货是配送机构根据客户的要求和自身经营的需要从供应商处集中商品和存储的过程，是商品配送的前提和基础。备货工作通常包括制订进货计划、组织货源、进货验收、存储保管等基本业务。其目的是为配送商品提供货源保证，在由专业化流通机构组织配送时，备货工作可以由配送机构完成，由其组织订货、购货、结算，同时进行进货验收、存储等其他物流活动，也就是在配送机构实行商流与物流一体化，这种情况多见于商业性批发配送机构，也可以是配送机构只代理供应方和需求方商品的入库验收、存储等物流活动，而采购结算等商流活动由供应方和需求方直接组织完成，即商流和物流分离的模式，这种情况多见于在传统储运业务基础上发展而来的配送机构。

存储货物是购货、进货活动的延续。在配送活动中，货物存储有两种形态：一种是暂存形态；另一种是储备（包括保险储备和周转储备）形态。

备货是决定配送规模大小、成败与否的最基础的环节，同时，它也是决定配送效率高低的关键环节。如果备货不及时或不合理，成本较高，就会大大降低配送的整体效益。

2）理货

理货是配送的一项重要内容，也是配送区别于一般送货的重要标志。其包括货物分拣、配货和包装等活动。

货物分拣是指采用适当的方式和手段，从储存的货物中分出（或拣选）用户所需要的货物。货物分拣一般采取两种方式来操作：一种是摘取式，另一种是播种式。

所谓的摘取式分拣，就是像在果园中摘果子那样去拣选货物。其具体做法是：作业人员拉着集货箱（或分拣箱）在排列整齐的仓库货架间巡回走动，按照配送单上所列的品种、规格、数量等将客户所需要的货物拣出并装入集货箱内。在一般情况下，每次拣选只为一个客户配装。在特殊情况下，也可以为两个以上的客户配装。目前，由于推广和应用了自动化分拣技术，装配了自动化分拣设施等，使分拣作业的劳动效率大大提高。

播种式分拣货物近似于田野中的播种操作。其具体做法是：将数量较多的同种货物集中运到发货场，然后根据每个货位货物的发送量分别取出货物，并分别投放到每个代表用户的货位上，直至配货完毕。

为完好无损地运送货物和便于识别配备好的货物，有些经过分拣、配备好的货物还需重新包装，并且要在包装物上贴上标签，记载货物的品种、数量，收货人的姓名、地址及运抵时间等。

3）送货

送货是配送活动的核心，也是备货和理货工序的延伸。在物流活动中，送货实际上就是货物的运输或运送，因此，常常以运输代表送货。但是，组成配送活动的运输（配送运输）与通常所讲的"干线运输"是有很大区别的：前者多表现为按用户之需进行的"末端运输"和短距离运输，并且运输的次数比较多；后者多为长距离运输（一次运输）。由于配送中的送货（或运输）需面对众多的客户，并且要多方向运动，因此，在送货过程中，常常进行运输方式、运输路线和运输工具的选择。按照配送合理化的要求，必须在全面计划的基础上，制定科学的、距离较短的货运路线，选择经济、迅速、安全的运输方式和选用适宜的运输工具。通常，配送中的送货都把汽车作为主要的运输工具。

2.1.2 连锁配送的一般流程

连锁企业配送作业的具体内容包括：订单处理、进货、储存、拣选、配装、送货、盘点、补货等。作业项目之间衔接紧密，环环相扣，整个过程既包括实物流，又包括信息流，同时还有资金流。连锁企业配送作业的基本流程如图2-1所示。

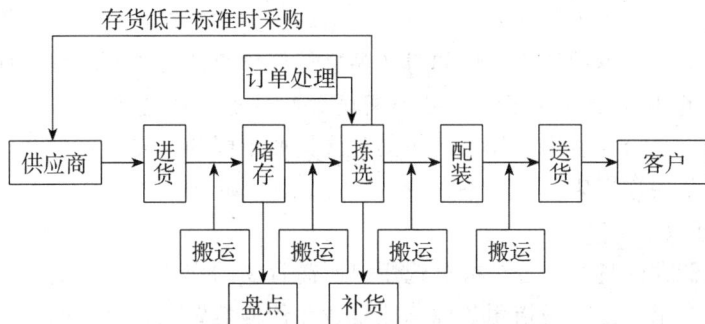

图2-1 连锁企业配送作业的基本流程

收到用户订单后，首先将订单按其性质进行"订单处理"，然后根据处理后的订单信息，进行从仓库中取出用户所需货品的"拣选"作业。拣货完成后，如果发现拣货区所剩余的存货量过低，则必须由储存区进行"补货"作业。如果储存区的存货量低于规定标准，则向供应商采购订货。从仓库拣选出的货品经过整理之后即可准备"发货"，等到一切发货准备就绪，司机便可将货品装在配送车上，向用户进行"送货"作业。另外，在所有作业中，只要涉及物的流动作业，其间的过程就一定有"搬运"作业。

1）订单处理

配送业务活动是以客户订单发出的订货信息作为其驱动源的。在配送活动开始前，配送中心根据订单信息，对客户的分布、所订商品的品名、商品特性和订货数量、送货频率和要求等资料进行汇总和分析，以此确定所要配送的货物种类、规格、数量和配送的时间，最后由调度部门发出配送信息，如拣货单、出货单等。订单处理是调度、组织配送活动的前提和依据，是其他各项作业的基础。订单处理是配送服务的第一个环节，也是配送服务质量得以保证的根本。

2）备货

备货也称进货，是配送的准备工作和基础工作，包括筹集货源、订货或购货、集货及有关的质量检查、结算、交接等。由于配送的优势之一就是可以集中不同客户的需求进行一定规模的备货，即通过集中采购，扩大进货批量，从而降低商品交易价格，同时，分摊进货运输、装卸成本，减少备货费用，取得集中备货的规模优势。备货是决定配送效益的关键环节之一，如果备货成本太高，将会大大降低配送的效益，配送的功能也难以有效发挥。

3）储存

储存货物是购货、进货活动的延续。在配送活动中，货物存储有两种表现形态：一种是暂存形态；另一种是储备形态，包括保险储备和周转储备。暂存形态的存储是指按照分拣、配货工序的要求，在理货场地储存少量货物。这种形态的货物存储是为了满足"日配""即时配送"需要而设置的。其数量多少对下一个环节工作的方便与否会产生很大影响，但一般来说，不会影响储存活动的总体效益。储备形态的存储是按照一定时期配送活动的要求和根据货源的到货情况，如到货周期，有计划地确定的。它是使配送持续运作的资源保证。

4）配送加工（拣选）

在配送作业中，配送加工环节属于增值性活动，不具有普遍性，但其通常是具有重要作用的功能要素。有些加工作业属于初级加工活动，如按照客户的要求，将一些原材料套裁；有些加工作业属于辅助加工，比如对产品进行简单组装，给产品贴上标签或套塑料袋等；也有些加工作业属于深加工，食品类配送中心的加工通常是深加工，比如将蔬菜洗净、切割、过磅、分份并装袋，加工成净菜，或按照不同的风味进行配菜组合，加工成原料菜等配送给各基层连锁店。

5）分拣及配货

分拣是指从储存的货物中分出或拣选用户所需货物的作业。在前文中已对货物分拣的两种方式进行了介绍。配货是指用各种拣选设备和传输装置，将存放的物品按客户的要求分拣出来，配备齐全，送入指定发货地点。

分拣及配货不仅是配送不同于其他物流形式的功能要素，也是决定配送成败的一项重要的支持性工作，它是完善送货、支持送货的准备性环节，是不同配送企业在送货时进行竞争和提高自身经济效益的必然延伸。所以，也可以说分拣及配货是送货向高级形式发展的必然要求。有了分拣及配货，就会大大提高送货服务水平。

6）配装

当单个连锁店的配送数量不能达到车辆的有效载运负荷时，就存在如何集中不同连锁店的配送货物进行搭配装载以充分利用运能和运力的问题，这时就需要配装。配装与一般送货的不同之处在于，通过配装送货可以大大提高送货水平、降低送货成本。所以，配装是配送系统中具有现代特点的功能要素，也是现代配送与以往送货的重要区别之一。

7）送货

配送业务中的送货作业包含将货物装车并实际送达。完成这些作业需要事先规划配送区域或配送路线，根据配送路线选用的先后次序来决定商品装车顺序，并在商品配送途中进行商品跟踪、控制，制定配送途中意外状况及货物送达后相关单证的处理办法。

2.1.3　商业连锁企业配送流程管理

一般的商业连锁企业配送作业流程按照商品流动路径，可分为标准型、通过型、直送型。标准型一般是由供应商送货至商业连锁企业配送中心，配送中心对商品验收入库、存储，再根据分店要求分拣出库，配送至门店。通过型是指供应商将事先已经指定门店的商品送至商业连锁企业配送中心，配送中心对商品验收后不经储存而与发往该门店的其他商品混合配装后，直接出库，配送至门店。直送型是指商品不经商业连锁企业配送中心，而由供应商直接送货到门店的方式。

标准型作业流程主要适用于各门店普遍需求、销售量比较大的畅销性商品，对这类商品，为防止缺货损失，一般由配送中心进行一定数量的库存准备，保证对门店要货需求的及时供应。而采用通过型作业流程，主要是基于降低库存、减少库存资金占用、加速商品周转、提高集中配送、降低运输费用等原因。对所需商品不采取事先大量订货储备的方式，而根据门店订单进行订货，将供应商送达配送中心的商品与配送中心储备的其他门店所需商品配装到一辆运货车上向门店进行配送，减少供应商单独送货可能产生的高运输成本。一般情况下，通过型作业流程主要适用于非普遍需求性物资和销售需求量较小的物资。但由于这一运作流程能有效地提高库存周转水平、减少库存量，因此在配送管理运作水平较高的企业，通过型作业方式是主要的配送作业方式。直送型作业流程主要适用于对保鲜性要求较高的生鲜商品及供应商在当地有供应、有经销点的商品。由供应商直接将商品送往各门店，以减少环节，节省时间和费用。

案例精析 2-1

联华的生鲜食品配送流程

上海联华超市股份有限公司经营大型综合超市、超级市场及便利店三大主要零售业态，在生鲜食品方面，早在1999年就成立了上海联华生鲜食品加工配送中心有限公司，主要经营生鲜食品的加工、配送和贸易，其运作流程主要包括：

1）订单管理

配送中心接收各门店以及相关餐饮企业的订单，经过系统的整合汇总后，按照订单所需商品的不同类型进行分类处理，具体如下：

（1）储存型商品：系统根据现有库存以及商品送货日期和供应商送货周期拟定建议补货订单，采购人员以此为依据形成供应商订单。

（2）中转型商品：中转型商品无须库存，直进直出，系统直接生成供应商订单。

（3）直送型商品：根据到货日期分配供应商，并通过EDI系统将直送订单直接发送给相应的供应商。

（4）加工型商品：系统按日期汇总门店要货，并计算物料耗用，根据当前库存情况生成加工原料的建议订单，生产计划员根据实际需求做调整，发送给采购部生成供应商原料订单。

2）物流计划

物流计划部根据第二天的收货、生产任务等信息来制订物流计划。

（1）线路计划：根据门店的订货数量和品种，对既有线路进行调整，保证运输效率。

（2）批次计划：设定加工和配送的批次，实现循环使用资源，提高效率；将各线路分别分配到各批次中。

（3）生产计划：制订生产计划，对量大的商品进行分批加工，设定各线路的加工顺序，保证生产计划与配送运输间的协调。

（4）配货计划：根据批次计划，结合场地及物流设备的实际情况安排配货。

3）配送运作

按照正常的配送计划分拣完成后的商品应在晚上送达门店，门店在次日早上将新鲜商品上架出售。货物装车时，装货人员根据系统算出的包装物与门店使用清单进行核对。商品送达门店后，门店只需清点包装总数并退回上次配送时的包装物即可，大大缩短了交接时间。

资料来源　张瑜，陈华艳. 生鲜食品物流配送模式的问题及优化研究［J］. 中国商论，2015（4），有修改。

精析：联华生鲜食品加工配送中心依托于由订单管理、物流计划、配送运作等三大模块构成的物流信息系统，针对不同类型的商品采用差异化的配送流程，提高了配送服务水平。

2.2 连锁配送的基本模式

根据提供配送服务的主体，一般可以将连锁企业的配送模式分为自营配送模式、供应商配送模式、第三方物流配送模式和共同配送模式4种类型。

2.2.1 自营配送模式

自营配送模式是指连锁企业根据本企业的战略目标、网点布局、商品需求量、经营规模，以及自身实力等各种情况，选择适当的地点，出资建立一个或几个配送中心，由本企业对配送中心进行经营管理，完成对本企业各门店的配送任务。

1）自营配送模式的优点

（1）更好地发挥连锁零售企业统一管理和分散经营的特点。

通过自营配送，可以更好地实施统一进货、统一配送、统一价格的连锁经营规范化管理，并且有利于协调总部与连锁门店，以及各连锁门店之间的关系。

（2）加强了连锁企业对物流配送系统的有效控制。

由于整个配送体系属于企业内部的一个组成部分，与企业经营部门关系密切，以服务于本企业的经营战略为目标，所以配送系统的设计、运作更符合本企业的要求，可以对物流的各个环节进行管理和监控，能够更好地满足企业在配送时间、空间、质量、数量方面的要求。

（3）实现连锁经营的价格优势。

自营配送中心集中进货并统一运输，享受批量优惠，进货成本和物流成本的降低，使连锁企业获取整体价格优势。

2）自营配送模式的缺点

（1）投资规模大。

建立自营配送系统需要大量投资，建成后也需要大量的资金以维持其运作，对于众多的中小连锁零售企业来说，是一个很大的负担。尤其当连锁企业因经济实力和销售规模限制无法产生配送规模效益时，反而会带来高额的配送成本，难以发挥连锁经营的优势。

（2）灵活性不够，风险高。

自营配送系统缺乏灵活性，业务淡旺季的忙闲不均会造成资源浪费，也不易随着企业的经营规模、业务范围的变化而调整。

@ **补充阅读材料 2-1**

采用自营配送模式的代表性企业

在国际上，自建配送体系的代表性企业是美国沃尔玛公司。自1970年沃尔玛公司在其总部所在地建立了第一个配送中心以来，到目前为止，沃尔玛的配送中心已经达到200多家，能为全球4 000多个连锁店铺按时按需提供配送服务，整个公司销售商品的85%由这些配送中心供应。沃尔玛利用信息技术整合优势资源，将信息技术战略与传统物流整合，打造出独具特色的物流配送体系，大大降低了成本，加速了存货周转，这一点已为业界所称道，同时配送中心也成为沃尔玛"天天低价"战略最有力的支持。我国大部分大型连锁企业也采用这种模式，直接建立自己的配送体系。如上海华联超市的配送中心是目前国内连锁企业中自建的较先进的配送中心之一，建筑面积2万平方米，库存能力90万箱，日吞吐能力19万箱，可同时停靠80辆货运卡车，服务半径250千米，为华联超市的快速扩张提供了强大的支撑。

2.2.2 供应商配送模式

供应商配送模式是指由生产企业或供应商直接把连锁零售企业所需商品送到各连锁门店甚至货架的配送方式。随着供应链概念的提出，一些大型的连锁超市企业与供应商之间的关系已由竞争走向了协作，逐步朝供应链整合的方向发展，以降低交易成本，提高利润。目前，有些生产企业是利用自建配送中心对连锁零售企业进行配送，例如，家电企业海尔；另外一些是和第三方物流企业合作，通过在全国范围内建立的分销体系对连锁企业进行门店配送，例如，日化品生产企业宝洁公司、雅芳公司。

1）供应商配送模式的优点

（1）降低成本。

生产企业或供应商承担大部分送货任务，可降低零售商的物流成本，减少连锁企业在物流系统方面的投资，节省了资金。

（2）降低连锁企业运作的复杂性。

采取供应商配送模式有助于企业集中精力做自己的主营业务，而且也方便零售商的退换货处理。

2）供应商配送模式的缺点

（1）商品难以保证供应。

以连锁超市为例，由于商品品种繁多，并不是所有的生产厂家或供应商都有足够的物流配送能力来满足超市商品的配送需求。大部分的供应商或生产厂家的物流配送功能并不健全，这样就会导致供应商配送模式的配送服务不到位，达不到超市的配送需求，反而会影响到超市商品的供应保证能力。

（2）供应商不堪重负。

很多商品配送具有小批量、多批次的特点，对于这些小批量、多批次的商品，如果也都采用供应商配送模式，就会导致运输的规模效益难以形成，运输工具的空载率高，运输成本增加。如果连锁企业门店在较大地域范围迅速扩张，供应商会由于直接配送成本过高而不堪重负。

2.2.3 第三方物流配送模式

第三方物流配送模式是连锁企业将其物流配送业务部分或者全部委托给专业物流企业来运营的一种运作模式。

1) 第三方物流配送模式的优点

（1）使连锁零售企业专注核心业务，提高核心竞争力。

连锁企业的核心业务是选址开店、采购、促销、商品陈列等。通过第三方物流配送，连锁企业特别是中小型连锁企业可以把有限的资源集中用于核心业务以增强核心竞争能力。

（2）获得更专业化的物流服务。

专业物流公司在组织零售企业的物流活动方面往往更有经验、更专业化，能够为连锁企业提供"量身定做"的一体化物流综合服务以及其他增值服务，为客户带来更多的附加价值。

（3）减少投资风险。

减少连锁企业对固定资产的投资，规避经营风险。把物流业务外包给第三方，无须投入兴建配送中心和设备的大量资金，变固定资产为流动资金，更能适应变化的外部环境，规避了经营风险。

2) 第三方物流配送模式的缺点

（1）双方保持长期稳定合作关系的不确定性。

如果第三方物流企业不能提供已承诺的服务，或者连锁企业和第三方物流企业因合同争议而诉诸法庭，造成法律诉讼甚至双方合作合同的终止，这期间连锁企业的供货可能被迫中断，给连锁企业的正常运营带来无法估量的损失。

（2）企业经营信息可能被外泄。

采用第三方物流后，由于双方合作的紧密性以及提高物流效率的需要，通常要求双方的信息平台对接，实现有关信息的共享，其中不乏企业大量的经营机密，如交易条件、顾客名单、进货渠道等。第三方物流企业往往会拥有诸多的客户，可能也包括连锁企业的竞争对手，可能会导致连锁企业的运营情况被泄露给竞争对手。

近年来，由于国际流通业竞争越来越激烈，一些国际大连锁零售商，如日本7-11便利店和伊藤洋华堂等，逐步尝试立足主业经营、走专业化发展的道路，以合同形式逐步将本企业的物流配送业务委托给社会上专业化的物流配送服务商为自己服务。在日本，单体分散经营的零售店约占店铺总数的90%以上，为适应竞争需要，这些零售店主要依靠第三方物流进行商品配送。目前我国制造商使用第三方物流服务的较多，而零售行业却并不多，近年来，一些连锁超市开始尝试。如北京物美集团公司，早在2001年就开始委托第三方物流公司为其所属的200多家便利店进行配送。第三方物流公司为其提供的配送中心库房面积为1万平方米，年配送能力为500万箱，配送金额为10亿元。

案例精析 2-2

麦当劳的第三方物流配送

夏晖集团（以下简称"夏晖"）长期为麦当劳提供物流配送服务，其与麦当劳的合作超过30年。为了满足麦当劳冷链物流的要求，30多年来，夏晖主要为麦当劳提供一站式综合冷链物流服务，包括运输、仓储、信息处理、存货控制、产品质量安全控制等，并且根据麦当劳的店面网络建立了分拨中心和配送中心。

麦当劳利用夏晖设立的物流中心，为其各个餐厅完成订货、储存、运输及分拨等一系列工作；并通过它的协调与连接，使每一个供应商与每一家餐厅达到畅通与和谐，为麦当劳餐厅的食品供应提供最佳的保证。设立至今，麦当劳的近60家供应商的商品都是通过夏晖建立的物流体系分发到各个门店的。

在麦当劳和夏晖的伙伴关系中，夏晖不仅扮演了第三方物流公司的角色，而且承担着供应商的责任。麦当劳完全采用了供应商代理的形式，由夏晖掌握麦当劳的库存与采购，使得夏晖的库存保持在较低水平。

为了满足麦当劳冷链物流的要求，夏晖在北京地区投资5 500多万元人民币，建立了一个占地面积达12 000平方米、拥有世界领先的多温度食品分发系统的物流中心，其中干库容量为2 000吨，里面存放麦当劳餐厅用的各种纸杯、包装盒和包装袋等不必冷藏冷冻的货物。冻库容量为1 100吨，设定温度为零下18摄氏度，存储薯条、肉饼等冷冻食品。冷藏库容量超过300吨，设定温度为1～4摄氏度，用于储存生菜、鸡蛋等需要冷藏的食品。冷藏和常温仓库设备都是从美国进口的设备，设计得细致而精心，最大限度地对麦当劳产品进行保鲜，保持麦当劳产品的物流损耗率在万分之一以内。

资料来源　佚名．麦当劳御用3PL——夏晖冷链物流［EB/OL］．（2014-08-06）．http：//info.10000link.com/newsdetail.aspx? doc=2014080690025，有删改。

精析：麦当劳之所以选择夏晖，一个很重要的原因在于后者为其提供了优质的服务。借由与麦当劳数十年友好合作的伙伴关系，夏晖建立了在食品业提供完整供应链管理的能力。通过长期合作，双方实现了共赢。

2.2.4 共同配送模式

共同配送模式是多家连锁企业和供应商为实现整体的物流配送合理化，以互惠互利为原则，共同出资建立配送中心，并由出资方共同经营管理，为所有出资企业提供统一配送服务的一种协作型配送模式。

1）共同配送模式的种类

共同配送的实质是物流资源利用的共同化、物流设施与设备利用的共同化以及物流管理的共同化。连锁企业实行共同配送的模式有以下几种：

（1）连锁企业与厂商共建配送中心。

一些规模较小的连锁企业，资金比较匮乏，很难建立自己的配送系统，并且建立配送系统后很难达到相应的经济规模。相对势单力薄的中小企业若能联合起来，与多个厂商共同出资建立配送中心负责连锁企业的配送业务是比较合适的。多个小型的连锁企业与多个厂商一起共同出资建立配送中心，可以各自投资，将节约的物流成本转化为利润，从而将更多的利润让给消费者，有利于地方中小生产企业形成稳定的销售渠道，而连锁企业也有了稳定的供货渠道。

（2）第三方物流企业共同配送。

由一个专业物流配送企业综合各家用户的要求，对各个用户统筹安排，对配送时间、数量、次数、路线等，在用户可以接受的前提下，全面规划、合理计划地进行配送，在诸方面做出最优的安排。这种配送中心规模较大，各种配送功能齐全。其优点是专业性强、服务水平高、物流配送成本低，而且管理、技术设备先进；其缺点是在利益的驱动下，物流中心一般会按"80/20法则"把客户分为一般客户和主要客户，从而提供不同的物流服务，无法保证对所有连锁企业配送服务的质量。

（3）多个连锁企业共同配送。

这种模式是多家连锁企业以协议、联盟或共同出资共建配送中心的形式实行共同配送，具体分为委托统一配送与合资共建型共同配送两种形式。

委托统一配送是指一些中型的连锁企业在各自分散、各自拥有运输工具和物流中心的情况下，视运输货物量的多少，采取委托或受托的形式开展共同配送。他们可以将本店配送数量较少的商品委托给其他企业的配送中心来运输，而本企业配送数量较多的商品，则在接受其他企业委托运输的基础上实行统一配送。这些中型的连锁企业联合起来，共同使用所有的设施，不仅可以使自有资源得到充分利用，提高配送效率，还避免了由于共同出资建立配送中心而导致的过于透明的缺点，比较适合于中型连锁企业。

合资共建型共同配送是指由多家连锁企业共同出资建立配送中心进行共同配送或多家企业利用已有的配送中心、配送机械等设施，对不同配送企业用户进行共同配送。其优点是多家连锁企业的物流资源可以共享，减少了单一企业物流设施的投入，能够满足多家连锁企业的配送要求，提高物流管理水平。但由于共同配送中心的专用性，其较难扩大业务范围。

2）共同配送模式的实施

开展共同配送虽然可以获得很多优势，但由于共同配送涉及许多具体的细节问题，在实践中可能会遇到一些困难和障碍。因此，连锁企业要想顺利实施共同配送应注意以下几个问题：

（1）利益分配的公开、公平。

共同配送中的每一个企业在现实的经济运行中都是"理性的"经济人，都遵循着利润最大化的原则。因而，大部分加盟共同配送的企业通常实行一种松散的战略联盟或组成合伙制或股份制企业的形式，各加盟共同配送的企业按投入资源的多少索取剩余价值。要注重建立公平的利益分配机制，明确物流成本在各企业之间如何公平地分配，保证共同配送所实现的利益在各参与企业间合理、公平地分配，做到利益的均衡。

（2）同产业信息的安全管理。

在同产业间的横向共同配送中，由于运送业务的共同化和配送信息的公开化，各企业的交易条件、顾客名单等经营机密容易泄露给其他企业，从而对企业的竞争战略的制定和实施有不利的影响。因此在从事同产业间的横向共同配送时，应充分评估这种共同物流对企业战略产生的影响，包括积极因素和消极因素两个方面，如果消极面大于积极面，这时应考虑异产业间的横向共同配送的开展。同时在实践中，还应建立防止和监督企业机密泄露的机制与措施，确保企业经营机密不被泄露，维护各参与企业的利益。

（3）合理选择合作伙伴。

在异产业间的横向共同配送中，很难把握不同产业企业间物流成本的分担，因而在某种意义上增加了企业间的谈判成本。由于各经济主体间信息的不对称，可能会出现物流服务水平及成本方面的差异。应当注意：配送客户分布状态是否相似；商品特性是否相似；

保管、装卸、备货等特征是否相似；经营系统是否相似；物流服务水准是否相似。

（4）进行统一管理与协调。

开展共同配送必然在库存管理、订货方式、断货管理等方面产生一系列复杂的问题，因此实施共同配送系统时，还应注意订、发货信息系统，以及系统时间、账单、条形码等条件的具备与统一，这些都是共同配送管理能否成功的关键因素。

案例精析2-3

7-11的共同配送

7-11是全球最大的零售网络商之一，是世界公认的便利店的典范。7-11之所以能够取得这样的成绩，除了先进的经营方式与独特的品牌营销外，强大的后方物流支持系统也是其快速发展的重要因素。

7-11便利店按照不同的地区和商品群划分，组成共同配送中心，由该中心统一集货，再向各店铺配送。地域划分一般为中心城市商圈方圆35千米，其他地方市场方圆60千米，各地区设立一个共同配送中心，以实现高频度、多品种、小单位配送。为每个单店有效率地供应商品是配送环节的工作重点。配送中心首先要从批发商或直接从制造商那里购进各种商品，然后按需求配送到每个单店。

7-11便利店的共同物流体系并非由其独自完成，而是由与其合作的生产商和经销商根据7-11便利店的网点扩张情况和其独特的业务流程与技术而量身打造的。根据7-11便利店与各生产商、批发商达成的协议，生产商和批发商对各自所在地区的闲置土地、运转率较低的设施进行整合，投资设立共同配送中心，由参加投资的公司共同经营。生产商和批发商将配送业务和管理权委托给共同配送中心，7-11便利店与参加共同经营的生产商、批发商密切协作，以地区集中建店和信息网络为基础，创建独自的系统。共同配送中心的建立，使得7-11便利店商品的周转率达到极高的水平，车辆的装载率和利用率也大幅度提高。共同配送中心的建设使7-11便利店信息化水平大为提高，目前7-11便利店总部能充分了解商品销售、在途和库存的信息，7-11便利店开始逐渐掌握整个产业链的主导权。

资料来源 佚名. 7-11的物流战略［EB/OL］. (2007-10-30). http://www.redsh.com/research/20071030/151632.shtml, 有删改。

精析：在连锁业价格竞争日渐激烈的情况下，7-11通过实施共同配送，灵活借用生产商与批发商的资本和设备开展物流活动，努力降低成本费用，为整体利润的提升争取了相当大的空间。

2.2.5 连锁企业配送模式的选择

对连锁企业来说，选择哪种配送模式，不能一概而论，要视各自的具体情况而定。一般认为，连锁企业的发展阶段、发展战略、资金实力、管理人才、业态定位、门店选址、门店数量、规模和结构等，都会影响到连锁企业商品配送模式的选择。如对于地处中心城市的大卖场或综合性超市来说，上述4种物流配送模式都可予以考虑；但对于便利店来说，因其营业面积及仓储空间极其有限，不可能大量囤货，其主要经营生鲜、食品、洗化等日用消费品，购物的便利性是这类小店生存的基础。因此，配送中心能否及时补货就成了便利店成功与否的关键。于是，补货的及时性成为便利店最重要的工作之一。这就需要高效的配送中心给予支持，因而便利店一般不适宜选择供应商配送模式。

连锁企业在选择商品配送模式时，具体应考虑以下因素：

1）成本因素

配送成本是连锁企业在选择配送模式时必须要考虑的核心要素。这里的成本主要包括配送作业成本和投资成本。配送作业成本是指在某种物流配送模式下的配送作业导致的直接成本，包括库存成本、订单处理成本、装卸搬运成本、包装加工成本、运输成本等。投资成本是指在某种配送模式下连锁企业在设备、设施等方面的投资支出。对于自营配送模式来说，其投资成本就是用来建设配送中心的资金和用于购买各种设备的资金。对于选择供应商直接配送、第三方物流配送的连锁企业来说，基本不存在投资成本。

2）服务因素

随着市场竞争的加剧，配送服务水平已成为影响连锁企业自身竞争力的关键因素，连锁企业在选择商品配送模式时必须对此予以充分考虑。衡量配送服务质量的指标主要包括可得性、作业绩效与可靠性等。

可得性是指当连锁企业门店及相关顾客需要商品时其所拥有的供货能力。它可从以下3个方面来衡量：

（1）缺货频率。

它是指一段时期内多次订货中缺货的次数。缺货频率越高，说明配送系统对用户生产经营或生活的影响越频繁，给用户造成的损失越大。

（2）缺货率。

缺货率是用缺货数量占用户需求量的比重来衡量的，它反映了缺货的程度，有时候虽然缺货次数不多，但每次缺货的量比较大，缺货率高，对用户生产经营或生活的影响也大。

（3）订货完成率。

订货完成率是指已完成订单数量（实际交货数量）占已订货数量的百分比。

作业绩效主要反映从订货到入库过程的作业完成情况，可以从以下4个方面来衡量：

（1）速度。

速度是指从开始订货时起至商品装运实际抵达时止的这段时间的长短。

（2）一致性。

一致性是从系统稳定性的角度对配送服务提出的要求。所谓一致性，是指必须随时按照配送承诺加以履行的处理能力。作业速度固然重要，但如果每次配送的速度不一样，而且相差很大，那将会给用户造成更大的不良影响，因为用户无法掌握你的配送规律，也无法采取相应的对策措施。

（3）灵活性。

灵活性是指连锁企业处理门店及顾客异常需求的能力。

（4）可靠性。

可靠性是指连锁企业配送中心是否愿意并能够迅速提供有关配送作业和门店订货状况的精确信息。研究表明，提供精确信息的能力是衡量配送中心服务能力最重要的一个方面。门店通常讨厌意外事件，如果他们能够提前收到信息的话，就能够对缺货或延迟递送等意外情况作出调整。因此，有越来越多的门店表示，有关订货内容和时间的事前信息比完美的订货履行更加重要。

3）商品与企业因素

（1）商品特性。

对于具有特殊配送要求的商品一般由供应商配送，如玻璃、陶瓷等易碎品或生鲜、冷冻类商品等。对于运输时间有严格要求、需要压缩中间配送环节的商品，往往采用供应商直接配送模式。

（2）企业形态。

不同的连锁企业形态对物流配送的需求是不一样的。对于大型连锁企业，由于规模巨大，可采用供应商直接配送模式；而便利店规模较小，但在一个地区内分布广泛且集中，采用自营配送或者共同配送模式比较理想。

4）物流标准化因素

物流标准化及配送标准化程度也会直接影响连锁企业配送模式的选择。物流配送标准化程度越高，供应商、连锁企业和第三方物流公司之间就越具有合作的基础，越能够进行充分的交流，第三方物流配送和共同配送也就越能发挥其功效，否则只能是各个连锁企业选择自营配送的模式。连锁经营在我国的发展才经历了十多年时间，连锁店本身的标准化建设也比较滞后，有些方面甚至还没有行业标准，具体到配送活动就更是如此了。目前对连锁企业配送的理解也千差万别，物流术语、物流设备、物流作业以及物流系统的标准化建设水平比较低，导致缺乏公认的配送服务标准，而这种标准又最终会反映到物流信息标准上，使得每家企业的物流信息都不一样。这种状况极大地限制了第三方物流配送模式和共同配送模式在我国连锁企业中的应用。

5）环境因素

（1）地区经济。

地区经济发展前景越被看好，连锁企业规模越有望扩大，恰当的配送模式能够维持企业经营目标期限内利益的最大化，因此决策者会倾向于能够支撑未来连锁企业发展目标的物流配送模式。

（2）政府政策。

配送系统建设是一项长期而艰巨的任务，如果政府在一定时期给予某种配送模式一定的政策扶持，如制定相应的法规，实行贷款、税收上的优惠政策等，那么对于有基本条件的连锁企业来说，就会倾向于选择政府政策扶持的配送模式。

（3）地区物流网络发展。

地区物流市场发展得如何，物流市场是否规范，会影响到连锁企业对物流配送模式的选择。

（4）社会信用状况。

供应商配送、第三方物流配送、共同配送等都要求供应商、连锁企业和第三方物流公司之间进行紧密合作。无疑，在企业缺乏信用意识、市场信用缺失、国家缺乏信用管理、社会信用环境较差的情况下，连锁企业最终只能选择自营配送模式。

总之，不同的物流配送模式有各自的特点、适用范围和条件。配送模式的选择直接关系到连锁企业的经济效益和生存发展，是一个重大的决策问题。连锁企业应该根据自身的战略目标、经济实力、销售规模、连锁店的数量和布局及不同时期业务发展的需要对物流配送模式做出正确的选择。

@ 补充阅读材料2-2

国内生鲜电商的主要配送模式

1）自建物流模式

自建物流模式是指网站自己筹措资金组建物流配送系统，经营管理整个物流运作流程。典型代表是沱沱工社，其采取的是一站式服务，没有第三者参与。消费者在网站上下订单，然后由沱沱工社直接将商品送达消费者手中。沱沱工社拥有自建的有机农场，并配备专业的冷链物流配送系统以及专业人员，将生鲜食品及时、安全地配送至消费者手中，打造了"按需采购，按需配送，新鲜到达"的新模式。

2015年发布的一份生鲜电商市场研究报告表明：京东、顺丰优选、沱沱工社等生鲜电商巨头，皆采用自建物流配送模式。中国稍有规模的电商物流企业近90%也采用自建物流模式，它们有充裕的资金，虽然前期投入比较大，但通过一站式服务提高了客户购买体验，提升了服务质量，从而获得了较好的效益。

2）第三方物流模式

第三方物流模式是指物流企业将除核心业务外的相关业务外包给第三方物流公司进行物流活动的形态模式。我国大部分生鲜电商采取的是第三方物流配送。随着经济全球化的不断深入，竞争也日趋激烈，企业想获得生存和发展的唯一出路就是提升自己的核心竞争力。对供应链进行优化和改造，将自身在行业中不占优势的物流环节进行外包，可以降低物流成本，实现共赢。

第三方物流模式的优点是：在企业发展初期，可以减少投入成本，同时也相应缩短了投入周期，并且可以快速复制至全国范围。但其缺点是：在配送过程中，无法做到对产品的实时监控，可能会影响产品的质量。

3）自提配送模式

自提配送模式主要分为与配送点附近的便利店合作、自建门店、保温快递柜等。

自提配送解决了"最后1公里"的配送难题，将生鲜农产品由冷藏车直接配送至末端网点，由消费者自行提取，可以缩短交付时间，同时减少了人力资本的投入，降低了总的物流成本。

以自提柜为例，比较典型的代表是武汉家事易。武汉的市民只需要在家事易网站上选购自己需要的菜品，下达订单，在线支付，第二天就会在小区的电子菜篮中收到商品。电子菜篮具有制冷保鲜功能，能够在最大程度上降低损耗，保证农产品的质量，节约成本，实现了"电商+冷链快递物流+智能终端取货"的生鲜智能取货模式。但是前期自提柜的铺设成本非常高，自提柜的空间利用也不均衡。

资料来源　范学谦. 生鲜电商的配送模式解析［J］. 物流技术，2017（8），有删改。

🔖本章小结

从总体上看，连锁企业的配送业务是由备货、理货和送货3个基本环节组成的。其中每个环节又包含着若干项具体的活动。连锁企业配送作业的具体内容包括：订单处理、进货、储存、拣选、配装、送货、盘点、补货等。作业项目之间衔接紧密，环环相扣，整个过程既包括实物流，又包括信息流，同时还有资金流。一般的商业连锁企业配送作业流程按照商品流动路径，可分为标准型、通过型、直送型。

根据提供配送服务的主体，一般可以将连锁企业的配送模式分为自营配送模式、供应商配送模式、第三方物流配送模式和共同配送模式4种类型。自营配送模式是指企业物流配送的各个环节都由企业本身筹建并组织管理，实现对企业内部和外部货物配送的模式。供应商配送模式是由供应商直接进行商品配送，各连锁门店向供应商发出订单，由供应商直接将连锁企业采购的商品在指定的时间范围内送到各个门店甚至上架的一种方式。第三方物流配送模式是连锁企业将其物流配送业务部分或者全部委托给专业物流企业来运营的一种运作模式。共同配送模式是多家连锁企业和供应商为实现整体的物流配送合理化，以互惠互利为原则，共同出资建立配送中心，并由出资方共同经营管理，为所有出资企业提供统一配送服务的一种协作型配送模式。

对连锁企业来说，选择哪种配送模式，不能一概而论，要视各自的具体情况而定。连锁企业在选择商品配送模式时，具体应考虑以下因素：成本因素、服务因素、商品与企业因素、物流标准化因素以及环境因素等。

主要概念

备货　理货　送货　自营配送模式　供应商配送模式　第三方物流配送模式　共同配送模式

基础训练

一、不定项选择题

1.（　　）是配送机构根据客户的要求和自身经营的需要从供应商处集中商品和存储的过程，是商品配送的前提和基础。

A.理货　　　　　　B.送货　　　　　　C.备货　　　　　　D.配货

2.根据提供配送服务的主体，一般可以将连锁企业的配送模式分为（　　）等几种类型。

A.第三方物流配送模式　　　　　　B.共同配送模式

C.自营配送模式　　　　　　　　　D.供应商配送模式

3.连锁企业在选择商品配送模式时，应考虑（　　）等因素。

A.配送成本　　　　　　　　　　　B.配送服务水平

C.商品特性　　　　　　　　　　　D.企业形态

4.连锁企业要顺利实施共同配送应注意（　　）等问题。

A.利益分配的公开、公平　　　　　B.合理选择合作伙伴

C.同产业信息的安全管理　　　　　D.开展激烈竞争

5.（　　）不属于连锁企业开展自营配送模式的优点。

A.规避经营风险，集中于核心业务，提高核心竞争力

B.便于各环节的协调配合

C.加强了连锁企业在整个供应链上的主导地位

D.降低交易成本

二、判断题

1.从总体上看，连锁企业的配送业务是由备货、理货和送货3个基本环节组成的。

（　　）

2.播种式分拣货物近似于田野中的播种操作。其做法是：将数量较多的同种货物集中运到发货场，然后根据每个货位货物的发送量分别取出货物，并分别投放到每个代表用户的货位上，直至配货完毕。

（　　）

3.在配送作业中，配送加工这一环节属于增值性活动，不具有普遍性，但其通常是具有重要作用的功能要素。

（　　）

4.一般的商业连锁企业配送作业流程按照商品流动路径，可分为标准型、通过型、直送型。通过型一般是由供应商送货至商业连锁企业配送中心，配送中心对商品验收入库、存储，再根据分店要求分拣出库，配送至门店。

（　　）

5.对连锁企业来说，选择哪种配送模式，不能一概而论，要视各自的具体情况而定。

（　　）

三、简答题

1.简要回答连锁企业配送作业的一般流程。

2.连锁企业应如何选择适合于自身的配送模式？

3.比较自营配送模式与第三方物流配送模式。

四、实训题

【实训项目】

连锁企业配送业务流程实训

【实训情境设计】

依托所在学校的物流管理或配送管理实验室，建立一个模拟的连锁经营公司和供货厂商及用户的配送实训环境。连锁经营公司包括一个公司总部、一个配送中心、两个配销公司和一个超市门店。连锁经营公司作为商业企业向供货厂商统一采购商品资源并储存于配送中心，通过配送到公司下属的配销公司和超市门店两种不同形式向用户实现销售。用户作为连锁经营公司的商品资源的销售对象，本系统设有两个用户。供货厂商作为连锁经营公司的商品资源提供方，本系统设有两个供货厂商。

模拟连锁经营公司总部设有业务部门、财务部门、信息中心。模拟配送中心设有配送管理部门，配备一个全自动立体仓库（包括货架、全自动堆垛机、收发货车辊道及控制系统），配备一排带电子标签的分拣货架（包括货架和电子分拣控制系统），配备一个收货区和两个发货区，配备若干辆货车（模拟运输货车）。模拟配销公司设有业务部门、进发货管理部门，配备两排真实货架。模拟超市门店设有进销存管理部门，配备一排真实货架和一套收银系统。模拟供货厂商设有业务部门、进发货管理部门，配备两排真实货架，配备若干辆货车（模拟运输货车）。

【实训任务】

掌握商品配送基本流程。熟悉订货、送货、配货、发货、销售、要货、盘点等基本物流环节和操作；了解配销公司和超市门店的不同销售模式。

掌握配送信息基本流程；熟悉配送中各种单据的生成和流转；掌握物流模块之间的信

息传递和模块内部信息的相互关联；熟练掌握各模块的基本功能；提高配送运行中的管理能力。

了解配送运行中的重要技术。其主要包括：自动要货系统、现代物流立体仓库的自动化控制系统、电子标牌配货系统、车辆调度系统、电子商务网上订货系统等。

【实训提示】

教师在讲解本章相关理论知识的基础上，结合所在学校物流管理或配送管理实验室的实际情况，详细介绍实训环境、操作要点、相关要求。学生应尽快熟悉实训环境并充当配送管理中的不同角色，明确角色分工和具体职能，在模拟中真正体会和认识连锁企业配送业务的大致流程。

【实训效果评价】

针对实训任务的完成情况，填写表2-1。

表2-1　　　　　　　　　　　实训效果评价表

考核项目	考核标准	所占比例
配送基本流程	全面认识连锁企业的配送业务流程，掌握其中的各关键环节	30%
配送信息管理	能够生成配送中的各种单据，并根据需要在各配送环节进行有效流转，领会各配送环节的信息传递方式和具体流程	10%
与人交流合作	树立沟通意识，积极交流表达，围绕主题交谈，把握交谈方式，倾听他人讲话，以多种形式回应，运用交谈技巧准确表达观点。理解团队目标，建立合作关系，明确自身角色，接受工作安排，遵守合作承诺，沟通工作进度，调整合作关系	10%
解决问题	明确指出问题所在，并提出解决问题的基本思路或对策。在他人的支持下做出计划并实施，此过程可利用相关资源。检查问题是否解决，对方法做出总结和修改	20%
综合分析	积极认真完成实训活动，主动性强。撰写的实训报告内容完整、真实，体会深刻，针对性强，表述符合基本原理，观点有独到之处	30%

🐭 课外拓展

获取连锁经营领域前沿资讯、政策法规、行业观点、数据资料，了解最新实务操作案例，请关注微信公众号"中国商业联合会"（微信号：cgcc2013）。

第3章

连锁配送方案设计

学习目标

通过本章的学习，了解配送方案的含义与内容，掌握连锁企业配送方案设计的基本程序；知道如何制订配送计划、如何选择配送路线，能对配送方案进行合理化分析和成本分析。

引例   **百胜物流公司的配送方案设计**

对于连锁餐饮这个锱铢必较的行业来说，靠物流手段节省成本并不容易。然而，作为肯德基、必胜客等业内巨头的指定物流提供商，百胜物流公司抓住配送环节大做文章，通过合理的配送方案设计，优化管理方法，有效地实现了物流成本的"缩水"，给业内管理者指出了一条细致而周密的降低物流成本之路。

由于连锁餐饮餐厅的进货时间是事先约定好的，因此需要配送中心就餐厅的需要，制作一个类似列车时刻表的主班表，此表是针对连锁餐饮餐厅的进货时间和详细路线规划制定的。

众所周知，餐厅的销售存在着季节性波动，因此主班表至少有旺季、淡季两套方案。有必要的话，应该在每次营业季节转换时重新审核主班表。安排主班表的基本思路是：首先计算每家餐厅的平均订货量，然后设计出若干条送货路线，覆盖所有的连锁餐厅，最终达到总行驶里程最短、所需司机人数和车辆数最少的目的。

在主班表确定以后，就要进入每日运输排程，也就是每天审视各条路线的实际货量，根据实际货量对配送路线进行调整，通过对所有路线逐一进行安排，可以去除几条送货路线，至少也能减少某些路线的行驶里程。

对于产品保鲜要求很高的连锁餐饮业来说，尽力和餐厅沟通，减少不必要的配送频率，可以有效地降低物流配送成本。

车辆时间利用率也是值得关注的，提高卡车的时间利用率可以从增大卡车尺寸、改变作业班次、二次出车和增加每周运行天数四个方面着手。

资料来源   佚名. 百胜物流降低连锁餐饮企业运输成本之道［EB/OL］.（2016-01-04）. http：//www.docin.com/p-1414598921.html，有删改。

3.1 配送方案的含义与内容

3.1.1 配送方案的含义

配送方案是对从事配送活动的物流配送项目和物流配送运作的总称。配送方案包含两层意思：一是指某个具体配送活动的方案，如受客户委托，对某个产品的具体配送活动做出规划和实施计划；二是指解决配送活动中的问题的方法和对具体运作的描述。

配送方案是针对具体的物流服务需求做出的，而每个物流活动所需的服务都是不同的。因此，每个配送方案也都应该是不同的，但它依然是由具体的项目和具体的运作组成的。

3.1.2　配送方案的内容

一般来说，配送方案中应包括资源筹措方案、合作伙伴的选择、配送计划的制订、配送路线的选择、配送合理化分析、配送成本分析等基本内容。

1）资源筹措方案

为了能够按照客户要求配送货物，首先必须集中客户需求进行规模备货，从生产企业取得种类、数量繁多的货物，即在客户需求计划的协调下，缩短响应时间，实现物流配送的同步化运作，使物流管理和客户服务一体化。

在进行物资采购时只有考虑订货成本、储备成本、缺货损失、运输时间等各种费用和因素，才能正确地确定物资的采购批量。为了满足客户需要，有一定的物资储存（安全存量）尤为重要。而安全存量的大小可以通过分析物资实际统计资料，并根据储存物资对客户的影响程度来确定。

要注意随时掌握市场动态、跟踪竞争对手，从而及时调整采购策略，平时要定期搜集行业内产品的广告信息、活动信息等，定期汇总成"品牌市场信息表"，这些信息都是制定采购策略的基本依据。另外还要定期去调查各竞争对手部分品类的价格，汇总成"竞争品类采价表"，及时调整自己的价格策略。

2）合作伙伴的选择

通过与合作伙伴建立稳定的关系，可以降低运行成本，分散单个企业的竞争压力，以合作伙伴的整体来规避市场风险，提高企业的抗风险能力。选择合作伙伴的要求：一是合作伙伴的实力；二是合作伙伴的诚信度；三是产品的市场份额。物流配送企业与合作伙伴可以通过协商机制和利益机制的作用，有效地降低成本，从而达到"双赢"和"多赢"的效果。

3）配送计划的制订

从物流的观点来看，配送几乎包括了物流的全部活动；从整个流通过程来讲，配送又是物流与商业信息流的统一体。因此，配送计划的制订是以市场信息为导向、商流为前提、物流为基础，这就是说要以商流信息为主要依据来制订配送计划，并且还要具体考虑以下条件：

（1）从商流信息的角度，订货合同所提供的信息是制订配送计划的重要依据。订货合同包括了用户对送达地、接货人、接货方式的要求，以及用户订货的品种、规格、数量、送货时间和其他送接货要求等。

（2）研究分析所需配送的各种货物的性能、运输条件，并在考虑需求数量的条件下，确定运输方式及相应的运载工具等。

（3）根据交通条件、道路等级以及运载设备、工具等条件，研究分析并制订运力配置计划，这对充分发挥运输配载设备效率起着重要作用。

（4）各配送点的运力与货物的资源情况，包括货物的品种、规格、数量等。

4）配送路线的选择

配送路线是指各送货车辆向各个客户送货时所要经过的路线。配送路线合理与否对配送速度、成本、效益有较大的影响，采用科学、合理的方法来优化配送路线，是配送活动中非常重要的一项工作。选择配送路线的方法有许多种，要根据配送货物的数量、特性、客户的地理位置、距离、交通状况、运送成本、客户对配送服务的时间要求等因素具体确定。

5）配送合理化分析

对于配送合理与否的判断，是配送决策系统的重要工作内容。目前国内外尚无一定的技术经济指标体系和方法对配送合理化与否进行准确判断，一般来说可以从以下几个标志来进行分析：库存标志、资金标志、成本和效益标志、供应保证标志。

6）配送成本分析

日本早稻田大学教授、物流成本研究的权威西泽修先生曾提出著名的"物流成本冰山说"，其含义是：人们对物流费用的总体内容并未掌握，提起物流费用大家只看到露出海水表面的冰山一角，却看不见潜藏在海水里的整个冰山，事实上海水中的冰山才是物流费用的主体部分。就配送成本而言，一般通过"销售费用""管理费用"科目可以看出部分配送费用情况，但这些科目反映的费用仅仅只是全部配送成本的一部分，即企业对外支付的配送费用，并且这一部分费用往往是混同在其他相关费用中而并不是单独设立"配送费用"科目进行独立核算的。在制订配送方案时，要对可能引起的配送成本进行仔细分析，要注意协调总体成本最低同个别物流费用降低之间的关系，坚持总体成本最低的思想。

@ 补充阅读材料 3-1

配送资源计划

配送资源计划简称 DRP II，是指在流通领域中配置物资资源的技术，它能够实现流通领域内物流资源按照时间、数量的需求计划和需求到位。配送资源计划管理思想就是在对分销链上的库存、销售订单进行管理的基础上，加入财务管理、客户关系管理、物流管理等方面的功能。DRP II 是目前物流企业提升竞争优势、打造核心竞争力的关键。

DRP II 系统主要由库存管理、质量控制、预测模拟、运输管理、采购管理、计划/调度管理、订单管理、数据库接口与数据传输模块组成。

（1）库存管理，既保证物料供应又保持较低的库存水平，包括交互的库存量查询、周期盘点、出入库记录、退货管理。

（2）质量控制，包括质量标准、质量信息跟踪、不合格品停止发货、质量统计报告及质量记录与分析。

（3）预测模拟，通过对原始数据的回归分析和时间序列分析，对库存、订单、产能进行预测，对库存线路进行交互模拟查询。

（4）运输管理，建立承运商数据库并根据此数据库对不同发货地点的承运商进行选优；对待发货物自动产生运单和发货通知，分类生成货运费用报告、到货及时率报告；对发出和收到货物进行跟踪记录、报关记录及分析。

（5）采购管理，建立供货商数据库，根据计划和短缺报告进行订单下达、订单追踪及物料监控。

（6）计划/调度管理，通过实际订单情况和对顾客需求的预测，制订生产计划和资源

（人员、设备、物料、场地）年度和月度需求计划，并在此基础上进行每周排产。

（7）订单管理，对各种不同类型顾客的不同类型订单进行记录、追踪、查询和分析，特别注意对顾客退货订单的记录、追踪、查询。

（8）数据库接口与数据传输模块，对不同数据库系统的数据通过ODBC/JDBC及Shell语言进行接口，DRPⅡ和财务系统、其他仓库与配送中心的数据进行交换。

案例精析 3-1

麦当劳的连锁配送方案

麦当劳公司（McDonald's Corporation，以下简称"麦当劳"）是大型的连锁快餐集团，在世界上大约拥有30 000间分店，主要售卖汉堡包、薯条、炸鸡、汽水、冰品、沙拉、水果。麦当劳旗下最知名的麦当劳快餐厅分布在全球121个国家和地区，按照当地人的口味对餐点进行适当的调整。大多数麦当劳快餐厅都提供柜台式和得来速式（drive-through的音译，即不下车便可以购买餐点的一种快餐服务。顾客可以驾车在门口点菜，然后绕过餐厅，在出口处取餐）两种服务方式，同时提供室内就餐，有时也提供室外座位。为保证麦当劳快餐厅的高效运营，其连锁配送方案如下：

1）运输方案

麦当劳确定的目标是用最低的成本达到最高的效率，运输方式采取公路运输方式。麦当劳是大型的快餐连锁店，在各种食品材料的选择、加工、运输过程中，始终保持食品的新鲜、标准化及安全，公路运输既省时又迅速方便。运营模式则采取外包运输模式，运用外包运输业务保障了产品的安全和快速到达，既方便又节省了本公司的人力。外部运输除提供食品运输，还提供其他服务，比如信息处理、存货控制、贴标签、生产和质量控制等。在运输路线的选择上，其原则是选择最短、最省时、最安全的路线。在确定运输车辆时，根据食品材料保鲜保质的要求以及预计的需求量，最终确定使用5吨~20吨多种温度控制运输车。

2）仓储方案

仓储具体由与其合作的配销系统负责。麦当劳本身不涉及采购工作，而只是负责管理所有供应商以及配销中心。麦当劳如果没有配销中心，光是物料的取得便已十分繁杂，其过程包括本地供应商产品以及进口物料的整合、品质检定、储货（又分为干货、冷藏品以及冷冻品）以及储货顺序（先到的货必须先出货以保新鲜）、订单管理、载运送货（其中牵涉如何设计路线图，以最短的公里数、最少的耗油量来运送，在提升运输效率的同时又必须考量店内仓储空间以及实际运送状况等），而后才是送到各中心并加工成顾客手中新鲜美味的食品。

在仓储方案的制订中，麦当劳作为一个大型的快餐店，需要掌握合理的订货来保持库存，因为作为一个快餐店随时保持足够的食物库存是非常重要的。麦当劳在这一方面做得非常好，由于麦当劳与夏晖公司的合作，使得麦当劳存货控制做得比其他大型快餐店更具优势。另外，麦当劳注意合理利用储存空间和高技术的储存能力。根据不同食物的特质和存放要求不同，合理使用现有的仓储空间。比如冻品必须存放在冷库里，冷库要求保持在零下18度左右，但是冷藏品就不能存放于冻库中。还有就是存放的地点、温度的条件不同。麦当劳的高技术储存能力体现在冷链模式中，即使在运输过程中也非常重视食物的储存。例如，麦当劳要求，运输鸡块的冷冻车内温度需要达到零下22摄氏度，并为此统一配备价值53万元的8吨标准冷冻车且全程开启冷冻功能。

3）配送方案

在供应商配送上，麦当劳只有一家主要材料的供应商即夏晖公司。麦当劳要求夏晖提供一条龙式物流服务，包括生产和质量控制在内。

在物流服务方面，在食品供应中，除了基本的食品运输之外，麦当劳要求物流服务商提供其他服务，这些"额外"的服务虽然成本比较高，但它使麦当劳在竞争中获得了优势。

资料来源　阮喜珍. 物流配送管理实务［M］. 天津：天津大学出版社，2014.

精析：麦当劳非常注重高品质的原料供应，同时又要求以低成本、高效率实施物流运营，因此主要从运输方案、仓储方案、配送方案等三个方面实施物流配送方案的制订。

3.2 连锁配送方案设计的基本程序

连锁配送方案设计的基本程序如图3-1所示。

制订配送计划　→　选择配送路线　→　配送合理化分析　→　配送成本分析

图3-1　连锁配送方案设计的基本程序

3.2.1 制订配送计划

"凡事预则立，不预则废"。配送计划的制订对于整个配送活动的实施具有重要的作用。配送计划作为一种全局性的事前方案，对于整个配送活动具有客观上的指导性和过程上的规定性，是有效开展配送的第一步。

配送计划是根据配送的要求，事先做好全局筹划并对有关职能部门的任务进行安排和布置。全局筹划主要包括：制订配送中心计划、规划配送区域、规定配送服务水平等。制订具体的配送计划时应考虑以下几个要素：连锁企业各门店的远近及订货要求，如品种、规格、数量及送货时间、地点等；配送的性质和特点以及由此决定的运输方式、车辆种类；现有库存的保证能力；现时的交通条件。据此决定配送时间，选定配送车辆，规定装车货物的比例和最佳配送路线、配送频率。

1）配送计划的种类

（1）配送主计划。配送主计划是指对未来一定时期内已知的客户需求进行前期的配送规划，便于对车辆、人员、支出等作统筹安排，以满足客户的需要。例如，为迎接家电行业3—7月份空调销售旺季的到来，某连锁企业于年初制订了空调配送主计划，根据各个零售店往年销售情况加上相应系数预测配送需求量，提前安排车辆、人员等，制订配送主计划，全面保证销售任务的完成。

（2）每日配送计划。每日配送计划是针对上述配送主计划，逐日进行实际配送作业的调度计划，例如订单增减或取消、配送任务细分、时间安排、车辆调度等。制订每日配送计划的目的是使配送作业有章可循，做到忙中有序。

（3）特殊配送计划。特殊配送计划是指针对突发事件或不在主计划规划范围内的配送业务，或者不影响正常性每日配送业务的情况所做的计划，它是配送主计划和每日配送计划的补充。例如，空调在特定商场进行促销活动，可能会导致配送需求量突然增加，这就需要制订特殊配送计划，增强配送业务的柔性，提高服务水平。

@ **补充阅读材料 3-2**

配送计划与实际需求的偏离

在传统配送模式下，连锁企业需求信息是随着供应链层层向上游流动的。通过连锁门店传达到配送中心，最终传达到供应商处，这其中由于订单信息的滞后，使物流配送体系中的各个环节向上游环节的订货量不断放大，不可避免地产生了"牛鞭效应（Bull-Whip Effect）"。牛鞭效应是对需求信息在供应链中扭曲传递的一种形象描述，当连锁企业销售终端的需求产生很小的变化时，经过时间延迟、误差放大，供应链另一端的供应商得到的需求信息就会与连锁企业销售终端的原始需求信息产生很大的出入。"牛鞭效应"导致连锁企业和供应链中各项成本增加，使真正的市场需求预测变得非常困难，严重影响了供应链的效率。

2）制订配送计划的主要依据

（1）客户订单。

一般来说，客户订单对配送商品的品种、规格、数量、送货时间、送达地点、收货方式等都有要求。因此，客户订单是制订配送计划的最基本的依据。

（2）各基层连锁店所存货物的品种、规格、数量情况等。

（3）连锁店的网点分布。

连锁店的网点分布是指各连锁分店的地理位置分布，各分店位置离配送据点的距离会影响配送路径的选择，直接影响输送成本。

（4）配送的各种货物的体积、形状、重量、性能、运输要求。

配送货物的体积、形状、重量、性能、运输要求是运输方式、车辆种类、载重、容积、装卸设备的制约因素。

（5）运输、装卸条件。

运输道路交通状况、运达地点及作业地理环境、装卸货时间、天气气候等对输送作业的效率也起相当大的约束作用。

（6）分日、分时的可用运力配置情况。

根据分日、分时的运力配置情况，决定是否要临时增减配送业务。

3）制订配送计划的步骤

一个高效的配送计划是在分析外部需求和内部条件的基础上按一定的步骤制订出来的，这个步骤如图 3-2 所示。

（1）确定配送目的。

配送目的是一定时期内配送工作所要达到的结果。配送业务的经营运作是以满足客户需求为导向的，并且要与企业自身拥有的货源、运作能力相匹配。但是，企业往往由于受到自身的能力和资源的限制，使得满足客户需求的多变性、复杂性有一定的难度。在制订配送计划时，要明确配送业务是为了满足短期实效性要求，还是长期稳定性要求，是服务于临时性特定顾客还是服务于长期固定客户。配送目的不同，具体的计划安排就不同。

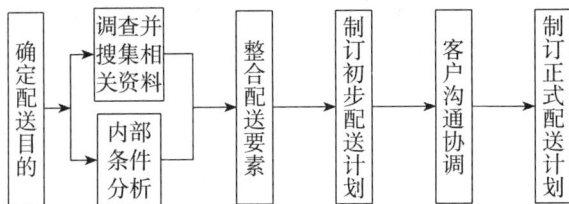

图 3-2　连锁企业制订配送计划的步骤

（2）调查并收集相关资料。

要制订出一定时期的配送计划，就要对未来一定时期的需求进行正确的预测与评估，而要使此评估可靠，就必须依据大量的信息、数据和资料。不了解客户的需求，就无法满足客户需求，因此，这个阶段是计划工作的基础。需要调查并收集的资料有：一是配送活动的主要标的物情况，如品种、数量、规格等；二是了解当年销售计划，流通渠道的规模以及变化情况，配送中心的数量、规模、运输费用、仓储费用、管理费用等数据；三是了解竞争对手的情况。

（3）内部条件分析。

配送往往受到自身能力和资源的限制，故要对配送中心配送人员（包括司机和配送业务人员）、配送车辆及其他配送设施进行分析，确定本企业的配送能力。

（4）整合配送要素。

这里所说的配送要素主要包括货物、客户、车辆、人员、路线、地点、时间等内容。在制订配送计划时要对这些要素进行综合分析。第一个要素是货物，即配送标的物的种类、形状、重量、包装、材质、装运要求等。第二个要素是客户，指委托人和收货人。第三个要素是车辆，即配送工具，需根据货物的特征、数量、配送地点以及车辆容积、载重量等来决定选用什么样的车辆配送。第四个要素是人员，即司机或配送业务员。由于需要面对不同的客户以及环境，因此对人员配置也有一定的要求，例如，某些产品需要在送达目的地之后进行安装并调试，这就要求司机或配送人员具有一定的技能。第五个要素是配送路线，可以根据一定的原则制定配送路线，例如，配送路线最短原则、送货量最大原则、订单时间顺序原则等，并要求司机或配送人员执行，但由于配送地点复杂和交通堵塞、交通管制等原因也可根据司机经验适当调整。第六个要素是地点，即配送的起点和终点，主要了解这些地点的数目、距离、周边环境、停车卸货空间大小以及相关附属设施，例如有无卸货月台、叉车等。第七个要素是时间，不仅仅指在途时间，还包括搬运装卸时间，由于不一定所有的业务都在自有配送中心进行，所以需要了解配送起点和终点的装货和收货的时间限制以及要求，提前做好安排，避免不必要的装卸等候，避免由于超过客户要求的时间范围造成的货物拒收。

（5）制订初步配送计划。

在完成上述步骤之后，结合自身能力以及客户需求，便可以制订初步配送计划。初步配送计划应该包括：配送路线、每日最大配送量、配送业务的起止时间、使用车辆的种类等，并且可以有针对性地解决客户现存的问题。如果客户需要，这个计划可以精确到到达每个配送地点的具体时间、具体路线，以及发生突然变化时的应急办法等。

（6）客户沟通协调。

在制订了初步的配送计划之后，还需要进一步与客户进行沟通，请客户充分表达意见，共同完善配送计划，并且应该让客户了解其现有的各项作业环节在未来操作时可能出现的各种变化情况，以免客户的期望与具体操作产生巨大偏差。

（7）制订正式配送计划。

经过与客户的反复协调沟通，对初步配送计划进行认真修订，最终确定正式配送计划。

4）配送计划的主要内容

一项较完整的配送计划主要包括以下内容：分配地点、数量与配送任务，决定配送批次和配送先后顺序，确定车辆数量，确定车辆安排，确定车辆装载方式，控制车辆最长行驶里程，路网结构的选择，时间范围的确定，与客户作业层面的衔接，达到最佳化目标等。

（1）分配地点、数量与配送任务。

在配送作业中，地点、数量与配送服务水平有密切关系。地点是指配送的起点和终点。由于每一个地点配送量、周边环境、自有资源的不同，应有针对性地综合考虑车辆数量、地点的特征、距离、线路，将配送任务合理分配，并且逐步摸索规律，使配送业务达到配送路线最短、所用车辆最少、总成本最低、服务水平最高。

如何选择配送距离短、配送时间短、配送成本低的线路，需要根据客户的具体位置、沿途的交通情况等做出选择和判断。除此之外，还必须考虑有些客户或其所在地点环境对送货时间、车型等方面的特殊要求，如有些客户一般不在上午或晚上收货，有些道路在某高峰期实行特别的交通管制等。因此，确定配送批次顺序应与配送路线优化综合起来考虑。

（2）决定配送批次和配送先后顺序。

当配送中心的货品性质差异很大，有必要分开配送时，就要根据每份订单的货品特性作优先级的划分，例如生鲜食品与一般食品的运送工具不同，需要分批配送，还有化学物品与日常用品的配送条件有差异，也要分开配送。

信用是创造后续客源的关键，因而在客户要求的时间准时送货非常必要。一般应先按各客户的交货时间初步确定配送的先后次序，然后再考虑其他因素决定最终的配送顺序。

（3）确定车辆数量。

车辆数量在很大程度上影响配送时效。拥有较多的配送车辆可以同时进行不同路线的配送，提高配送时效性。配送车辆数量不足，往往会造成不断往返装运，造成配送延迟。但是，数量庞大的车队会增加购置费用、养护费用、人工费用、管理费用等支出，这与提高客户服务水平之间存在很大的矛盾。如何能在有限的资源能力范围内最大限度地满足客户需求是在配送计划中应该注意的问题。

（4）确定车辆安排。

车辆安排要解决的问题是安排什么车型、什么种类的配送车，是使用自用车还是外雇车。要从客户方面、车辆方面及成本方面来综合考虑。在客户方面，必须考虑各客户的订货量、货物体积、重量以及客户卸货地点的卸货特性限制；在车辆方面，要知道到底有哪些车辆可供调派以及这些车辆的积载量与重量限制；在成本方面，必须根据自用车的成本结构及外雇车的计价方式来考虑如何选择较划算。在安排车辆时，要全面考虑上述三方面的问题，以做出最佳决策。

（5）确定车辆装载方式。

除确定客户的配送顺序外，还要考虑如何将货品装车、以什么次序装车的问题。原则上，知道了客户的配送顺序先后，只要将货品依后送达先装车的顺序装车即可，但有时为妥善利用空间，可能还要考虑货物的性质（如怕撞、怕湿等）、形状、容积及重量来做弹性置放。

（6）控制车辆最长行驶里程。

在制订配送计划的人员配置计划时，应尽量避免由于司机疲劳驾驶而造成的交通隐患，全面保证人员以及货物安全。通常可以通过核定行驶里程和行驶时间评估工作量，有效避免超负荷作业。

（7）路网结构的选择。

通常情况下，配送中心辐射范围为60千米，也就是说以配送中心所在地为圆心、半径60千米以内的配送地点，均在配送中心服务范围内。这些配送地点之间可以形成很多区域网络，所有的配送方案都应该满足这些区域网络内的各个配送地点的要求。配送路网中设计直线式往返配送路线较为简单，通常只需要考虑路线上的流量。

（8）时间范围的确定。

客户通常根据自身需要指定配送时间，这些特定的时间段往往在特定路段与上下班高峰期重合，因此在制订配送计划时应对交通流量等影响因素予以充分考虑，或者与客户协商，尽量选择夜间配送、凌晨配送、假日配送等方式。

（9）与客户作业层面的衔接。

配送计划应该对客户作业层面有所考虑。例如，货物装卸搬运作业是否托盘标准化、一贯化，是否容器化，客户方面是否有作业配合，是否提供随到随装服务，是否需要搬运装卸等候，停车地点距货物存放地点的远近等。

（10）达到最佳化目标。

物流配送的最佳化目标是指按"四最"的标准，在客户指定的时间内，准确无误地按客户需求将货物送达指定地点。"四最"：配送路线最短、所用车辆最少、作业总成本最低、服务水平最高。

案例精析 3-2

西安高校蔬菜的配送计划

随着经济的发展，生活节奏的加快，人们生活水平的提高和对更高生活品质的追求，新鲜蔬菜销售走出传统模式，以现代配送方式走进家庭，步入工矿企业是大势所趋。在西北地区，蔬菜配送业务起步较晚，但一旦发展起来会很快。由于高校人口密度大，网络普及率高，容易接受新事物，所以选择高校作为蔬菜配送的起点非常合适，对以后家庭用户的蔬菜配送也是一个经验积累。

1）西安高校蔬菜配送的需求

西安是高校密集的省会城市，各高校分布比较集中。随着招生规模的扩大，各高校的学生一般都在万人以上，有的可达3万人，再加上教职员工，是一个庞大的消费群体。目前，各高校食堂所需蔬菜，每天需派专人采购，还需配备专用货车，费事费力。因为对蔬菜的来源不了解，蔬菜的品质与质量难以保证。如果采用蔬菜配送的模式，以上不足都可避免。

2）西安高校采用蔬菜配送的优点

每天傍晚，各高校通过浏览网站，了解各种蔬菜的信息，按照需求给物流中心发去订单（可以是电话、传真、E-mail等），物流中心对各高校的订单进行汇总、调整，按照订单要求及供需方的具体情况准时配送，其优点如下：

（1）订货方便，省时省力。只需一个电话或E-mail，足不出户就可采购到自己所需的各种蔬菜，不必派专人采购，也不需自己准备运货工具。

（2）价格便宜。配送的优势之一就是通过集货形成规模效应，减少中间环节，使蔬菜的成本大大降低。

（3）蔬菜品质可以保证。配送中心拥有自己的蔬菜基地，对蔬菜的种植、农药的使用量和蔬菜质量均有严格要求。为使客户放心，配送中心蔬菜的清洗、消毒、加工工作也有严格的规定，并且绝对保证蔬菜储存时间少于24小时，安全、卫生、新鲜。

（4）配送时间准确。每天上午8～9点和下午2～3点把蔬菜定时送达各高校。

3）高校蔬菜配送计划

（1）配送的基本功能。

配送实际上是一个物品集散过程，包括集中、分类和散发3个步骤。这3个步骤由一系列配送作业环节组成。配送的基本功能要素主要包括集货、分拣和配货、配装、送货等。

集货：集货是配送的首要环节，是将分散的、需要配送的物品集中起来，以便进行分拣和配货。西安各高校主要集中在南郊，故可在南郊设立蔬菜基地，采用规模生产方式，每天按照订单要求，把一定量的蔬菜送到配送中心。

分拣和配货：配送中心收到蔬菜基地的蔬菜后马上按类、按质、按各高校的要求拣取、配备，并贴上标签，以减少差错，提高配送质量，并力求树立品牌。

配装：配装指充分利用运输工具的载重量和容积，采用先进的装载方法，合理安排货物的装载。在西安各高校的蔬菜配送计划中，主要利用货车进行运输。

送货：送货是指将配好的蔬菜按照配送计划确定的配送路线送达各高校，并进行交接。如何确定最佳路线，使配装和路线有效地结合起来，是配送运输的特点，也是难度较大的工作。

（2）配送网络结构的确定。

配送网络结构一般分为集中型、分散型、多层次型3种。到底选用哪种配送网络取决于外向运输成本和内向运输成本的高低。外向运输成本是指从配送中心到顾客的运输成本，内向运输成本是指货物供应方到配送中心的运输成本。

集中型配送网络：这种配送网络只有一个配送中心，所以库存集中，有利于库存量的降低和规模经济的实现。但存在外向运输成本增大的趋势。其特点是管理费用少；安全库存低；用户提前期长；运输成本中外向运输成本相对高一些。

分散型配送网络：这种方案根据用户的分布情况，设置多个配送中心，其特点是外向运输成本低，而内向运输成本高，且管理费用大，库存分散，但是用户的提前期可以相对缩短。

多层次型配送网络：这种配送网络是集中型和分散型配送网络的综合。

通过对西安高校地理位置，蔬菜基地位置和各节点交通状况，运输费用的综合性考虑，决定采用集中型配送网络。

（3）配送模式与服务方式的确定。

配送网络确定后，配送模式与服务方式就成为降低配送成本，提高服务水平的关键。由于蔬菜配送的特殊性（蔬菜不宜储藏），宜选用直通型配送模式，即商品从蔬菜基地到达配送中心后，迅速分拣转移，在12小时内准时配送。准时配送的特点是时间的精确性，要求按照用户的生产节奏，恰好在规定的时间将货物送达，可以完全实现"零库存"。为了达到整个物流信息系统的高效性、准确性，有必要采用电子商务与配送系统相结合的配送方式。蔬菜配送网络成了物流中心、蔬菜基地、各高校之间的商务、信息交流平台。

资料来源 巩桂芬，等. 西安高校蔬菜的物流与配送案例［J］. 中外物流，2008（2）.

精析：随着职业妇女人数的增加和人们消费观念的改变，针对工矿企业和家庭的主动型蔬菜配送，以其价格合理、节省时间、销售期短、质量稳定等优势，在未来将成为农产品销售的主流形式，商机无限。如何根据客户需求、地理位置等设计合理的配送方案对于提高蔬菜配送效率具有重要意义。

3.2.2 选择配送路线

由于配送中心的每次配送活动一般都面对多个非固定客户，并且这些客户坐落地点各不相同，配送时间和配送数量也都不尽相同，如果配送中心不进行运输路线的合理规划，往往会出现不合理运输现象，如迂回运输、重复运输、重复装卸等。不合理运输不仅造成运输成本上升，而且导致配送服务水平难以提高，因此采取科学的方法对配送路线进行合理的规划调整是配送方案设计的日常工作。确定路线可以根据各种数学方法与在数学方法的基础上发展和演变出来的经验方法。无论采用何种方法，首先应确定试图达到的目标，再考虑实现此目标的各种限制因素，在有约束的条件下寻找最佳方案，实现试图达到的目标。

1）配送路线选择的目标

目标的选择是根据配送的具体要求、配送企业的实力及客观条件来确定的，有以下多种目标可以选择：

（1）以效益最高为目标。

在选择以效益最高为目标时，一般是以企业当前的效益为主要考虑因素，同时兼顾长远的效益。效益是企业整体经营活动的综合体现，可以用利润来表示，因此，在计算时是以利润的数值最大化为目标值的。因为效益是综合的反映，在拟定数学模型时，很难与配送路线之间建立函数关系，所以一般很少采用这一目标。

（2）以成本最低为目标。

成本和配送路线之间有密切的关系，尽管计算各配送路线的运送成本仍比较复杂，但相对于效益目标而言却有所简化，比较实用。由于成本对最终效益起决定作用，所以选择以成本最低为目标实际上还是选择了以效益最高为目标。

（3）以路程最短为目标。

如果成本和路程相关性较高，而与其他因素相关性不高，可以以路程最短为目标，这大大简化了计算，而且也可以避免许多不易计算的影响因素。需要注意的是，有时候路程最短并不见得成本就最低，如果道路条件、道路收费影响了成本，那么单以最短路程为最优解就不合适了。

（4）以吨公里最小为目标。

吨公里最小在长途运输时常被作为目标，在有多个发货站和多个收货站的条件下，而且是整车发货的情况下，选择以吨公里最小为目标可以取得满意的结果。这一目标在配送路线选择中的一般情况下是不适用的，但在采取共同配送方式时，可以吨公里最小为目标。在"节约里程法"的计算中所确定的配送目标就是吨公里最小。

（5）以准时性最高为目标。

准时性是配送中重要的服务指标，以准时性为目标确定配送路线就是要将各个客户的时间要求和路线先后到达的安排协调起来，这样有时难以顾及成本问题，甚至需要牺牲成本来满足准时性要求。当然，在这种情况下成本也不能失控，应有一定限制。

（6）以劳动消耗最低为目标。

以油耗最低、司机人数最少、司机工作时间最短等劳动消耗最低为目标确定配送路线也有所应用，这主要是在特殊情况下，如供油异常紧张、油价非常高、意外事故引起人员减少、某些因素限制了配送司机人数等，所要选择的目标。

2）配送路线选择的约束条件

以上目标在实现时都受到许多条件的约束，必须在满足这些约束条件的前提下取得成本最低或吨公里最小的结果。一般配送约束条件有以下几项：

（1）路线允许通行的时间限制。

某些路段在一定的时间范围内，不允许某种类型的车辆通行，确定配送路线时应当考虑这一因素。

（2）运输工具载重的限制。

运输工具载重的限制是指每辆（艘、架）车、船、飞机都有一定的额定载重量，如果超重就会影响运输安全，所以在安排货物的配送路线时应保证同路线货物的重量不会超过所使用运输工具的载重量。

（3）配送中心的能力限制。

配送中心的能力包括运输和服务方面的能力。所谓运输能力，是指提供适当的专门化车辆的能力，如温度控制、散装产品以及侧面卸货等；对于服务能力而言，它包括利用EDI编制时间表和开发票，在线装运跟踪以及储存和整合等。

（4）自然因素的限制。

自然因素主要包括气象条件、地形条件。尽管现代运输手段越来越发达，自然因素对于运输的影响已相对减少，但是，自然因素仍是不可忽视的影响因素之一。

（5）其他不可抗力因素的限制。

其他不可抗力因素主要指法律的颁布、灾害的发生、战争的爆发等。这些因素有时会产生很严重的后果，为了规避风险，应当对其进行充分估计并购买相应保险。

3）配送路线选择的方法

（1）经验判断法。

经验判断法是指利用行车人员的经验来选择配送路线的一种主观判断方法。一般是以司机习惯行驶路线和道路行驶规定等为基本标准，拟订出几个不同方案，通过倾听有经验的司机和送货人员的意见，或者直接由配送管理人员凭经验做出判断。这种方法的质量取决于决策者对运输车辆、客户地理位置与交通路线情况的掌握程度和决策者的分析判断能力与经验。尽管缺乏科学性，易受掌握信息的详尽程度限制，但使用起来简单、快速、方便。

（2）综合评分法。

影响配送路线选择的因素较多，难以用某种确定的数学关系式表达，或难以用某种单项依据评定时，可以采取对配送路线方案进行综合评定的方法，其具体步骤如下：

第一，拟订配送路线方案。首先以某一项较为突出和明确的要求作为依据，例如以某几个点的配送准时性，或司机习惯行驶路线等拟订出几个不同的方案，要求方案提出路线始发地点、经过地点、车型等具体参数。

第二，对各方案的数据进行计算，如配送距离、配送成本、配送行车时间等，并作为评价依据。

第三，确定评价项目。决定从哪几个方面对各方案进行评价，如动用车辆数、司机数、油耗、总成本、行车难易、准时性、装卸车难易等都可作为评价依据。

第四，对方案进行综合评价。为了便于对各方案进行评价比较，可以对各评价项目列出综合评价表，对每个项目进行打分，根据各方案最后的综合得分选出最优方案。

【例3-1】某配送企业设立了配送路线方案评价的10项指标：①配送全过程的配送距离；②行车时间；③配送准时性；④行车难易；⑤动用车辆台次数；⑥油耗；⑦车辆状况；⑧运送量；⑨配送客户数；⑩配送总费用。每个评分标准都分为5个档次并赋予不同的分值，即极差（0分）、差（1分）、较好（2分）、良好（3分）、最优（4分），满分为40分。在表上为配送路线方案评分，根据最后的评分情况，在各个方案之间进行比较，最后确定配送路线。表3-1为对某配送路线方案进行评分的情况。

表中的路线方案得分为：4+4+2+3+3+3+4+4+3+2=32（分），为满分（理想方案）的80%，各项平均得分为3.2分。

（3）节约里程法。

有效的配送路线实际上是在保证商品准时到达客户指定地点的前提下，尽可能地减少运输的车次和运输的总路程。在这种思想的指导下，节约里程法已成为选择配送路线的重要方法之一。

节约里程法的基本原理如下：假如由一家配送中心（DC）向两个客户A、B送货，配送中心到两个客户的最短距离分别是 L_a 和 L_b，A和B间的最短距离为 L_{ab}，A、B的货物需求量分别是 Q_a 和 Q_b，且（Q_a+Q_b）小于运输装载量Q，如图3-3所示，如果配送中心分别送货，那么需要两个车次，总路程为：$L_1=2（L_a+L_b）$。

表3-1　　　　　　　　　　　　配送路线方案评分表

序号	评价指标	极差	差	较好	良好	最优
		0分	1分	2分	3分	4分
1	配送全过程的配送距离					√
2	行车时间					√
3	配送准时性			√		
4	行车难易				√	
5	动用车辆台次数				√	
6	油耗				√	
7	车辆状况					√
8	运送量					√
9	配送客户数				√	
10	配送总费用			√		

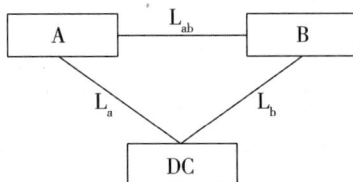

图3-3　节约里程法基本原理示意图

如果改用一辆车对两客户进行巡回送货，则只需一个车次，行走的总路程为：$L_2=L_a+L_b+L_{ab}$。由三角形的性质我们知道：$L_{ab}<L_a+L_b$。

所以第二种配送方案明显优于第一种，且行走总路程节约：$\Delta L=(L_a+L_b)-L_{ab}$。

如果配送中心的供货范围内还存在着3，4，5，…，n个用户，那么在运载车辆载重和体积都允许的情况下，可将它们按照节约路程的大小依次连入巡回路线，直至满载为止。

【例3-2】某配送中心O要向A、B、C、D、E、F共6个客户点配送货物，如图3-4所示。它们之间的距离（km）和每一处的配送货物量（t）见表3-2。运输车辆有3t和4t两种货车，试确定配送路线。

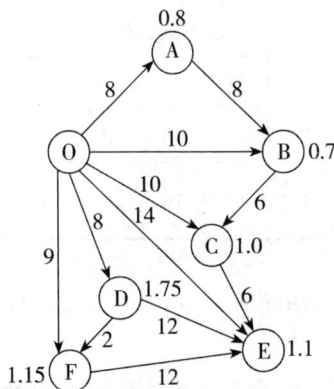

图3-4　配送点最短距离计算图

表3-2　　　　　　　　　　　　　　配送距离和配送量

线路	OA	OB	OC	OD	OE	OF	AB	BC	CE	DE	DF	EF
距离（km）	8	10	10	8	14	9	8	6	6	12	2	12
货物量（t）	0.8	0.7	1.0	1.75	1.1	1.15	—	—	—	—	—	—

解：（1）计算配送中心O到各配送点、各配送点之间的最短距离。

最短距离的计算过程为：从终点开始逐步逆向推算。由于配送中心与各配送点只有一个节点，故它们之间的距离即为最短距离。因这些数据从表3-2中已知，所以只需计算各客户点之间的最短距离即可，即计算AC、AD、AE、BD、BE、BF、CD、AF、CF的距离。以CF的计算为例：如图3-4所示，与终点F相连接的有O、D、E，从C到F的最短距离为C-E-F，即为6+12=18km。同理，可以求得其他客户之间的距离（见表3-3）。

表3-3　　　　　　　　　　　　　　最短距离表

地点	O	A	B	C	D	E	F
O	0	8	10	10	8	14	9
A		0	8	14	16	20	17
B			0	6	18	12	19
C				0	18	6	18
D					0	12	2
E						0	12
F							0

（2）计算各配送点组合的节约里程数，并将其排序。

节约里程数可由节约量的一般公式求得。如CE间的节约里程数为OC+OE-CE=10+14-6=18km。同理，可求得其他各客户之间的节约里程数（见表3-4）。

表3-4　　　　　　　　　　　　　　节约里程表

序号	1	2	3	4	5	6	7	8	9	10	11	12	13	14	15
组合	CE	DF	BC	BE	EF	AB	DE	CF	AC	AE	AD	AF	BD	BF	CD
节约里程（km）	18	15	14	12	11	10	10	1	4	2	0	0	0	0	0

由表3-4可以看出：

CE节约里程最多，从图3-4中得知，其配送货物量是1.1+1.0=2.1t，在货车的载重限度内，可以入选。

AB的配送货物量=0.7+0.8=1.5t，2.1+1.5=3.6t<4t，可拼装为一辆4t货车的载运量，它

们连接成一条配送路线 OECBAO 或 OABCEO。全程为 42km（14+6+6+8+8）。

下面考虑第二条配送路线：

DF 的配送货物量=1.15+1.75=2.9t，在货车载重的限度内，拼装为一辆 3t 货车的载运量，形成第二条配送路线 ODFO 或 OFDO，全程为 19km（9+8+2）。此案例的配送路线优化后确定为两条，即 OECBAO（OABCEO）和 ODFO（OFDO），总行程为 61km（42+19），使用 4t 和 3t 的货车各一辆。

3.2.3　配送合理化分析

1）配送不合理的表现形式

（1）资源筹措的不合理。

配送是利用较大批量筹措资源，通过筹措资源达到规模效益来降低资源筹措成本，从而取得优势的。如果不是集中多个用户需要进行批量筹措资源，而仅仅是为某一、两户代购代筹，对用户来讲，则不仅不能降低资源筹措费，相反却要多支付一笔配送企业的代筹代办费，因而是不合理的。资源筹措不合理还有其他表现形式，如配送量计划不准，资源筹措过多或过少，在资源筹措时不考虑与资源供应者建立长期稳定的供需关系等。

（2）配送与直达的决策不合理。

配送的规模效应容易诱导配送规模的盲目扩张。虽然配送有利于平均库存水平的降低，减少供应链中的存货成本，但与直达供货模式相比，配送也增加了物流环节，提高了物流费用。当配送节约的成本不足以抵消它所导致的费用增加时，配送也就失去了存在的价值。事实上，对于批量特别大的商品进行配送不一定是明智的决策，如果仅仅为了追求配送活动本身的规模效应而将大批量的商品纳入配送，最终肯定会增加商品的流通成本，扩大的只能是不合理配送。到底采用直达方式还是采用配送中心方式，二者在区域划分上存在一个分界点——必须坚持配送有利于物流合理化的原则。从经济效果出发，在直达区域范围内通过配送中心方式和在配送区域范围通过直达方式，显然都是不合理的。

（3）库存决策不合理。

在商品的品种及批量已经确定的情况下，配送企业进行库存决策时也会面临两难选择：库存水平过高，会加大配送环节的存货成本，抑制配送作用的发挥，形成不合理配送；反过来，如果库存水平过低，存货成本虽然能得到一定程度的节约，但配送的可靠性也会大幅度降低，此时的配送会经常导致客户停工待料，扩大客户的缺货风险，增加缺货成本，形成新的不合理配送。

（4）商品采购与价格策略的不合理。

配送商品在价格上的竞争优势部分来自采购环节。配送中心可以充分发挥规模优势，通过集中采购与供应商建立长期稳定的供需关系，并在此基础上获得较大的价格折扣；同时，大批量采购还可降低平均交易成本，有效控制采购成本。这两方面的优势相叠加，可大大增强配送在价格上的竞争力。如果配送企业在采购过程中计划或组织不当，影响了配送规模效应的发挥，就会削弱其价格上的竞争力，形成不合理配送。

在采购成本一定的情况下，配送企业以什么样的价格将商品配送给客户，也是一个十分敏感的问题。一般情况下，配送价格应该低于客户直接采购时的商品价格与单位采购成本之和，否则客户无利可图，也就不会参与到配送系统中来了。显然，配送价格越低，客户参与配送的积极性就越高。但如果为了吸引客户而一味地降低配送价格，又会使配送企业处于无利或亏损状态。两种极端状态下的配送都是不合理配送。

（5）送货中运输不合理。

配送过程中的运输方式、配送范围、运输路径的选择不当也会导致不合理配送。与用户自提相比，尤其对多个小客户来讲，可以集中配装一车然后送几家，这比一家一户自提能大大节省运力和运费。如果不能利用这一优势，仍然是一户一送，而且车辆达不到满载（即时配送过多、过频时会出现这种情况），则属于运输不合理。此外，运输不合理的若干表现形式，在配送中都可能出现，会使配送变得不合理。配送管理者应该根据实际状况，调整每天的配送运输作业，如果采用"一旦决定就教条执行"的方法，就会造成配送中的运输不合理，导致配送效率降低。

（6）资本经营不合理。

在实施配送之后，应有利于资金占用率的降低及资金运用的科学化。如果资金筹措所占用的流动资金总量没有明显降低，资金周转速度并没有明显加快，资金调控能力并没有加强，即为资本经营不合理的表现形式。

2）配送合理化的标志

（1）库存标志。

库存是判断配送合理与否的重要标志，具体指标有以下两个：

第一，库存总量。在一个配送系统中，库存从分散的各个用户转移到配送中心进行一定程度的集中。在实行配送后，配送中心库存数量加上各用户在实行配送后的库存数量之和应低于实行配送前各用户库存量之和。此外，从各个用户的角度判断，各用户实行配送前后的库存量比较，也是判断合理与否的标准，某个用户的库存量上升而库存总量下降，也属于一种不合理。当然，对库存总量的判断必须要扣除因生产经营发展所带来的动态增加因素。

第二，库存周转。由于配送企业的调剂作用，以低库存保持高的供应能力，库存周转一般总是快于原来各企业的库存周转。此外，从各个用户角度进行判断，各用户实行配送前后的库存周转比较，也是判断合理与否的标志。

（2）资金标志。

总的来说，实行配送应有利于资金占用率的降低及资金运用的科学化，具体判断标准如下：

第一，资金总量。资源筹措所占用流动资金总量，随储备总量的下降及供应方式的改变必然有一个较大的降低。

第二，资金周转。从资金运用来讲，由于整个节奏加快，资金充分发挥作用，同样数量的资金，过去需要较长时间才能满足一定的供应要求，配送之后，在较短时间内就能达到此目的。所以资金周转是否加快，是衡量配送合理与否的标志。

第三，资金投入方式的改变。资金分散投入还是集中投入，是资金调控能力的重要反映。实行配送后，资金必然从分散投入变为集中投入，以增加调控作用。

（3）成本和效益标志。

总效益、宏观效益、微观效益、资源筹措成本都是判断配送合理与否的重要标志。对于不同的配送方式，可以有不同的判断侧重点。例如，配送企业、用户都是各自独立的以利润为中心的企业，不但要看配送的总效益，而且要看对社会的宏观效益及两个企业的微观效益，不顾及任何一方，都必然出现不合理。又如，如果配送是由用户集团组织的，配送主要强调保证能力和服务性，那么，效益主要根据总效益、宏观效益和用户集团企业的微观效益来判断，不必过多顾及配送企业的微观效益。

由于总效益及宏观效益难以计量，因此在实际判断时，在按国家政策进行经营的情况下，常以完成的国家税收及配送企业和用户的微观效益来判断。对配送企业而言，在满足用户要求的情况下，企业利润反映配送合理化程度。对用户企业而言，在保证供应水平或提高供应水平（产出一定）的前提下，供应成本的降低反映配送的合理化程度。

（4）供应保证标志。

配送不但要考虑经济效益因素，还应该强调服务质量，配送的合理性标志应包括提高客户的供应保证能力。供应保证能力可以从以下三个方面判断：

第一，缺货次数。实行配送后，应该到货而未到货以致影响用户生产经营的次数必须下降才算合理。

第二，配送企业集中库存量。对每一个用户来讲，集中库存量所形成的保证供应能力高于配送前单个企业的保证供应能力，配送才算合理。

第三，即时配送的能力及速度。即时配送的能力及速度是用户出现特殊情况的特殊供应保障方式，这一能力必须高于未实行配送前用户紧急进货能力及速度才算合理。

特别需要强调一点，配送企业的供应保障能力是一个科学的、合理的概念，而不是无限的概念。具体来讲，如果供应保障能力过高，超过了实际的需要，则属于不合理。所以追求供应保障能力的合理化也是有限度的。

（5）用户企业人力、物力节约标志。

配送的重要作用是以集中配送代替用户分散采购、储存，实现规模效应。因此，实行配送后，各用户库存量、仓库面积、仓库管理人员减少为合理数，用于订货、接货、供应的人员减少为合理数，真正解除了用户的后顾之忧，配送才算合理。

（6）物流合理化标志。

物流合理化的问题是配送要解决的大问题，也是衡量配送本身的重要标志。配送必须有利于物流合理化。这可以从以下几方面判断：是否降低了物流费用；是否减少了物流损耗；是否加快了物流速度；是否发挥了各种物流方式的最优效果；是否有效衔接了干线运输和末端运输；是否不增加实际的物流中转次数；是否采用了先进的管理方法及技术手段。

3）配送合理化的措施

配送合理化，即迅速、及时、准确、安全、低成本地进行配送，其目标在于消除物流中的作业浪费、时间浪费，减少货物损失，提高设备、设施、运输工具的使用效率，从而减少物流费用。配送合理化可以从以下几个方面来实现：

（1）合理规划配送中心。

合理规划配送中心是企业推进合理化配送的前提和基础。如果配送中心的规划出现失误，就很难避免不合理配送的出现。同时，由于配送中心的建设是一项投资大、涉及面广的系统工程，一旦建成就很难改变，因此规划实施时必须切实遵循系统工程原则、价值工程原则、科学化原则和发展原则，综合考虑成本、质量和效益等多方面的要求，根据必要性和可行性进行规划与设计。

作为规划工作的一部分，经营者应充分细致地做好对服务对象的普查、配送量的分析和预测、配送信息处理情况的调查、配送作业内容的调查、进货与出货条件的分析、商品保管形态的研究等工作，并根据以上系统分析的结论，综合考虑区域运输环境与城市供水、供电等基础设施条件，确定配送中心的数量、规模与分布，必要时还可建立量化模型，运用数学规划或系统仿真等方法进行优化。

（2）系统优化配送作业程序。

如果将配送中心看作企业经营的硬件基础，则作业程序就是企业管理的软件工具。对配送的作业程序进行改造、优化，或是进行流程再造，无疑会大大提高配送作业效率，减少采购、库存和日常调度的不合理，促进配送成本、配送质量和配送效益的合理化。

（3）重视配送先进技术的应用。

配送应注重先进技术、设备和高层次人才的开发与引进。加强基础设施建设，建立无人立体仓库，开展机械化、自动化作业，积极采用诸如自动装卸机、自动分拣机、无人取货系统和搬运系统等自动化物流设施，为高效、快速、优质的配送服务提供技术基础。

（4）加强配送信息化建设。

信息化建设对实现配送合理化有重要意义。在配送中心内部建立起良好的信息处理系统和传输系统，在配送中心与客户（如零售店）之间实现电脑联网。客户通过入网的电脑可以向配送中心自动订货，而生产厂家通过入网电脑可及时了解流通企业的商品库存情况，及时进行供货、补货。建立起完整的、良好的信息系统是配送企业向客户提供优质服务的物质基础，也是赢得客户信赖、提高配送工作效率的重要保证。据有关资料介绍，国外很多配送中心在接到用户的订货单之后，在很短的时间内（24小时）就可将大批货物配备好，仅用2～3天的时间就可把货物运送到数百公里以外的用户指定的接货点。

（5）科学确定配送路线。

路线合理与否对配送的速度、成本、效益影响颇大，因此，采用科学合理的方法确定配送路线是配送合理化活动中非常重要的一项工作。

（6）推行加工配送和送取结合。

通过加工和配送结合，充分利用本来应有的这次中转，而不增加新的中转使配送合理化。同时，加工借助于配送，加工目的更明确，和用户联系更紧密，避免了盲目性。这两者有机结合，投入不增加太多却可追求两个优势、两个效益，是配送合理化的重要经验。

配送企业与用户建立稳定、密切的合作关系，配送企业不仅成了用户的供应代理人，而且起着用户储存据点的作用，甚至成为产品代销人，在配送时，将用户所需的物资送到，再将该用户生产的产品用同一车运回，使这种产品也成了配送中心的配送产品之一，或者代存代储，免去了生产企业的库存包袱。这种送取结合的方式使运力得到充分利用，也使配送企业的功能有更大的发挥，从而追求合理化。

（7）推行共同配送、准时配送和即时配送。

推行共同配送，可以最大限度地提高人员、物资、金钱、时间等物流资源的使用效率，取得最大效益。从微观角度而言，企业配送作业达到一定经济规模，可以提高物流作业的效率，降低企业营运成本；从整个社会的角度来讲，实现共同配送可以减少社会车流总量，改善交通运输状况，有效提高车辆的装载率，提升物流环境进而改善整体社会生活品质。

准时配送是配送合理化的重要内容。配送做到准时，用户才能放心地实施低库存或零库存，才能有效地安排接货的人力、物力，才能高效率地进行工作。另外，保证供应能力，也取决于准时供应。从国外的经验来看，准时供应配送系统是现在许多配送企业追求配送合理化的重要手段。

作为配送计划的应急手段，即时配送是最终解决用户企业断供之忧、大幅度提高供应保证能力等问题的重要手段。即时配送是配送企业快速反应能力的具体化，是配送企业能力的体现。即时配送成本虽高，但它是整个配送合理化的重要保证手段。

（8）努力提高配送工作的可预见性。

配送环节处于商品的供需之间，获取的供需双方的信息都不够充分；同时，由于配送企业大多以市场服务者的身份出现，难以取得市场主导地位，对客户的要求只能被动地去满足，导致实际业务中大量无计划配送的出现。由于事前不可能对这些突发性任务做出计划安排，大多只能派专车进行配送，加之这些任务时间紧，难以对车辆及配送路线进行认真选择，容易造成运输能力和运输里程的浪费。

这些突发性配送任务不仅本身会花费较高的成本，而且会经常打断配送企业正常的工作程序，导致整个配送系统的混乱，间接地影响其他商品的配送成本，导致不合理配送的大量出现。所以，配送经营者应加强实际业务中的计划工作，提高配送工作的可预见性，促进配送合理化程度的提高。

3.2.4　配送成本分析

在配送方案设计中，要时刻关注配送成本的变化，注重对具体配送方案的成本分析比较，力争以最小的成本取得最大的效益。有关配送成本管理的具体内容，我们将在第6章进行详细阐述，本小节主要分析影响连锁企业配送成本的若干因素，这些因素主要包括：

1）配送服务水平

物流配送服务水平是影响连锁企业物流配送成本最主要的因素，往往还决定了连锁企业的战略定位、服务质量、产出能力、物流系统设计等。物流成本随着服务水平的提高而成比例上升，如当服务水平定位较低时，企业可以在较少的存储地点集中存货，利用较廉价的运输方式，从而将配送成本控制在一个较低的范围；反之，当服务水平定位较高时，则必须要有高技术水平的仓储和运输提供支持，否则就无法为连锁店提供高质量的配送服务，配送成本也会随之大幅上升。当服务水平接近极限时，物流成本将比服务水平上升得更快。

2）配送车辆的调度管理

在连锁企业的实际运营中，对配送车辆的调度管理是影响物流配送成本的主要因素。有资料显示，在整个物流运作成本中，运输成本所占比例最大，占总物流成本的30%~65%。

3）物流作业差错

因物流配送作业环节多、手续繁杂，所以在实际运行中非常容易出错。这些差错造成的负面影响非常大：产生无效劳动，消耗了物流资源；打乱正常的配送计划和配送作业秩序；影响连锁店的补货和销售；影响连锁企业和客户的合作关系。

4）库存决策

库存是物流活动的"缓冲器"，因此连锁企业拥有一定数量的库存是十分必要的。有资料显示，连锁企业的平均库存成本占总物流成本的20%～40%，合理库存对降低连锁企业配送成本具有非常重要的作用。

5）货损率、缺货率、退货率

较高的货损率、缺货率和部分不正常的退货，不但将增大连锁企业的物流配送成本，还会影响配送效率。据有关调查表明，货损率、缺货率、退货率对物流配送成本有一定影响的分别占全部调查企业的25%、17%、8%。

6）物流设施及设备成本

物流设施及设备成本是连锁企业物流配送过程中不可小看的成本因素，它包括运输车辆、搬运装卸机械、仓储设施、物流信息设备等的购置费、使用费、维修费、保养费、折旧费等。

7）道桥使用费

当连锁规模扩大、企业向外扩张、业务辐射到郊区时，物流配送企业都将碰到一个无法回避的问题——过桥费和过路费。这两项费用占据了连锁企业物流配送成本相当高的比重，也在一定程度上限制了连锁企业的规模扩张。

8）管理费用和人工费用

目前，我国连锁企业普遍采取较为粗放的管理方式，产生了较大的管理费用和一些不必要的人工费用，在一定程度上增加了物流配送成本，降低了物流配送效率。

配送成本无非有两种：一种为固定成本，与固定资产及人员数量正相关；另一种为变动成本，与配送路程正相关。如何平衡固定成本与变动成本，实现最优化的效益，是设计配送方案的关键。固定成本控制取决于长期资产规划，变动成本控制取决于日常运作控制。

案例精析3-3

草原奶制品厂的配送方案

草原奶制品厂是一个国有企业，销售范围覆盖内蒙古地区，奶制品的采集、加工、分销和销售都由草原奶制品厂通过遍布内蒙古的奶场和仓储网络来运作。牛奶场从附近的农场采集鲜奶并进行加工，所有的牛奶场都进行普通产品的加工，但一些特别的产品如冰淇淋或奶酪只在其中某一个或几个奶厂进行加工。所有的牛奶场都负责供应本地零售商和内蒙古地区客户的产品分销配送，此外还建立了一个专门负责产品配送的仓储网络。绝大多数奶制品送货使用卡车，但在几个主要城市也使用电动彩色牛奶车或自行车。所有仓库中的产品都是由最近的牛奶场供给的，根据各牛奶场所处的位置，草原奶制品厂在行政上可分为若干区域。

多年来，草原奶制品厂一直是亏损经营，虽然收购和销售价格的不合理是原因之一，但公司内部也的确存在运营效率低的问题。由于配送成本在总运营成本中占很大一部分，因此草原奶制品厂决定聘请北京一家物流咨询公司设计一个降低配送成本的方案。该公司为草原奶制品厂设计的配送方案如下：

第一，调查草原奶制品厂的分销渠道结构，针对不同的渠道实行差异化的配送策略。

第二，优化仓库布局及配送线路，支持在不同客户、多个装卸货点的巡回路线作业的情况下同时配送及取货（回收）的双模作业方式，改善配送车辆的出车班次与装载率。

第三，评估实行配送社会化的可能性，借助其他渠道或第三方物流公司的网络对一些偏远地区进行配送，弥补网络空洞，降低配送成本。

第四，实行过程管理，建立标准的作业流程及操作手册，在先进先出、冷藏保鲜、批号跟踪各环节加强控制，从而打造一个高效、安全的冷链系统。

第五，在车辆配置方案方面，主要考虑载货车辆的购置价格、油耗、维护成本、载重量、轿厢面积、配送的路面条件以及外观的协调性。在车型的选择上，对于牛奶这种快速消费品，从配送中心向分销网点发货配送宜选择中型载货车，从配送中心到分销网点的小批量、多批次的补货/发货配送，宜选择小型载货车。至于车辆品牌的选择，宜选择质量好、性能高的品牌，以减少变动成本支出。车辆采购的数量及时序，则由业务发展情况来决定。

资料来源　罗润华. 高效的配送方案 ［J］. 中国物流与采购，2005（24）.

精析：一个高效的配送方案应该考虑以下内容：配送成本、响应速度、送货频率、库存可得性、送货可靠性。北京的这家物流咨询公司结合本项目的情况，运用现代物流的技术与方法，有效拟订物流配送方案及车辆配置方案，帮助客户降低物流成本、提升服务质量，创造物流管理的商业价值。

📎本章小结

配送方案是对从事配送活动的物流配送项目和物流配送运作的总称。一般来说，配送方案中应包括资源筹措方案、合作伙伴的选择、配送计划的制订、配送路线的选择、配送合理化分析、配送成本分析等基本内容。

连锁企业配送方案设计的基本程序是制订配送计划、选择配送路线、配送合理化分析、配送成本分析。制订具体的配送计划时应考虑以下几个要素：连锁企业各门店的远近及订货要求，如品种、规格、数量及送货时间、地点等；配送的性质和特点以及由此决定的运输方式、车辆种类；现有库存的保证能力；现时的交通条件。据此决定配送时间，选定配送车辆，规定装车货物的比例和最佳配送路线、配送频率。配送路线选择的目标包括：以效益最高为目标、以成本最低为目标、以路程最短为目标、以吨公里最小为目标、以准时性最高为目标、以劳动消耗最低为目标等。配送路线选择可采取经验判断法、综合评分法、节约里程法等方法。配送合理化的标志主要包括库存、资金、成本等。可以通过合理规划配送中心、系统优化配送作业程序、重视配送先进技术的应用等措施来实现连锁企业的配送合理化。物流配送服务水平、配送车辆的调度管理等因素会影响连锁企业的配送成本。

📎主要概念

配送方案　配送计划　配送路线　配送合理化　配送成本

📎基础训练

一、不定项选择题

1.（　　）属于连锁企业配送方案的内容。

A.配送合理化分析　　　　　　　　　B.配送计划的制订

C.配送成本分析　　　　　　　　　　D.配送路线的选择

2.（　　）是指对未来一定时期内已知的客户需求进行前期的配送规划，便于对车辆、人员、支出等作统筹安排，以满足客户的需要。

A.每日配送计划　　　　　　　　　　B.配送主计划

C.系统配送计划　　　　　　　　　　D.特殊配送计划

3.配送要素主要包括（　　）等内容，在制订配送计划时要对这些要素进行综合分析。

A.货物　　　　　　B.人员　　　　　　C.地点　　　　　　D.车辆

E.路线　　　　　　F.时间

4.（　　）属于连锁企业配送计划的内容。

A.分配地点、数量与配送任务　　　　B.确定车辆安排

C.与客户作业层面的衔接　　　　　　D.确定车辆装载方式

5.（　　）会约束连锁企业配送路线的选择。

A.路线允许通行的时间限制　　　　　B.企业的资金实力

C.配送中心的能力限制　　　　　　　D.自然因素的限制

二、判断题

1.配送方案包含两层意思：一是指某个具体配送活动的方案，如受客户委托，对某个产品的具体配送活动做出规划并实施计划；二是指解决配送活动中问题的方法和对具体运作的描述。　　　　　　　　　　　　　　　　　　　　　　　　　　　　　（　　）

2.连锁企业在选择配送路线时，应以成本最低为目标。　　　　　　　　（　　）

3.物流配送中的"四最"：配送路线最短、所用车辆最少、作业总成本最低、服务水平最高。　　　　　　　　　　　　　　　　　　　　　　　　　　　　　　（　　）

4.库存是判断配送合理与否的重要标志。其中，主要应考虑库存总量，库存周转并不重要。　　　　　　　　　　　　　　　　　　　　　　　　　　　　　　　　（　　）

5.物流配送服务水平是影响连锁企业物流配送成本的最主要的因素。　　（　　）

三、简答题

1.简要回答连锁企业配送方案设计的基本程序。

2.连锁企业应如何选择配送路线？

3.连锁企业实现配送合理化的主要措施是什么？

四、实训题

【实训项目】

连锁超市配送方案设计实训

【实训情境设计】

通过充分调研，在掌握大量事实信息的基础上，为当地某大型连锁超市设计配送方案。可以5～6名同学为一组，教师指定或各组自选组长，在教师的指导下以组为单位完成该项配送方案设计。学生个人独立完成设计方案的，必须经指导教师的同意。

【实训任务】

说明设计原理并进行方案选择。说明为什么要选择这个设计方案（包括各种方案的分

析、比较）；阐述所采用方案的特点（如在配送计划、配送路线、配送成本、配送合理化等方面的特色）；说明对原方案有哪些改进或创新。

【实训提示】

运用运输网络知识，设计适当的运输网络，提出配送路线优化方案。运用配送成本管理知识，设计出在配送成本和配送服务两方面都取得最佳平衡的配送方案。运用配送合理化相关知识分析设计出的配送方案对原方案有哪些改进或创新。最终配送方案应在组内多次讨论、比较、择优的基础上形成。

【实训效果评价】

针对实训任务的完成情况，填写表3-5。

表3-5　　　　　　　　　　　　　　　　　**实训效果评价表**

考核项目	考核标准	所占比例
设计方法	能熟练地综合运用所学的理论和专业知识，以正确的方法设计方案，合理阐述本方案所解决的主要问题	25%
设计思路	设计思路新颖，设计方案良好，计算正确，数据准确，论证充分，有重大改进或独特见解并有一定的应用价值	25%
信息处理	分解复杂信息任务，列出行动计划，选择适当的方法获取信息；培养职业信息敏感性，筛选有效信息，整理和综合信息；用文字与图表展示信息，用多媒体手段辅助信息传达	10%
解决问题	明确指出问题所在，并提出解决问题的基本思路或对策。在他人的支持下做出计划并实施，此过程中利用相关资源。检查问题是否解决，对方法做出总结和修改	10%
配送方案报告	撰写的报告内容完整、真实，针对性强，详细阐明配送方案设计的指导思想、所解决的主要问题、论证过程、主要结论，表述符合基本原理，格式规范，观点有独到之处	30%

课外拓展

获取连锁经营领域前沿资讯、政策法规、行业观点、数据资料，了解最新实务操作案例，请关注微信公众号"联商网"（微信号：lingshouzixun）。

第4章　连锁配送中心的规划

学习目标

通过本章的学习，了解配送中心的概念、功能、作用及类型；掌握配送中心规划的原则和要点，掌握连锁配送中心规划的内容与程序；同时，还要掌握连锁配送中心内部设计的要领以及连锁配送中心的内部结构。

引例　　　　　　　　　　　　连锁配送中心规划中出现的问题

配送中心建设对于连锁企业降低物流成本、提高经营效率起着至关重要的作用。但我国的一些连锁企业在进行配送中心规划设计时，尚存在很多问题。

例如，我国一家著名的物流集团在苏州建物流中心时，缺乏细致的调查研究，把托盘设计成1.2米×1米，其货架系统也全部据此规格建设，结果找来的客户是家电制造企业，其产品尺寸与托盘不匹配，如冰箱需要用1.4米×1.4米的托盘，造成窄巷道叉车无法叉取托盘，使物流中心的操作非常被动。

武汉和柳州的两家大型连锁超市建的配送中心，货架的通道中间有柱子，叉车很难进行操作，原因是在设计时没有考虑到配送中心要用托盘式货架系统。

江苏某超市新建的大型配送中心在设计时忽略了内部动线的规划，结果库内动线很长，平均长度为200多米。此外，配送中心如果采用单一的拣货作业方式，那么在给不同业态的商场配货时效率会受到影响。

浙江杭州某超市请物流咨询公司作配送中心规划。在进行物流量分析时，最初只考虑了日均物流量，没有考虑超市销售高峰的销售额与平日有时相差很大。其实，连锁超市配送中心整箱商品的出货情况的确存在峰值和均值相差几乎一倍的情况，但拆零商品在节假日和平日的出货量差异不大，远远没有达到2∶1的比例。但在修改后的方案中，拆零作业区面积过大，造成浪费。

资料来源　许胜余. 连锁零售企业的配送中心建设［J］. 物流技术与应用，2008（11）.

4.1 配送中心的概念与类型

4.1.1　配送中心的概念

为实现配送的合理化，在实践中需要能有效开展物流配送的据点，即配送中心。配送中心的产生是社会化大生产和专业分工细化的结果，并随着物流系统化和规模化的发展而发展。它作为以执行实物配送为主要功能的流通型物流节点，很好地解决了用户多样化需求和厂商大批量专业化生产之间的矛盾，因此逐渐成为现代化物流的标志。

"配送中心"一词已被广泛应用，但对于"什么是配送中心"这一问题，人们的认识却不尽相同。国内外对配送中心已给出了多种定义，如日本日通综合研究所编著的《物流手册》把配送中心定义为："从供应者手中接受多种大量的货物，进行倒装、分类、保管、流通加工和情报处理等作业，然后按照众多需要者的订货要求备齐货物，以令人满意的服务水平进行配送的设施。"国内王之泰教授对配送中心所给出的定义是："配送中心是从事货物配备（集货、加工、分货、拣选、配货）和组织对用户的送货，以高水平实现销售或供应的现代流通设施。"

按照我国物流国家标准术语的解释，配送中心（Distribution Center）是指从事配送业务的物流场所或组织，其应基本符合下列要求：①主要为特定的用户服务；②配送功能健全；③完善的信息网络；④辐射范围小；⑤多品种、小批量；⑥以配送为主、储存为辅。

配送中心为了能更好地做送货的编组准备，必然需要进行零星集货、批量进货等种种资源筹集工作和对货物的分整、配备等工作，因此，其具有集货中心、分货中心的职能。为了更有效、更高水平地配送，配送中心往往还有比较强的流通加工能力。此外，配送中心还必须执行货物配备后送达到户的使命，这是其和分货中心只管分货不管运达的重要区别。由此可见，如果说集货中心、分货中心、加工中心的职能还是较为单一的话，那么，配送中心的功能则较全面、完整，也可以说，配送中心实际上是集货中心、分货中心、加工中心功能之综合。从上述意义上来讲，配送中心实际上是将集货中心、分货中心和加工中心合为一体的现代化物流基地，也是能够发挥多种功能作用的物流组织。

@ 补充阅读材料4-1

配送中心与物流中心和物流基地（园区）的区别

配送中心与物流中心和物流基地（园区）的主要区别在于：第一，物流节点的层次不同。配送中心的专业性非常强，它的规模要根据配送的要求，依据客户而定，处于最基础的层次；物流中心的规模一般较大，有一定的专业性，但是它同时也具有在这个领域里的综合性和一定的综合功能，处于中间层次；物流基地的综合性非常强，而且规模非常大，处于最高层次。第二，运输方式不同。物流基地是铁路、公路、航空、水运等方式中两种或两种以上运输方式集结的一体化枢纽，物流中心和配送中心则不一定。第三，辐射范围不同。配送中心的辐射范围较小，物流中心辐射范围较大，物流基地的辐射范围最大。第四，物流基地中可以分布多个物流中心和配送中心。

4.1.2 配送中心的功能与作用

1) 配送中心的功能

从配送中心的形成和发展历程来看，配送中心基本上都是在仓储、批发等企业的基础上建设发展起来的，所以，配送中心除具有存储、集散等传统功能以外，还在物流现代化的进程中，不断地强化了分拣配货、流通加工、信息处理等功能。

（1）储存保管功能。

任何商品为了防止缺货，或多或少都要有一定的安全库存，以保障生产或满足消费。对于配送中心来说，要顺利而有序地完成向用户配送货物的任务，通常都建有现代化的仓库，存储一定数量的商品，特别是大型或从事货代业务的配送中心，其储存的货物数量更大、品种更多。这就为工商企业实现"零库存"奠定了基础。从配送中心所拥有的存储能力以及存储货物的实际来看，储存保管功能是其重要的功能之一。

（2）分拣配货功能。

配送中心与传统意义上的仓库的最大区别在于要对所配送的货物进行分拣、加工、分装、配装。作为物流节点的配送中心，其服务对象少则几十家，多则数百家。在为数众多的用户中，其各自的性质不尽相同，经营规模各异，因而对于货物的种类、规格、数量等要求也千差万别。为了能同时向不同的用户进行有效的配送，必须采用现代化的分拣技术，利用科技含量较高的分拣设备对货物进行分拣，并在此基础上按配送计划分装和配装货物。由此可见，配送中心要满足配送服务的时间、数量及品种要求，则必须具有分拣配货功能。

（3）货物集散功能。

集散功能是配送中心的一项基本功能。在物流实践中，配送中心以其特殊的地位和先进的设施设备，可以把分散在各类生产企业中的产品集中起来，再经过分拣、配装，向众多用户送货，与此同时，还可把各个用户所需的多种货物组合在一起，形成经济、合理的货运批量，集中送达分散的用户。这种在流通过程中所展现的功能就是货物集散功能，而这种功能的作用就在于提高了运输效率、降低了物流成本。

（4）配送加工功能。

为了提高服务水平，扩大经营范围，提升竞争力，国内外许多配送中心均配备了一定的加工设备，由此形成了一定的加工能力。它们按照用户的要求，将货物加工成必要的规格、尺寸和形状等，为用户提供方便。这项功能的实现，不仅赢得了用户的信赖，而且有利于提高资源的利用率，同时还为配送中心增加了附加效益。

（5）衔接功能。

通过开展货物配送活动，配送中心能把各种生产资料和生活资料直接送到用户手中，起到连接生产的功能，这是配送中心衔接供需两个市场的一种表现。另外，通过发货和储存，配送中心又起到了调节市场需求、平衡供求关系的作用，现代化的配送中心如同一个"蓄水池"，不断地进货、送货及快速周转有效解决了产销不平衡的矛盾，缓解了供需矛盾，在产销之间建立了一个缓冲平台，这是配送中心衔接供需两个市场的另一个表现。可以说，现代化的配送中心通过储存和集散货物功能的发挥，体现出了其衔接生产与消费、供应与需求的功能，使供需双方实现了无缝连接。

（6）信息沟通和处理功能。

配送中心不仅实现物的流通，而且也通过信息处理来协调各个环节的作业，协调生产与消费。配送中心的上游是生产企业，下游是消费群体。在商品经济日益发达、消费需求更加多样化的今天，哪种产品更加适合消费者的口味，更加适销，哪些商品市场需要而又无人开发，这对于最贴近消费者的配送中心来说是最清楚不过了。如果能及时地把这些信息传递给生产企业，就可以使之及时调整生产结构，改变生产策略，顺应市场需求；对于配送中心下游的用户而言，近期有哪些新产品，其性能特点是什么，所订产品什么时候到货，现在到达什么位置，都是他们制定销售推广策略、实施经营管理最想了解的信息；与此同时，配送中心本身的作业情况进展如何，也需要及时了解，以便做出适当的调整。鉴于此，配送中心就必须起到沟通并处理上下游之间、各作业环节之间各种信息的作用。

2）配送中心的作用

（1）使供货适应市场需求变化。

各种商品的市场需求，在时间、季节、需求量上都存在很大的随机性，而现代化生产、加工尚无法完全依靠工厂、车间来满足和适应这种情况，必须依靠配送中心来调节、适应生产与消费之间的矛盾与变化。例如，假日的销售量比平时成倍增加，配送中心的库存对确保销售起到了有力的支撑。

（2）经济高效地组织储运。

从工厂企业到达销售市场，中间需要复杂的储运环节，要依靠多种交通、运输、库存手段才能满足。传统的以产品或部门为单位的储运体系明显存在不经济和低效率的问题，因此建立区域、城市配送中心，能批量进发货物，组织成组、成批、成列直达运输和集中储运，有利于提高流通的社会化水平，实现储运的规模经济效应。

（3）促进物流的规模化、系统化和专业化。

配送中心在物流系统中占有重要地位。由配送中心统一进货，保证了商品统一的规格、品种、质量；集中送货，统一分配运力，选择经济合理的运输方式和运输路线，使流通费用降低，减少了商品损耗；统一检验，将商品编号入库，减少了用户的采购、检验、入库费用，从而促进了物流成本的降低，并且也只有配送中心才能提供专业化的保管、包装、加工、配送、信息等系统服务。

（4）完善连锁经营体系。

配送中心可以帮助连锁店实现配送作业的经济规模，使流通费用降低，减少分店库存，加快商品周转，促进业务的发展和扩散。批发仓库通常需要零售商亲自上门采购，而配送中心解除了分店的后顾之忧，使其可以专心于店铺销售额和利润的增长，不断开发外部市场，拓展业务。此外，配送中心还有利于加强连锁店和供方的关系，使两者结成利益共同体，保证长期、稳定的合作关系。更为重要的是，连锁店还从供方手中取得了对产品制造的影响力，即连锁店有足够的影响力向供方表明以某种价格供应某类商品，或者提出产品设计的方案。

（5）促进区域经济和国民经济发展。

配送中心的建设可从多方面带动经济的健康发展。在市场经济体系中，物流配送如同人体的血管，把国民经济各个部分紧密地联系在一起。配送中心和交通运输设施一样，是连接国民经济各地区，沟通生产与消费、供给与需求的桥梁与纽带，是经济发展的保障，是吸引投资的环境条件之一，也是拉动经济增长的重要内部因素。

案例精析4-1

沃尔玛配送中心的作用

沃尔玛前总裁大卫·格拉斯曾这样总结："配送设施是沃尔玛成功的关键之一，如果说我们有什么比别人干得好的话，那就是我们的配送中心。"沃尔玛的配送中心建立在100多家零售卖场中央位置的物流基地周围，同时可以满足100多家销售网点的需求，以此缩短配送时间，降低送货成本。沃尔玛公司为了更好地进行配送工作，非常注意配送组织的完善，其中一个重要的举措便是公司建立了自己的车队进行货物的配送。

同时，沃尔玛首创交叉配送的独特作业方式，进货与出货几乎同步，没有入库、储存、分拣环节。在竞争对手每五天配送一次商品的情况下，沃尔玛每天送货一次。数据表明，沃尔玛的配送成本仅占销售额的 2%，而一般企业的这个比例高达 10%。沃尔玛在配送运作时，大宗商品通常经铁路送达配送中心，再由公司卡车送达商店。每店每周收到 1～3 卡车货物，60% 的卡车在返回配送中心的途中又捎回沿途从供应商处购买的商品。

资料来源 李加明. 连锁企业物流配送中心运营实务［M］. 北京：北京理工大学出版社，2014.

精析：沃尔玛的配运中心和配送系统保持了高度的灵活性，能够为一线商店提供最好的服务。在降低运输成本的同时，提高了服务的质量，这使沃尔玛享有极大的竞争优势。

4.1.3 配送中心的类型

随着社会生产的发展，商品流通规模不断扩大，配送中心的数量也在不断增加。然而，在众多的配送中心中，由于各自的服务对象、组织形式和服务功能不尽相同，因此形成了不同类别的配送中心。按照不同的标准，配送中心可以进行多种形式的分类。

1）按配送中心的经济功能划分

（1）供应型配送中心。

供应型配送中心，顾名思义是向用户供应货物、行使供应职能的配送中心。其服务对象有两类：一是组装、装配型生产企业，为其供应零部件、原材料或半成品；二是大型商业超级市场、连锁企业以及配送网点。其特点是：配送的用户稳定，用户的要求范围明确、固定。因而，配送中心集中库存的品种范围固定，进货渠道稳固，而且都建有大型现代化仓库，占地面积大，采用高效先进的机械化作业。

（2）销售型配送中心。

销售型配送中心，是指执行销售职能，以销售经营为目的，以配送为手段的配送中心。销售配送中心大体上有三种情况：一是生产企业为直接将自己的产品销售给消费者，以提高市场占有率而建的配送中心，如海尔集团所建的配送中心。二是专门从事商品销售的流通企业为扩大销售而自建或合建的配送中心，我国目前拟建或在建的配送中心多属此类。三是流通企业和生产企业共建的销售型配送中心，这是一种公用型配送中心。销售型配送中心的用户一般是不确定的，而且用户的数量很大，每个用户购买的数量又较少，属于消费者型用户。这种配送中心很难像供应型配送中心那样，实行计划配送，其计划性较差。销售型配送中心集中库存的库存结构也比较复杂，一般采用拣选式配送工艺。

（3）储存型配送中心。

储存型配送中心是充分强化商品的储备和储存功能，在充分发挥储存作用的基础上开展配送活动的配送中心。这类配送中心主要是为了满足三方面的需要而建造的：第一方面是企业在销售产品时，难免会出现生产滞后的现象，要满足买方市场的需求，客观上需要一定的产品储备；第二方面是在生产过程中，生产企业也要储备一定数量的生产资料，以保证生产的连续性和应付急需；第三方面是在配送的范围较大、距离较远时，或者满足即时配送的需要时，客观上也要求储存一定数量的商品。由此可见，储存型配送中心是为了保障生产和流通得以正常进行而出现的。其特点是储存仓库规模大、库型多、存储量大。例如，美国福来明公司的食品配送中心，即典型的储存型配送中心。该配送中心有 7 万多平方米的储备仓库，其中包括 4 万平方米的冷藏库和 3 万平方米的杂货仓库，经营商品达 8 万多种。

（4）流通型配送中心。

流通型配送中心是一种只以暂存或随进随出方式运作的配送中心。其运作方式是成批进货，按用户订单要求零星出货，在进货的同时，货物经分拣机，直接分送至各用户的货位或配送运输工具上，货物在配送中心滞留的时间很短。例如，日本的阪神配送中心被认为是典型的流通型配送中心，中心内只有暂存，大量储存则依靠一个大型补给仓库。

（5）加工型配送中心。

加工型配送中心是一种根据用户需要或市场竞争要求，对配送物品进行加工，而后实施配送的配送中心。其加工活动主要有：分装、改包装、集中下料、套裁、组装、剪切、表层处理等。闻名于世的麦当劳、肯德基的配送中心就是提供加工服务后向其连锁店配送的典型。在工业、建筑领域，水泥配送中心也属于此种类型，既提供成品混凝土，又提供各种类型的水泥预制件，直接配送至用户。

2）按配送中心的辐射范围划分

（1）城市配送中心。

向城市范围内的用户提供配送服务的配送中心称为城市配送中心。由于城市范围一般处于汽车运输的经济里程，这种配送中心可直接配送到最终用户，且采用汽车进行配送。所以，这种配送中心往往和零售经营相结合。由于运距短，反应能力强，因而从事多品种、少批量、多用户的配送较有优势。城市配送中心所服务的对象大多是零售商、连锁店和生产企业，大多采用和区域配送中心联网的方式运作，以"日配"的服务方式配送。在网络经济时代，为了配合和执行电子商务的配送，也有采用"时配"服务方式的。

（2）区域配送中心。

向跨市、跨省（州）范围内的用户提供配送服务的配送中心称为区域配送中心。这类配送中心有三个基本特征：其一，辐射能力较强，经营规模较大，设施和设备先进；其二，配送的货物批量较大；其三，配送的对象大多是大型用户，如城市配送中心和大型工商企业，采用"日配"或"隔日配"的服务方式。虽然它也给批发商、企业用户、商店零星配送，但不是其主体对象。例如，加拿大大都会公司的食品杂货配送中心占地面积为5万多平方米，固定配货对象有18家区域批发商，320家零售商，配送服务半径为300千米，每天发货量为10万箱，从接到用户的订单到收到货物，一般不超过8小时，实现了"日配"。

一般而言，区域型配送中心的区域范围是有限的，往往是采用"日配"和"隔日配"可以覆盖的地区。如果地域范围太广阔，往往建立物流中心来衔接城市配送中心，进行分层次分销和配送，而不是由一个配送中心作大范围的覆盖。

3）按配送中心的归属划分

（1）自有型配送中心。

自有型配送中心是指隶属于某一个企业或企业集团，通常只为本企业提供配送服务，不对本企业或企业集团外开展配送业务。连锁经营的企业常常建有这类配送中心，如美国沃尔玛公司所属的配送中心，就是公司独资建立并专门为本公司所属的连锁企业提供商品配送服务的自有型配送中心。

（2）共用型配送中心。

共用型配送中心是以营利为目的，面向社会开展后勤服务的配送组织。其主要特点是服务范围不限于某一个企业或企业集团内部。只要支付服务费用，任何用户都可以使用这种配送中心。随着物流业的发展，物流服务将逐步分化独立出来，向社会化方向发展，共用型配送中心作为社会化物流的一种组织形式将在国内外迅速普及。

4）按配送中心的运营主体划分

（1）制造商型配送中心。

制造商型配送中心是以制造商为主体的配送中心。这种配送中心里的物品都是由自己生产制造的。其建立的目的一方面在于及时地将预先配齐的成组元器件运送到规定的加工和装配工位；另一方面在于促进商品销售，降低流通费用，提高售后服务质量。

（2）批发商型配送中心。

批发商型配送中心是由批发商或代理商所成立的，以批发商为主体的配送中心。批发是物品从制造商到消费者手中的传统流通环节之一，一般是按部门或物品类别的不同，把每个制造商的物品集中起来，然后以单一品种或进行搭配后向消费地的零售商进行配送。这种配送中心的物品来自各个制造商，它所进行的一项重要的活动就是对物品进行汇总和再销售。

（3）零售商型配送中心。

零售商型配送中心是由零售业向上整合所成立的，是以零售商为主体的配送中心。零售商发展到一定规模后，就可以考虑建立自己的配送中心，为专业物品零售店、超级市场、百货商店、建材商场、粮油食品商店、宾馆饭店等服务，其社会化程度介于前两者之间。

（4）专业物流配送中心。

专业物流配送中心是以第三方物流企业为主体的配送中心。这种配送中心有很强的运输配送能力，地理位置优越，可迅速将货物配送给用户。它为制造商或供应商提供物流服务，而配送中心的货物仍属于制造商或供应商，配送中心只是提供仓储管理和运输配送服务。这种配送中心的现代化程度往往较高。

5）按配送货物的属性划分

根据配送货物的属性，配送中心可以分为食品配送中心、日用品配送中心、医药品配送中心、化妆品配送中心、家电配送中心、电子产品配送中心、书籍产品配送中心、服饰产品配送中心、汽车零件配送中心以及生鲜品配送中心等。

案例精析4-2

阿迪达斯美国南卡罗来纳州配送中心

阿迪达斯集团成立于1924年，总部在德国，是世界第二大服装和消费品制造商，主要生产运动鞋及体育用品，同时还生产箱包、衬衣、手表、眼镜等。

2006年1月，阿迪达斯收购了英国的竞争对手锐步公司，并对合并后的美国分销网络进行了深入研究，发现要想进一步提高服务水平，降低总体运营成本，需要整合配送中心。最终阿迪达斯集团决定在南卡罗来纳州斯帕坦堡设计并建设一个新的物流园，并与系统集成商管理顾问公司Sedlak以及自动化物料搬运系统供应商Intelligrated共同合作完成该项目。该配送中心于2009年投入使用，是阿迪达斯集团目前在全球最大的配送中心，总占地面积200多万平方英尺。在一块258英亩的场地上建设了服装和鞋类两个配送中心，每天入库并发运数十万套鞋类和服饰。

1）明确计划与目标

在该项目建立之初，阿迪达斯通过与 Sedlak 和 Intelligrated 合作制订了明确的目标与合理的计划。鉴于零售商要求更快的库存补货，阿迪达斯决定要确保新设施可以满足这一需求，并通过缩短订单履行时间实现快速响应，获得市场竞争优势。在开始规划整合配送中心时提出了三个总体目标：提高客户服务水平、降低总体运营成本和为实现未来增长做好准备。

（1）提高客户服务水平。

为实现此目标，阿迪达斯决定将配送中心留在南卡罗来纳州斯帕坦堡。阿迪达斯配送中心从1988年起就一直在南卡罗来纳州，这个战略位置可确保在3天内将货物运送到83%的客户手中。

（2）降低总体运营成本。

降低成本和提升效率是整合配送中心的关键驱动因素，而选择正确的物流系统和进行自动化战略部署对降低成本非常重要。

（3）为实现未来增长做好准备。

除了处理现有客户的订单之外，新设施还需要能够处理未来预计的客户订单变化，以及计划增长部分，特别是在电子商务领域。

2）配送中心作业流程及物流系统

DC1和DC2每天均处理大量出库纸箱，针对流程优化进行了设计创新。DC1处理服装订单并提供客户所需的增值服务（VAS），例如，配发衣架和价格标签；DC2处理鞋类和耐用品。两者在产品拣选和打包要求等关键作业环节有所不同。

（1）收货。

每个配送中心货架系统的中间通道，阿迪达斯称为"主街"。DC1和DC2的卸货平台处理来自全国各地乃至全球的集装箱货物，货物在多个卸货平台卸货，卸货平台可以同时接收多批货物。收货后，商品上架存储，经托盘输送机将载货托盘传送到主街，随后将商品储存到货架上。

（2）拣选。

配送中心在一天中先处理早晨波次，最后处理夜间波次。通过"批量转储"和"超级拣选"等方案，保持了较高的吞吐量。在DC1中，夜间拣货的订单主要涉及衬衣、短裤、运动衫、长裤及其他服饰物品。在DC2中，针对承载大堆鞋盒而专门设计的双层台车执行夜间"超级拣选"。

电子商务领域作为阿迪达斯业务增长计划的一部分而受到重视，公司对下午3点之前接收到的订单提供当天运送保证。为履行当天运送承诺，阿迪达斯每天完成紧急波次（夜间波次）两到三次，一次是在早晨（针对那些在前一天下午3点之后下达的订单），一次是在下午4点左右。

（3）包装。

DC1和DC2的另一个主要区别在于单个纸箱的包装方式和位置。单元分拣机可分拣服饰和鞋类，每小时最多可分拣18 000套。在DC1中，周转箱从单元分拣机解包后定时释放合并，发送到夹层以便打包。夹层总共有八条线路；前五条线路是为播种拣货和VAS业务保留的，在这里将衣架添加到纸箱中，再从尼龙袋中取出服装并放在衣架上。夹层上的后三条线路是为不需要任何VAS的订单设定的。因为DC2中的鞋类需要的VAS明显要少，所以将纸箱直接从斜槽分拣到最终的装运纸箱。

（4）发运。

在DC1和DC2装完一个纸箱后，即传输到"打印和贴标"区，纸箱在该区域获得最多三个标签——一个装运标签（左侧前沿）、一个纸箱内容物标签（左侧，紧随装运标签）以及一个包裹标签（右侧前沿，如果需要）。纸箱移到中央打包合并区（DC2中的高速IntelliMerge），并通过IntelliSort滑靴式分拣机输送到装运区。在这两个装运部门，阿迪达斯都能够装载包裹、零担货运（LTL）或满载拖车。每个配送中心的装运区还处理消费者及零售店的退货。

3）运营效果

（1）效率提升，成本降低。

配送中心的生产效率符合预期，节省的成本也符合当初的测算，而且提高了服务水平。

（2）环保运营。

其具体包括：电动辊筒输送机采用按需运行逻辑；回收箱/瓦楞纸箱；拣选区的可重复使用周转箱；在增值服务过程中，回收已经没有服饰的空塑料袋；货架/存储区的感应灯等。

资料来源　Intelligrated. 阿迪达斯美国南卡罗来纳州配送中心［J］. 物流技术与应用，2017（7），有删改。

精析：阿迪达斯新配送中心在建立之初就有明确的目标与计划，强调要提高客户服务水平、降低总体运营成本和为实现未来增长做好准备。配送中心的良好设施设备及其运作有力地支持了阿迪达斯的业务发展，大幅提高了企业运营效率，能够更好地服务客户。

4.2 连锁配送中心的规划

连锁企业的物流配送中心要有效发挥其功能与作用，必须进行科学的规划与设计。配送中心的规划和设计既要考虑一个区域范围内物流系统的整体要求，同时还要服从其经营上的需要，是一项建设规模大、投资额高、涉及面广的系统工程。

4.2.1 配送中心规划的原则

1）动态原则

影响配送中心的经济环境和相关因素处于时刻变动之中，如交通条件的变化、价格因素的变化、用户数量的变化、用户需求的变化等。规划与设计时，首先应摒弃绝对化的观念，从动态的原则出发，对这些动态因素予以充分考虑，使配送中心建立在详细分析现状和准确预测未来的基础上。同时，配送中心在规划设计时还要留有弹性，以便能够在一定范围内适应数量、用户、价格等多方面的波动。否则，设计一旦实现，就可能出现不能满足配送要求或配送需求不足的被动情况。

2）前瞻原则

配送中心的建设是一项长期投资。所以，配送中心规划设计要有全局观念和长远考虑，要有前瞻性。应结合国家物流系统的长期规划和现实状况，以及国家经济长期发展规划来考虑，既要符合目前需要，又要考虑日后发展的可能性，应立足当前，放眼未来。

3）适应原则

配送中心的规划设计必须与国家及省市的经济发展方针、政策相适应，与国家物流资源分布和需求分布相适应；同时还要与一个地区或区域的经济发展特征和主产品特征相适应；既要考虑配送中心本身经营运作上的可行性，又要与区域物流系统规划相适应。

4）统筹原则

配送中心的布局、层次、数量与生产力布局、消费布局等紧密相关，存在相互促进、相互制约的关系。因此，规划合理的配送中心布局，必须从宏观和微观两方面加以考虑，统筹兼顾，全面安排。规划设计时，应将国家的物流网络作为一个大系统来考虑，使配送中心的设施设备在地域分布、物流作业生产力、技术水平等方面互相协调。

5）竞争原则

配送中心的业务活动贴近用户、服务性强，必须充分体现竞争原则。在市场机制中，配送服务竞争的强弱是由用户可选择性的宽窄范围决定的，为了扩大用户的可选择性，配送中心的布局应体现出多家竞争，即每一家配送中心只能占领局部市场，只能从局部市场的角度规划。如果忽略了这种市场机理的作用，单纯从路线最短、成本最低、速度最快等角度片面考虑，一旦布局形成，用户的可选择性就会被弱化，从而导致垄断的形成和配送服务质量的下降。

但体现竞争并不等于过度竞争，在市场容量有限的情况下，过多设置配送中心可能会导致过度竞争和资源浪费。

6）经济原则

配送中心规划设计的费用主要包括建设费用和经营费用两大部分。前者涉及的面广，一次性投入较大，比如调研费用、规划设计费用、基本建设材料费用、人工费用、设施与设备的选择与安装费用等；后者主要是配送中心建成后，经营配送中心所需的费用，比如运输费用，设备、设施使用费用和维护费用等。配送中心规划设计时，既要充分考虑各种技术、经济因素，进行功能比较，又要进行价值分析；既要考虑企业效益，又要兼顾社会效益，总的原则是求得综合成本最低。

7）最低运费原则

配送中心利用规划的、技术的方法，组织对用户的配送运输，最低运费原则在成本收益分析中至关重要，成为竞争原则在运费方面的具体体现。

由于运费和运距有关，最低运费原则可以简化为最短距离问题，用数学方法求解，得出配送中心与预计供应点之间的最短理论距离或最短实际距离，以此作为配送中心布局的参考。但运费与运量也有关系，最短距离求解并不能说明抵达各供应点的运量，即使求解出最短距离，也不等于掌握了最低运费。因此，最低运费原则也可以转化为运量问题（吨或吨公里），通过数学方法求解。在市场环境中，运量处于经常波动之中，不像供应点的位置那样固定不变，所以这种转化也只能作规划上的参考。

8）交通原则

配送中心的内部活动依赖于该中心的设计及工艺装备，而配送中心的外部活动则散布于中心周围相当广泛的一个辐射地区，需要依赖于交通条件。竞争原则、低运费原则的实现都和交通条件密切相关，通过交通条件最终实现。交通原则是配送中心规划的特殊原则。交通原则的贯彻包括两方面：一是规划时要考虑现有交通条件；二是规划配送中心时，交通应作为同时规划的内容之一，只规划配送中心而不规划交通，往往导致规划的失败。

4.2.2 配送中心规划的要点

1）对周边环境进行调查分析

对新建配送中心的周边环境及配送相关地区的经济发展水平、地理、风俗人情及文化层次等进行调查。调查的内容主要有：交通状况、商业网点、城市规划、自然资源、人口数量与密度，地区是属于工业区还是居民区等。这种调查对决定配送中心的功能、规模大小、现代化程度有相当重要的作用。

2）确定配送的对象或客户

配送中心的服务对象或客户不同，配送中心的订单形态和出货形态就会有很大不同。例如为生产线提供 JIT 配送服务的配送中心和为分销商提供服务的配送中心，其分拣作业的计划、订单传输方式、配送过程的组织会有很大的区别，而同是销售领域的配送中心，面向批发商的配送和面向零售商的配送，其出货量的多少和出货的形态也有很大不同，而这些都会直接影响到配送中心的规划设计。

3）分析配送的货品特性

配送中心所处理的货品差异性非常大，货品种类多达上万种，如书籍、医药及汽车零件等配送中心；少则数百种甚至数十种，如制造商型的配送中心。由于品项数的不同，其复杂性与困难性也有所不同。例如，所处理的货品品项数为 10 000 种的配送中心与处理货品品项数为 1 000 种的配送中心的设计是完全不同的，其货品储放的储位安排也完全不同。

另外，配送中心所处理的货品种类不同，其特性也完全不同。如比较常见的配送货品有：食品、日用品、药品、家电、服饰、录音带、化妆品、汽车零件及书籍等，它们分别有其特性，配送中心的厂房硬件及物流设备的选择也完全不同。

具体需要分析的货品特性包括：商品的种类、尺寸、形状、重量、价格、分包装和加工，以及计量、包装、价签等的必要条件，作业的商品品种数、装卸等条件，一年的配送量、配送量的时期变化（时间、星期、季节等），破损和腐烂的可能性，新商品的开发、品种数、数量和频度，淘汰商品的品种数、数量和频度，以及商品特性等。

4）预测货品的配送数量和库存量

货品出货数量的多少和随时间的变化趋势会直接影响到配送中心的作业能力和设备的配置。例如一些季节性波动、年节的高峰等现象，都会引起出货量的变动。

配送中心的库存量和库存周期将影响到配送中心的面积和空间的需求，因此应对库存量和库存周期进行详细的分析。一般来说，储存型配送中心必须拥有较大的库存空间，而流通型的配送中心则完全不需要考虑库存量，但必须注意分货的空间及效率。

要根据业务量、业务性质、内容、作业要求确定总体规模。通常以备齐商品的品种作为前提，根据商品的 ABC 分析，做到 A 类商品备齐率 100%、B 类商品备齐率 95%、C 类商品备齐率 90%，由此来研究确定配送中心的平均储存量和最大储存量。

5）明确配送中心的功能定位和规模

配送中心的功能是根据其开展的配送业务活动并以相应的作业环节为基础来确定的。不同类型的配送中心的核心功能不完全相同，从而使配送中心在规划时，在设施建设、平面布局以及组织管理等方面有所不同。因此在配送中心设计之前，必须对功能进行明确的定位。

根据市场总容量、发展趋势以及竞争对手的状况，决定配送中心的规模。设计规模过小将失去市场机遇或不能产生规模效益，设计规模过大将造成多余投资，导致企业效率低下、运营困难。规模设定应注意两方面的问题：第一，要充分了解社会经济发展的大趋势，做好对地区、全国乃至世界经济发展的中长期预测；第二，要充分了解竞争对手的状况，如生产能力、市场占有份额、经营特点、发展规划等。

6）选好配送中心的地址

配送中心地址的选择必须从配送中心的综合效益来考虑，既要有利于上游地采购、进货，又要有利于对下游各分配送中心、专卖店、连锁店或最终用户的配送。应优先选择公路运输方便的地点，确定合理的配送圈及送达时间，因为只有汽车运输才能实现"门到门"运输，避免中间保管和重复装卸，从而降低流通费用、缩短配送时间。

7）确定集装单元器具的形式和规格

集装单元运输是现代运输的重大改革，集装单元器具形式、规格的确定也是配送中心设计的重要内容。集装单元器具的形式必须有利于保管、拣选的作业和效率。集装单元器具的形式不但要考虑配送中心的使用，必要时还需考虑与分配送中心、各零售店和专卖店等的通用性、可交换性，要尽量减少规格，使其便于作业、便于管理、便于交换。配送中心各个环节的机械设备，包括运输、装卸、保管、拣选机械，都要以规定的集装单元器具的形式和尺寸来设计。

8）设计配送中心管理系统

配送中心管理系统（PMS）是企业资源计划、供应链管理的重要组成部分。而且，配送中心要降低库存、提高服务质量，关键就是运用计算机管理技术和互联网技术。因此，如何规划设计PMS的架构和内容，是配送中心规划设计的重要内容。

配送中心管理系统要比全自动化仓库的仓库管理系统（WMS）复杂得多。因为保管区有若干个，作业方式有全自动、机械化和手工操作，拣选方式有整出和零星出等，物料流、作业流和信息流如何保持同步、统一，都给信息的及时录入、更改、修补带来了新的挑战。

9）注重设计的整体性、均衡性和流畅性

配送系统的各个环节在技术上有复杂、简单之分，但从系统的观点来看，任何一个环节都同等重要。虽然系统的某个环节增加了作业内容、增加了投资，但可能会为整个系统的作业流畅创造条件，提高综合效益。

4.2.3 连锁配送中心规划的内容

一般来说，配送中心的规划作为一个系统工程，主要包括物流系统规划、信息系统规划和运营系统规划三个方面，具体可参见图4-1。物流系统规划包括设施布置规划、物流设备规划和作业方法规划；信息系统规划包括信息功能规划、信息流程规划和信息管理规划；运营系统规划包括组织机构、人员配备、作业标准和规范等的规划。通过系统规划，实现配送中心的高效化、信息化、标准化和制度化。就连锁企业而言，配送中心规划的内容主要集中在以下几个方面：

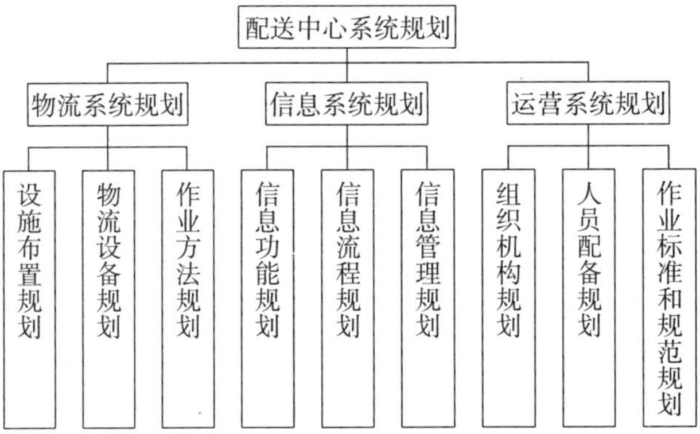

图 4-1　配送中心的规划

1）配送中心的定位选择

连锁企业配送中心的主要任务是为各连锁分店服务，加之采购品种多，供应厂商多，所以无法考虑到离供应厂商的远近，唯一考虑的是如何方便地为各连锁分店服务。

随着连锁规模的扩大，连锁分店数量的增加，地域分布更广，使运输压力更大，为此，配送中心应尽可能地定位在中心区域。这个中心区域并不是指市中心，而是指相对于众多的连锁分店来讲，位置较为适中，便于分送商品。此外，配送中心应具备一定的规模，有必需的场地，交通较方便，信息传递畅通等。

2）配送中心的数量配置

一般而言，一个中小城市的连锁经营企业，其连锁分店有限，地域分布较广，加上这些城市的交通一般都很紧张，如果只设一个配送中心恐怕很难解决问题，而且单个的配送中心规模过于庞大，在组织上和管理上会带来不少难以预料的困难，经济上也很难做到合理。选择合适的地点配置若干个分中心，各自承担本地的配送任务，同时用电脑网络把各配送中心连接起来，由总部加以协调。

3）配送中心的人才配置

配送中心能否充分发挥其各项功能和作用，完成其应承担的任务，人才配置是关键。为此，必须为配送中心配备数量合理、具有一定专业知识、具有较强组织能力、结构合理的领导班子和专业人员，以确保配送中心的顺利运转。

4）配送中心的管理水平

连锁经营企业作为一种全新的流通模式和运作结构，其配送中心应达到科学化和现代化。只有通过合理的科学管理制度、现代化的管理方法和手段，才能确保配送中心基本功能和作用的发挥，从而保障连锁经营企业整体效益的实现。

5）配送中心的装备配置

连锁企业配送中心面对着成千上万的供应厂商和瞬息万变的市场，对内又承担着众多连锁分店的配送任务和及时满足它们不同需要的任务，这就要求其必须配备现代化设备，才能获得必要的物质条件。其中，尤其要重视计算机网络的运用，通过现代化的计算机网络可以广泛搜集信息，及时进行分析比较，通过科学的决策模型，迅速做出正确的决策，这是解决系统化、复杂化和紧迫性问题最有效的工具和手段。

4.2.4 连锁配送中心规划的程序

连锁企业配送中心的规划程序可以分为五个主要阶段,包括:筹划准备阶段、总体规划阶段、方案评估阶段、详细设计阶段和系统实施阶段。

1)筹划准备阶段

在配送中心建设的筹划准备阶段,首先需要对配送中心的必要性和可行性进行分析和论证,有了初步结论后,就应该设立筹划小组(或委员会)进行具体规划。为了避免片面性,筹划小组应该吸收多方面成员参加,包括本公司、物流咨询公司、物流工程技术公司、建筑公司人员以及一些经验丰富的物流专家或顾问等。配送中心的筹划准备阶段的主要任务包括三个方面:确定建设配送中心的定位及目标、确定配送中心的选址、明确配送中心的背景条件。

筹划小组应根据企业经营决策的基本方针,进一步确认配送中心建设的必要性,确定配送中心的定位,例如配送中心在物流网络中是采取集中型配送还是分散型配送,配送中心和生产工厂以及仓库的关系,配送中心的规模以及配送中心服务水平的基本标准,如接受顾客订货后供货时间的最低期限,能满足多少顾客需要,储存商品量有多少等。在此基础上确定配送中心地址,明确配送系统的背景条件,包括配送对象的地点和数量,配送中心的位置和规模、配送商品的类型、库存标准、配送中心的作业内容等。应进行实际调研或具体构想,把握物流系统的状况以及商品的特性,如商品的规格、品种、形态、重量,各种商品进出库数量、每天进货、发货总数量,以及供货时间要求,订货次数,订货费用和服务水平等。还要考虑将来的发展,2年、5年,甚至10年以后可能发生的变化,对于配送中心所处的环境以及法规方面的限制也应有所考虑。

本阶段也是项目的详细论证阶段,将为以后的设计打下一个可靠的基础,这一阶段所进行的工作如果证明原先的决策有误,可能导致项目终止,或有方向性的变更。因为本阶段要进行大量的调研,同时也需要对资料数据进行科学分析,因此,必须给以足够的重视,投入必要的人力和费用。

2)总体规划阶段

在配送中心的总体规划阶段,需要对配送中心的基础资料进行详细的分析,确定配送中心的规划条件,在此基础上进行基本功能和流程的规划、区域布置规划和信息系统的规划,根据规划方案进行运营设计、制订项目进度计划以及开展建设成本的概算等。配送中心总体规划阶段的主要任务包括:

(1)配送中心规划的基础资料分析。

配送中心规划的基础资料分析,包括订单变动趋势分析、EIQ分析、物品特性与储运单位分析等。通过分析,可以确定配送中心的规划条件,为配送中心的规划提供设计依据。

(2)配送中心的规划条件。

配送中心的规划条件包括配送中心的运转能力、物流单位、自动化水平等。

(3)配送中心的功能流程。

根据配送中心的规划条件和基础资料的分析结果,确定配送中心的功能和作业流程,如将进货、保管、流通加工、拣取、分货、配货等作业按顺序做成流程图,而且初步设定各作业环节的相关作业方法。

（4）配送中心的区域布置。

确定各业务要素所需要的占地面积及相互关系，考虑物流量、搬运手段、货物状态等因素，做成位置相关图。在区域设计中还要考虑到将来可能发生的变化，要留有余地。

（5）信息系统规划。

其包括配送中心信息系统的功能、流程和网络结构。

（6）运营设计。

其包括作业程序与标准、管理方法和各项规章制度、对各种票据及作业指示图的处理、设备的维修制度与系统异常事故的对策设计以及其他有关配送中心的业务规划与设计等。

（7）制订进度计划。

对项目的基本设计、详细设计、土建、机器的订货与安装、系统试运转、人员培训等都要制订初步的进度计划。

（8）建设成本的概算。

以基本设计为基础，对设计研制费、建设费、试运转费、正式运转后所需作业人员的劳务费等做出费用概算。

3）方案评估阶段

在总体规划阶段往往会产生几个可行的系统方案，应该根据各方案的特点，采用各种系统评价方法或计算机仿真的方法，对各方案进行比较和方案评估，从中选择一个最优的方案进行详细设计。

4）详细设计阶段

在对总体方案进行完善设计的基础上，决定作业场所的详细配置，对配送中心所使用的各种设备、能力等进行详细设计，并对办公及信息系统、运营系统进行详细设计等。

5）系统实施阶段

为了保证系统的统一性和系统目标与功能的完整性，应对参与设计施工各方所设计的内容从性能、操作、安全性、可靠性、可维护性等方面进行评价和审查，在确定承包工厂前应深入现场，对该厂生产环境、质量管理体制等进行考察，如发现问题应提出改善要求。在设备制造期间也需进行现场了解，对质量和交货日期等进行检查。

4.2.5　连锁配送中心规模和数量的确定

配送中心的规模包括三层含义：一是与店铺规模相适应的总规模，即需要总量为多少平方米的配送中心；二是建立几个配送中心，即这些配送中心的布局；三是每个配送中心的规模。因此，配送中心的规模决策也包含这三个层次的决策。

1）配送中心总规模的决策

配送中心是连锁企业的"后勤部队"，其主要功能是为连锁企业的各店铺提供商品配送服务，因而，服务能力便成为衡量配送中心总规模是否适当的一个指标。一般而言，配送中心总规模与服务能力呈正相关关系，即配送中心总规模越大，配送服务能力就越强，反之亦然。但是，配送中心进行"成本-收益"分析也是必要的。一般来说，配送规模与单位配送成本之间的关系，在开始的某一时段内，随着配送规模的不断扩大，配送成本也随之不断降低，其原因在于规模经济性；当配送规模达到一定程度之后再进一步扩大的话，配送成本则开始随之而上升，因为此时规模不经济性开始发生作用。

在明确了配送中心总规模的基本原则之后，再来进一步探讨确定配送中心总规模的具体方法。确定配送中心总规模的方法，可以参照运输及仓库规模的确定方法，因为储存和配送是配送中心的两大基本功能。具体步骤如下：

（1）测定配送及储存商品总量。

配送中心的配送量和商品储存量直接受连锁企业各店铺商品经营总量的影响。商品经营量越大，所需要的配送中心规模就越大。而商品经营量又与店铺面积有着正相关关系，所以连锁店铺总面积与配送中心总规模也呈正相关关系。需要注意的是，连锁店铺总面积与配送中心规模的比例，因业态不同、流转速度的不同而不同。因而，在借鉴已有经验数据的同时，也必须充分地考虑企业自身的特性，以确保决策无误。此外，在测定商品配送及储存商品总量的同时，还需掌握配送储存的具体品种及相应的数量情况和包装等。

（2）推算平均配送量。

这个配送量既包括平均吨公里数，也包括平均储存量，前者决定运输规模，后者决定仓储规模。由于商品周转速度直接影响商品在配送中心停留的时间，速度慢就意味着占据配送中心空间的时间长，需要的配送中心规模就大；反之，则需要相对较小的配送中心。同时，从厂商直达店铺的商品越多，需要的配送中心仓库面积越小。

值得注意的是，对于某些季节性商品，各个时期的储存量将有非常大的变动。在这种情况下，平均储存量将不能反映其正常的储存空间需要量，必须进一步分析商品储存量在全年各个时期的分布情况，特别是储存高峰时期商品储存空间的需要情况。

（3）计算储存空间需要量。

由于不同商品的容量及包装不同，因而在储存过程中所占仓库的空间也不同。这样就使得储存的商品和其所占用的空间这二者之间有一个换算关系，这个换算关系用"仓容占用系数"来表示。仓容占用系数是指单位重量或金额商品所占空间的大小。有些商品的储存量按重量计算，有些商品的储存量按金额计算。储存空间需要量等于平均商品储存量乘以平均仓容占用系数。

2）配送中心数量的决策

一般来说，配送中心的数量取决于经营商品的类别和连锁店铺的分布状态。由此得出确定配送中心数量的两种方法：商品功能法和适当比例法。

（1）商品功能法。

这种方法是按照商品类别来设立配送中心，有利于根据商品的自然属性来安排储存和运输。法国的安得玛谢超市集团即采用此法设置配送中心，43家配送中心按商品分类设置。日本大荣公司也是如此，分别建立了衣料和杂货中心、电器和家具中心、食品中心等。

（2）适当比例法。

这种方法是按连锁店铺分布状态或空间特征设立配送中心，其优点是有利于配送距离及效益达到理想状态。意大利的GS超市连锁集团的超市状况是：北部58家、中部23家、南部11家。配送中心的分布与其相适应，在北部、中部、南部各设立一个配送中心。日本的家庭市场连锁店物流半径为30千米，在半径为30千米的面积内设有70家店铺，由一个配送中心负责配送。

事实上，许多连锁企业通常综合运用上述两种方法进行配送中心的设置：既按商品类别划分配送中心，又按店铺分布来安排位置。目前有些大型百货商店四面开花式地建立分店，分散于各个区域，配送中心的效果很难体现。因此，配送中心要求连锁店铺的分布有相对的集中性，一个配送中心至少能满足几家店铺的需要。

3) 单个配送中心的规模决策

在这个问题上，主要应消除一个认识上的误区，即单个配送中心的规模就是配送中心总规模的平均数。实际上，在连锁企业的发展过程中，常常是逐个建立配送中心，因此配送中心总规模常常是全部单个配送中心累积的结果，而不是先确立总规模然后向各个配送中心进行分配。例如，上面提到的意大利GS公司，其中部配送中心负责23家超市的供应，设有面积为2.3万平方米的仓库，而北部、南部仓库则不同，或大或小。也就是说，一个配送中心规模的大小，是根据实际商品周转量而确定的。

案例精析4-3

沃尔玛深圳配送中心扩容

2013年10月24日，沃尔玛方面宣布，复制沃尔玛在美国及其他发达国家的模式，将现有深圳配送中心扩大到30万平方米，未来沃尔玛将兴建更多配送中心。

高效供应链是零售企业核心竞争力的体现。沃尔玛通过加大投资建设物流配送中心，引入先进科技应用等方式，意图提升供应链效率，支持门店运营。

根据沃尔玛的规划，集中的供应链可保证中国的沃尔玛购物广场和山姆会员商店的产品供应。但这要求沃尔玛实现采购方面更深度的集中，也需要保证常温的食品、冷链的食品在每个门店的日常供应。

沃尔玛中国总裁兼首席执行官高福澜表示："沃尔玛超市80%的冷冻食品、50%的鲜食产品将通过配送中心集中配送。我们不敢说在冷链的集中供应方面会翻倍，但是在鲜食方面一定会超过一倍，这样才能保证日常充足的供应。"

2013年8月，沃尔玛在武汉的配送中心正式投入使用，新建的沈阳配送中心于同年11月投入使用。此外，西南、东北、西北等区域新增的鲜食配送中心在2014年陆续投入使用。

资料来源　佚名. 沃尔玛深圳配送中心扩容 复制欧美市场模式［EB/OL］. (2013-11-06). http://finance.ifeng.com/a/20131106/11017039_0.shtml.

精析：沃尔玛在中国增加了配送中心的数量，同时一些配送中心还根据需要扩大了规模。对配送中心的持续投资将有助于对商品品质的保证和质量控制，降低成本，减少库存，强化食品安全，并最终惠及消费者。

4.2.6 连锁配送中心的选址

配送中心选址是指在一个具有若干个供应点及若干个需求点的经济区域内，选一个地址建立配送中心的规划过程。较佳的配送中心选址方案能使商品通过配送中心的汇集、中转、分发，直至配送到需求点的全过程的效益最好。配送中心的选址决策不仅直接关系到日后配送中心自身的运营成本和服务水平，而且关系到整个社会物流系统的合理化，因此配送中心的选址问题是配送建设项目规划中至关重要的问题。

配送中心的选址和布局必须在充分调查分析的基础上综合考虑自身经营特点、商品特性及竞争形势、交通状况等方面的因素，在详细分析现状及对未来变化进行预测的基础上使配送中心的运营能具有相当程度的柔性，以提高对市场变化的适应能力。配送中心的选址通常必须经过外部条件的论证、内部业务的分析预测和地址的选定三个基本过程。

1）外部条件的论证

（1）交通运输条件。

运输是物流的核心，配送活动必须依靠各种运输方式所具有的安全性、准时性和高速性，综合组成最有效的运输系统，以及时、准确地将商品送交给顾客。所以，配送中心的选址应尽可能接近交通运输枢纽，如高速公路、主要干道、交通运输站等，以提高配送效率，缩短配送运输的时间。

（2）用地条件。

配送中心的建设需要占用大量的土地资源，对土地的来源、地价、土地的可利用程度及有关土地规划和法规等因素，都要充分考虑并落实。

（3）顾客需求。

配送中心服务对象的分布及顾客对配送服务的要求等是配送中心选址首先必须要考虑的，这些因素必须在对现有数据和信息进行充分分析的基础上，预测一定时间内的发展变化，因为顾客分布状况的改变、配送商品数量的增加和顾客对配送服务要求的提高都将会对配送中心的经营和管理带来影响。

（4）辅助设施。

配送中心周围的辅助设施也是必须要考虑的因素之一，如外部信息网络技术条件，水、电及通信等辅助设施，北方地区的供暖保温设施，防止公害、危险品保管等特殊设施和条件，都直接影响到配送中心的选址。

2）内部业务的分析预测

（1）业务量及成本分析。

配送中心的业务量及成本主要来自以下几个方面：第一，配送中心从供应商处集货的总运量及相应成本；第二，配送中心将商品配送给客户的总运量及相应运送成本；第三，配送中心储存保管的商品量及相应的管理费用；第四，配送中心流通加工、包装、拣选等的业务量及发生的费用和成本；第五，其他管理费用。

（2）设施及设备因素分析。

配送中心根据自身定位确定相应的设施，选购配置相应的设备，如配备适宜的车辆类型和恰当的数量等。设施的结构特征及设备的特点和相应的投资成本，也会对配送中心的选址造成影响。

（3）运作方式及特点分析。

配送中心运作过程中采取的运作模式，具体的配送方法和配送路线，作业人员的人数和管理方式等方面的因素和信息也将影响到配送中心地址的选定。

3）地址的选定

配送中心的选址是在明确配送中心自身定位的基础上，对以上各类条件和因素进行充分论证与分析，然后用一定的技术方法选择建设地址。近年来，随着选址理论的发展，很多配送中心的选址方法被开发出来，归纳起来可以分为五种：解析方法、最优规划方法、启发式方法、仿真方法以及综合因素评价法。

（1）解析方法。

解析方法通常是指物流地理重心法。这种方法通常只考虑运输成本对配送中心选址的影响，而运输成本一般是运输需求量、距离以及时间的函数，所以解析方法根据距离、需求量、时间三者的结合，通过在坐标上显示，以配送中心位置为因变量，用代数的方法来求解配送中心的坐标。解析方法考虑的影响因素较少，模型简单，主要适用于单个配送中心选址问题。对于复杂的选址问题，运用解析方法比较困难，通常需要借助其他更为综合的分析技术。

（2）最优规划方法。

最优规划方法一般是在一些特定的约束条件下，从许多可用的选择中挑选一个最佳方案。运用线性规划技术解决选址问题一般需具备两个条件：一是必须有两个或两个以上的活动或定位竞争同一资源对象；二是在一个问题中，所有的相关关系总是确定的。随着20世纪70年代以来计算机运算能力的增强，使得以最优规划方法求解大型配送中心选址逐渐成为可能。最优规划方法中的线性规划技术以及整数规划技术是目前应用最为广泛，也是最主要的选址方法。其不足之处在于对一些复杂情况很难建立合适的规划模型；或者模型太复杂，计算时间长，很难得到最优解；有些时候虽然能得出最优，但在实际中不可行。

（3）启发式方法。

启发式方法是一种逐次逼近最优解的方法。用启发式方法进行配送中心选址时，首先要定义计算总费用的方法，拟定判别准则，规定改进途径，然后给出初始方法，迭代求解。启发式方法与最优规划方法的最大不同在于它不是精确式算法，不能保证给出的解决方案是最优的，但只要处理得当，获得的可行解与最优解是非常接近的，而且启发式方法相对于最优规划方法计算简单，求解速度快。所以在实际应用中，启发式方法是仅次于最优规划方法的选址方法。

（4）仿真方法。

仿真方法是试图通过模型重现某一系统的行为或活动，而不必实地去建造并运转一个系统，因为那样可能会造成巨大的浪费，或根本没有可能进行实地运转实验。在选址问题中，假定各个地区的需求是随机变动的，则仿真技术可以使分析者通过反复改变，通过一定时间长度的模拟运行，估计各个地区的平均需求，在此基础上确定配送中心的分布。仿真方法可描述多方面的影响因素，因此具有较强的实用价值，常用来求解较大型的、无法手算的问题。其不足之处在于仿真方法不能提出初始方案，只能通过对已存在的备选方案进行评价，从中找出最优方案，所以在运用这项技术时，必须首先借助其他技术找出各初始方案，而且预定初始方案的好坏会对最终决策结果产生很大影响。

（5）综合因素评价法。

综合因素评价法是一种全面考虑各种影响因素，并根据各影响因素重要性的不同对方案进行评价、打分，以找出最优选址方案的方法。

案例精析4-4

神户生协连锁超市鸣尾浜配送中心的规划

神户生协是日本消费者合作社中规模最大的连锁商业企业。它拥有会员约123万户，年销售总额3 840亿日元（折合人民币300亿元），销售的商品以食品为主（占72%）。

神户生协拥有超市连锁门店171个，每天购货人数达35万人次。对于那些会员少、尚不具备开设门店的地区，则建立无店铺销售网，设立送货地点22万个，服务对象近33万户家庭。面对供应面广、品种多、数量大的供配货需求，神户生协建造了鸣尾浜配送中心，承担了全部销售商品的配送任务。

在规划这座配送中心时，他们认为，首先应有利于提高对客户（商场）的服务水平，根据商品多品种、小批量、多批次要货的特点，做到在指定的时间里，将需要的商品按所需的数量送到客户的手中，以促进销售额的提高，消减商场库存，提高商店作业效率，减少流通过程的物流成本，增强企业的竞争力。

配送中心的选址是一项至关重要的工作。神户生协把配送中心选在神户西宫市鸣尾浜地区，其理由是：第一，日本关西商业经营的重心在大阪，配送中心必须能迅速调运商品；第二，神户生协连锁超市发展区域点多面广，应尽可能利用附近的43号国道和大阪海岸公路；第三，大量车辆出入配送中心，产生较大的噪音，必须选择在准工业地域。

鸣尾浜地区全部都是填海造地而成的，配送中心基地面积为38 000平方米，宽190米，长200米，呈长方形，四周为宽12米和20米的公路。配送中心建筑平面呈L形，大部分为2层建筑，最南端的生活办公用房为3层，总建筑面积为33 805平方米，其中用于配送作业的面积为27 907平方米。为了更合理地组织车流，基地设两个出入大门，东门出，西门进，各宽15米。建筑中心两翼各有一条卡车坡道，宽6.5米（包括1米宽的人行道），坡度为15度。卡车由西坡道下楼，单向行驶。

配送中心是现浇钢筋混凝土结构的建筑物，柱网尺寸为12米×9米，底层高7.5米，二层为6米；屋盖为钢结构，桁架梁，金属瓦楞屋面。建筑物底层为分拣系统及发货场地、站台、储存货架及拣货作业场。上下两层站台总长460米，拥有停靠车位147个，其中收货58个，发货89个。

资料来源　钱芝网. 配送管理实务［M］. 北京：中国时代经济出版社，2007.

精析：对于神户生协而言，构建自己的配送中心有利于其自身的发展，但如何构建一个有效的配送中心成为一个关键问题。首先，他们应明白构建配送中心的目的是什么，从规划的角度对配送中心进行合理的定位；其次，在选址上，要充分考虑配送中心选址规划的因素，有利于配送中心的运行；最后，对配送中心内部整个系统结构进行有效的规划与建构，从整体上保证配送中心的高效运转。

4.3　连锁配送中心的内部设计

4.3.1　内部设计的主要目标

配送中心内部设计的主要目标包括：有效地利用空间、设备、人员和能源；最大限度地减少物料搬运；简化作业流程；缩短作业周期；力求投资最低；为职工提供方便、舒适、安全和卫生的工作环境等。

4.3.2 内部设计的要领

1）坚持系统观念

根据系统观念，运用系统分析的方法求得整体优化，同时也要把定性分析、定量分析和个人经验结合起来。

2）坚持流动观点

以流动的观点作为内部设施规划的出发点，并贯穿于设施规划的始终，因为企业的有效运行依赖于人流、物流、信息流的合理化。

3）坚持宏观与微观相结合

设计要从宏观（总体方案）到微观（每个部门、库房、车间），再从微观到宏观。例如布置设计，要先进行总体布置，再进行详细布置。而详细布置方案又要反馈到总体布置方案中去评价，再加以修正甚至从头做起。

4）减少或消除不必要的作业流程

这是提高企业生产率和减少消耗最有效的方法之一。只有在时间上缩短作业周期，空间上减少占用面积，物料上减少停留、搬运和库存，才能保证投入的资金最少、生产成本最低。

5）重视人的因素

作业地点的设计，实际是人–机–环境的综合设计，要创造一个良好的、舒适的工作环境。

6）注重与外部的衔接

配送中心的主要活动是物资的集散和进出，在进行内部设施规划设计时，与外部的衔接非常重要。配送中心内的道路、物流路线应与相邻的道路交通、站点设置、港口和机场的位置等因素相衔接，形成内外一体、通畅的物流通道。

4.3.3 连锁配送中心的内部结构

配送中心内部结构设计主要是估算各作业区域的大小，包括进货区、储存区、拣货区、出货区等，并按照各作业区域的作业关系，来决定各区的分布位置。其设计必须体现职能要求，具有与商品流通相适应的装卸、搬运、储存、保管等作业功能，同时还应满足易于管理、灵活应付作业量调整、提高经济效益等要求。配送中心内部结构见表4-1。

1）管理指挥区

管理指挥区是配送中心的中枢神经。其职能是：对外负责收集和汇总各种信息（包括用户订货或要货信息），并做出相应的决策；对内负责协调、组织各种活动，指挥调度各类人员，共同完成配送任务。就其位置而言，既可集中设在某一区域内，也可分布在各个作业区，由一个调度中心统一进行协调。

2）接货区

该区域完成接货及入库前的工作，如接货、卸货、清点、检验、分类等各项准备工作。接货区的主要设施包括进货铁路或公路、装卸货站台、暂存验收检查区域等。因货物在接货区停留的时间不太长，并且处于流动状态，故接货区的面积相对来说都不太大。

表 4-1 配送中心内部结构

功能区域	管理指挥区	中心内部行政事务管理、信息处理、业务洽谈、订单处理以及指令发布的场所
	接货区	收货、验货、卸货、搬运及货物暂停的场所
	理货区	对进货进行简单处理的场所。在这里，货物被区分为直接分拣配送、待加工、入库储存和不合格需清退的货物，分别送往不同的功能区。在实行条形码管理的中心里，还要为货物贴条形码
	储存区	对暂时不必配送或作为安全储备的货物进行保管和养护的场所，通常配有多层货架和用于集装单元化的托盘
	加工区	进行必要的生产性和流通性加工（如分割、剪裁、改包装等）的场所
	分拣配货区	进行发货前的分拣、拣选和按订单配货
	发货区	对物品进行检验、发货、待运的场所
附属区域	退货处理区	存放进货时残损、不合格和等待处理的货物的场所
	废弃物处理区	对废弃包装物（塑料袋、纸袋、纸箱等）、破碎货物、变质货物、加工残屑等废料进行清理或回收复用的场所
	设备存放区	存放叉车、托盘等设备及维护（充电、充气、紧固等）工具的场所
	辅助设施	包括库外道路、停车场、站台和铁路专用线等
物流设备	仓储设备	储存货架、重力式货架、回转式货架、托盘、立体仓库等
	搬运设备	叉车、搬运车、连续输送机、垂直升降机等
	拣货设备	拣货车辆、拣货输送带、自动分拣机等
管理和信息系统	事务性管理	配送中心正常运转所必备的基本条件，如配送中心的各项规章制度、操作标准及作业流程等
	信息管理系统	包括订货系统、出入库管理系统、分拣系统、订单处理系统、信息反馈系统等

3）储存区

这个作业区里存储或分类存储经过检验后的货物。由于所进货物需要在这个区域内停留一段时间，并且要占据一定的位置，因此相对而言，储存区所占的面积比较大。这个作业区大体上要占整个作业区面积的一半左右，个别配送中心（如煤炭、水泥配送中心）的储存区面积甚至要占配送中心总面积的一半以上。储存区是存储货物的场所，在这个区域内一般都建有专用仓库（包括现代化的立体仓库），并且配置有各种设备，其中包括各种货架、叉车和吊车等起重设备。从位置上看，储存区多设在紧靠接货站台的地方，也有的设在加工区的后面。

4）理货区

该区域进行分货、拣货、配货作业，目的是为送货做准备。区域面积随配送中心不同而有较大变化，如对多用户、多品种、少批量、多批次配送的配送中心而言，分货、拣货、配货工作复杂，该区域所占面积很大，但在另一些配送中心，该区域面积却又很小。在理货区内也配置有许多专用设备和设施，其中包括手推卸货车、重力式货架和回转式货架、升降机、传送设备、自动分拣设施等。包括拣选、配货在内的理货作业是配送中心作业流程中的一项重要作业（有人称它为"核心工艺"），其效率的高低不仅直接影响下道工序的正常操作，而且直接影响整个配送活动的运行质量及效益。因此，可以说理货区是配送中心的重点作业区。

5）分拣配货区

在这个区域里，按用户需要，将配好的货暂放、暂存等待外运，或根据每个用户的货物状况决定配车方式、配装方式，然后直接装车或运到发货站台装车。该区域对货物是暂存，时间短，暂存周转快，所占面积相对较小。需要指出的是，有一些配送中心，其配货区是和理货区或发货区合在一起的，因此，配货作业常常融合在其他相关的作业中。此外，因配货作业的主要内容是分放货物、组配货物和安排车辆等，所以在这个作业区内，除了配置计算工具和小型装卸机械、运输工具以外，没有什么特殊的大型专用设备。

6）发货区

发货区是工作人员将组配好的货物装车外运的作业区域。从布局和结构上看，发货区和进货区类似，也是由运输货物的线路和接靠载货车辆的站台、场地等组成的。所不同的是，发货区位于整个作业区的末端，而进货区位于首端。有时候外运发货区和分放配装区连为一体，分好的货物直接通过传送设备进入装货场地。

7）加工区

许多配送中心设有加工区，在该区域内进行分装、包装、切裁、下料、混配等各种类型的流通加工。加工区在配送中心所占面积较大，但设施装置因加工种类不同而有所区别。

8）附属区域

配送中心还包括其他一些附属区域，如退货处理区、废弃物处理区、设备存放区及辅助设施。

4.3.4 连锁配送中心的内部作业空间

所谓作业空间是指为了使作业活动能顺利进行所必备的空间，如作业通道、货物之间的安全间隙等。作业空间规划在整个配送中心规划中占有重要的地位。这一规划将直接影响运营成本、空间投资与效益。

1）通道空间的布置规划

通道的正确安排和宽度的设计直接影响物流效率。一般在规划布置配送中心时首先设计通道位置和宽度。影响通道位置和宽度的因素有：通道形式、搬运设备的型号、尺寸、能力和旋转半径，储存货物尺寸、到进出口和装卸区的距离、防火墙位置、行列空间、服务区和设备的位置、地板负载能力、电梯和斜道位置以及出入方便性等。

为了保证配送中心内车辆行驶井然有序，一般采用"单向行驶、分门出入"的原则。配送中心的主要道路宽度较大，通常为4车道，甚至6车道。考虑到大型卡车、集装箱进出，最小转弯半径应不小于15米。

库房内的通道，可分为运输通道（主通道）、作业通道（副通道）和检查通道。运输通道供装卸运输设备在库内运行，其宽度主要取决于装卸运输设备的类型、外形尺寸和单元装载的大小。如铁路专用线入库，其通道宽度不应小于45米；移动式起重机和汽车进库通道宽度应为3～4米；若库内安装桥式起重机，其运输通道宽度可压缩为1～5米。

作业通道是供作业人员存取、搬运商品的行走通道。其宽度取决于作业方式和货物的大小。检查通道是供仓库人员检查库存商品时行走的通道。其宽度只要能使检查人员自由通过即可，一般为0.5米左右。

2）进出货区的作业空间规划

物品在进出货时需要拆装、理货、检查或暂存以待入库存储或待车装载配送，为此在进出货平台上应留空间作为缓冲区。为了使平台与车辆高度能满足装卸货的顺利进行，进出货平台需要连接设备，这种设备需要 1～2.5 米的空间；若使用固定式连接设备，需要1.5～3.5 米的空间。为使车辆及人员畅通进出，在暂存区和连接设备之间应有出入通道。

（1）站台的配置形式。

站台的配置形式一般有四种：第一种是进出货共用站台，如图 4-2（a）所示。进出货共用站台可以有效提高空间和设备的使用率，但管理较困难，容易出现"进"与"出"相互影响的情况，特别是在进出货高峰时间。第二种是进出货相邻，分开使用站台，如图4-2（b）所示。这种形式不会使进出货相互影响，可以共用设备，但空间利用率低。第三种是进出货站台完全独立，两者不相邻，如图 4-2（c）所示。这种形式是进出货作业完全独立的站台设计，不但空间分开而且设备也独立。第四种是多个进出货站台，如图4-2（d）所示。这种形式是有多个进出货口，进出货频繁，且空间足够。

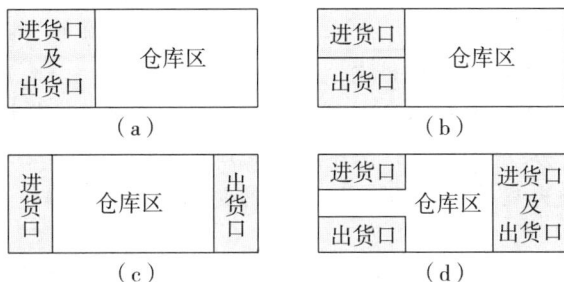

图4-2　站台的配置形式

（2）站台的设计形式。

站台的设计形式有锯齿形和直线形两种。锯齿形站台的优点是车辆旋转纵深较小，但占用仓库内部空间较大，如图 4-3（a）所示。直线形站台的优点是占用仓库内部空间小，缺点是车辆旋转纵深较大，且需要较大的外部空间，如图 4-3（b）所示。

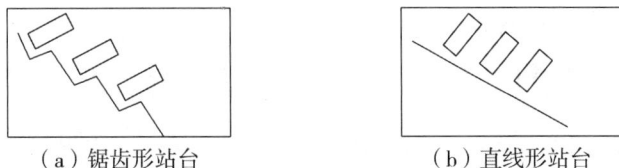

（a）锯齿形站台　　　　　　　　（b）直线形站台

图4-3　站台的设计形式

3）储存区的作业空间规划

在规划配送中心储存空间时，要充分考虑如下因素：商品尺寸和数量，托盘的尺寸和货架空间，设备的型号、尺寸和工作半径，通道宽度、位置和需要空间，柱间距离，进出货口形式，其他服务设施（消防设施、排水设施等）的位置。然后，根据商品储存的形式，可按照托盘平置堆放、使用托盘货架、使用轻型托盘货架的储存形式求出存货所占空间的大小。

4）拣货区作业空间的规划

拣货作业是配送中心的核心作业环节，也是最费时的工作。拣货作业的合理布置可以提高整个配送中心的运作效率。根据配送中心类型及经营商品特性，拣货方式可分为储存和拣货区共享托盘货架的拣货方式、储存和拣货区共享的零星拣货方式、储存与拣货区分开的零星拣货方式和分段拣取的少量拣货方式等。

案例精析4-5

沃尔玛配送中心的规划设计

沃尔玛诞生于1945年的美国。在它创立之初，由于地处偏僻小镇，几乎没有哪个分销商愿意为它送货，于是它不得不自己向制造商订货，然后再联系货车送货，效率非常低。在这种情况下，沃尔玛的创始人山姆·沃尔顿决定建立自己的配送组织。1970年，沃尔玛的第一家配送中心在美国阿肯色州的一个小城市本顿维尔建立，这个配送中心供货给4个州的32个商场，集中处理公司所销商品的40%。

从配送中心的设计上看，沃尔玛的每个配送中心都非常大，平均占地面积大约有11万平方米，相当于23个足球场。一个配送中心负责一定区域内多家商场的送货，从配送中心到各家商场的路程一般不会超过一天的行程，以保证送货的及时性。配送中心一般不设在城市里，而是在郊区，这样有利于降低用地成本。

沃尔玛的配送中心虽然面积很大，但它只有一层，之所以这样设计，主要是考虑到货物流通的顺畅性。有了这样的设计，沃尔玛就能让产品从一个门进，从另一个门出。如果产品不在同一层就会出现许多障碍，如电梯或其他物体的阻碍，产品流通就无法顺利进行。

沃尔玛配送中心的一端是装货月台，可供30辆卡车同时装货，另一端是卸货月台，可同时停放135辆卡车。每个配送中心有600～800名员工，24小时连续作业，每天有160辆货车开来卸货，150辆车装好货物开出。

在沃尔玛的配送中心，大多数商品停留的时间不会超过48小时，但某些产品也有一定数量的库存，这些产品包括化妆品、软饮料、尿布等各种日用品，配送中心根据这些商品库存量的多少进行自动补货。到现在，沃尔玛在美国已有30多家配送中心，分别供货给美国18个州的3 000多家商场。

资料来源　佚名. 沃尔玛的配送中心［EB/OL］.（2006-12-01）.http: //www.cnsb.cn/html/news/78/show_78463.html。

精析：沃尔玛配送中心的规划设计考虑了与各连锁分店距离的远近，以方便及时地送货；从降低用地成本的角度考虑，将配送中心选址在郊区；配送中心在内部设计上，为保证货物流通的顺畅，整个配送中心只有一层，且与装货月台有效衔接。

4.4　连锁配送中心的设施设备

4.4.1　配送中心设施设备的类型

配送中心设备在完成配送中心功能中起着非常重要的作用。随着现代化配送中心的建立，相关设施与设备也在日益更新，朝着经济、实用、安全、可靠、合理、稳定等方向发展。配送中心设备的种类有很多，为使其发挥最佳效用，管理人员必须进行合理的选择配置和管理使用。根据其在配送中心中的不同用途，配送中心的设备可分为以下五大类：

1）装卸、搬运、分拣设备

该类设备是用于提升、搬运商品的机械设备，主要包括：装卸堆垛设备，主要有起重机、堆垛机、叉车、托盘等；搬运传送设备，主要有输送机、自动导引搬运车等；分拣设备，主要有自动化分拣机等。

2）计量、检验设备

该类设备是商品的入库验收、在库检查和出库交接过程中使用的称量设备、量具及检验商品的各种仪器、仪表。称量设备包括地中衡、轨道衡、磅秤、自动称量装置等。量具包括直尺、卷尺、卡钳、线规、游标卡尺、千分卡尺等。检验商品的仪器、仪表有测湿仪、拉力机、硬度机、显微镜、光谱仪、光学分析仪器等。

3）养护、检验设备

该类设备是商品进入配送中心验收和库内保管测试、化验、防止商品变质失效的机具、仪器。如温度仪、测潮仪、吸潮器、烘干箱、风幕（设在库门处，以分隔内外温度）、空气调节器、商品质量检验仪器等。这类设备在规模较大的配送中心使用较多。

4）通风、照明、保暖设备

该类设备根据商品保管和作业的需要而设，常见的设备有联动开窗机械、抽风机、各式电扇、普通加罩电灯、探照灯、暖气装置等。

5）消防设备

为保证配送中心的安全，配送中心必须根据储存商品的种类配置相应的消防设备，常见的有火灾自动报警系统、室内消火栓、室外消火栓等固定设施。

4.4.2　连锁配送中心设施设备的选择

1）选择原则

（1）与配送中心的作业量、出入库作业频率相适应。

配送中心的日吞吐量与设备的额定起重量、水平运行速度、起升和下降速度以及设备的数量有关，应根据具体的情况进行选择。同时，设备的型号应与配送中心货物的出入库频率相适应。对于综合性配送中心、其吞吐量不大，但是其收发作业频繁，作业量和作业时间很不均衡。这时应该考虑选用起重载荷相对较小、工作繁忙程度较高的机械设备；对于专用性配送中心，其吞吐量大，但是其收发作业并不频繁，作业量和作业时间均衡，这时应该考虑选用起重载荷相对较大、工作繁忙程度较小的机械设备。

（2）计量和搬运作业同时完成。

有些配送中心需要进行大量的计量作业，如果搬运作业和计量作业不同时进行，势必要增加装卸搬运的次数，降低生产效率，所以搬运作业和计量作业需要同时完成。例如，在皮带输送机上安装计量装置，在货物输送的过程中同时完成计量工作。

（3）选择自动化程度高的输送装置。

要提高配送中心的作业频率，应从货物和作业设备两方面着手。从货物的角度来考虑，要选择合适的货架和托盘。托盘的运用大大提高了出入库作业的效率，选择合适的货架同样使出入库作业的效率提高。从作业设备的角度来考虑，应提高设备的自动化程度以提高作业效率。

（4）注意设备的经济性。

选择装卸搬运设备时，应该根据配送中心的作业特点，运用系统性思想，在坚持技术先进、经济合理、操作方便的原则下，根据企业自身的特点对设备进行经济性评价，选择合适的设备。

2）选择设备应考虑的因素

配送中心设备的选择一般要考虑物品特性、存取性、出入库量、厂房架构、作业区的场地和设备成本等因素，此外不同的配送中心以及不同的设备应该根据具体的情况加以选择。

（1）物品特性。

物品的尺寸大小、外形包装等将会影响储存单位的选用。储存单位不同，相对的所使用的设备就不同，例如托盘式货架适用于托盘化货物的存储，而箱式货架则适合箱式货品使用。若外形尺寸特别则需要有一些特殊的存储设备，而货品本身的材料特性，如易腐性或易燃性的货品，在存储设备上就必须做防腐考虑。

（2）存取性。

一般存取性与储存密度是相对的。也就是说，为了得到较高的储存密度，则必须相对地牺牲物品的存取性。有些货架形式虽可以得到较高的储存密度，但会使储位管理较为复杂。自动化立体仓库可以往上发展，存取性与储存密度俱佳，但相对投资成本较为昂贵。因此，选用何种形式的储存设备，可以说是各种因素的折中，也是一种策略的应用。

（3）出入库量。

某些形式的货架虽有很好的储存密度，但出入库量却不高，适合于低频度的作业。出入库量是非常重要的数据，可借此数据来选用适当的储放设备形式。另外，还需考虑是否有先进先出的需求，兼顾库存管理的方式。

（4）厂房架构。

梁下有效高度、梁杆位置会影响货架的配置。地板承受的强度、平整度也与货架的设计、安装有关，另外还必须考虑防火设施和照明设施。

（5）作业区的场地。

作业区场地的光滑度、平整度和承受能力会影响配送中心设备的选择。假如场地地面承重能力只有1吨，货架承重5吨。那必定会导致地面下沉或变形，严重的甚至会塌陷，造成安全事故。不要单纯为了节省空间就建设高位货架，还要考虑高位货架存放物料的基本重量。

（6）设备的成本。

配送中心设备的总费用构成与其他设备一样，是由一次性购置费用和维护费用所组成的，应根据企业的具体情况进行合理的选择。同时应注意设备的投资回收期，应选择投资回收期最短的装卸搬运设备。除此之外，还应注意将设备的经济性与设备的技术性结合起来进行考虑，如采用新设备时，尽管设备的投资额增大，但应该看到采用新设备所带来的生产率提高、劳动力节约和能源节省等收益。

本章小结

配送中心是指从事配送业务的物流场所或组织，应基本符合下列要求：为特定的用户服务；配送功能健全；完善的信息网络；辐射范围小；多品种、小批量；以配送为主、储存为辅。配送中心除具有储存、集散等传统功能以外，还在物流现代化的进程中，不断强化分拣配货、流通加工、信息处理等功能。配送中心可以完善连锁经营体系，促进区域和国民经济发展。按照不同的标准，配送中心可以进行多种形式的分类。

连锁企业的物流配送中心要有效发挥其功能与作用，必须进行科学的规划与设计。配送中心的规划应坚持动态原则、前瞻原则、适应原则、统筹原则、竞争原则、经济原则、低运费原则和交通原则。配送中心规划的要点包括：对周边环境进行调查分析、确定配送的对象或客户、分析配送的货品特性、预测货品的配送数量和库存量、明确配送中心的功能定位和规模、选好配送中心的地址等。一般来说，配送中心的规划作为一个系统工程，主要包括物流系统规划、信息系统规划和运营系统规划三个方面。连锁企业配送中心的规划程序可以分为五个主要阶段，包括：筹划准备阶段、总体规划阶段、方案评估阶段、详细设计阶段和系统实施阶段。配送中心的选址通常必须通过外部条件的论证、内部业务的分析预测和地址的选定三个基本过程。

配送中心内部设计的主要目标包括：有效地利用空间、设备、人员和能源；最大限度地减少物料搬运；简化作业流程；缩短作业周期；力求投资最低；为职工提供方便、舒适、安全和卫生的工作环境等。在设计中，应坚持系统观念、流动观点、宏观与微观相结合，减少或消除不必要的作业流程，重视人的因素，注重与外部的衔接。配送中心内部结构设计主要是估算各作业区域的大小，包括进货区、储存区、拣货区、出货区等，并按照各作业区域的作业关系，来决定各区的分布位置。

主要概念

配送中心　配送中心规划　配送中心选址　配送中心内部设计

基础训练

一、不定项选择题

1.（　　）属于配送中心的功能。

A.存储、集散　　　　B.分拣配货　　　　C.流通加工　　　　D.信息处理

2.按经济功能划分，配送中心可以分为（　　）。

A.加工型配送中心　　　　　　　　B.供应型配送中心

C.区域型配送中心　　　　　　　　D.储存型配送中心

3.（　　）是对进货进行简单处理的场所。在这里，货物被区分为直接分拣配送、待加工、入库储存和不合格需清退的货物，分别送往不同的功能区。在实行条形码管理的中心里，还要为货物贴条形码。

A.管理区　　　　　B.发货区　　　　C.储存区　　　　D.分拣配货区

E.理货区　　　　　F.接货区

4.（　　）属于连锁企业配送中心规划的原则。

A.适应原则　　　　B.竞争原则　　　　C.经济原则　　　　D.与供应方最近原则

5.在配送中心选址方法中，（　　）是在一些特定的约束条件下，从许多可用的选择中挑选出一个最佳方案。其需具备两个条件：一是必须有两个或两个以上的活动或定位竞争同一资源的对象；二是在一个问题中，所有的相关关系总是确定的。

A.解析方法　　　　　　　　　B.最优规划方法

C.综合因素评价法　　　　　　D.启发式方法

二、判断题

1.在配送中心建设的总体规划阶段，需要对配送中心的必要性和可行性进行分析和论证。　　　　　　　　　　　　　　　　　　　　　　　　　　　　　　　　（　　　）

2.制造商型配送中心是以制造商为主体的配送中心。这种配送中心里的物品都是由自己生产制造的。　　　　　　　　　　　　　　　　　　　　　　　　　　　　　（　　　）

3.配送中心在规划设计时不需要留有弹性，满足当前需求即可。　　　　（　　　）

4.连锁企业配送中心应配备最先进的设备。　　　　　　　　　　　　　（　　　）

5.配送中心为了能更好地做送货的编组准备，必然需要进行零星集货、批量进货等种种资源筹集工作和对货物的分整、配备等工作，因此，其也具有集货中心、分货中心的职能。　　　　　　　　　　　　　　　　　　　　　　　　　　　　　　　　　（　　　）

三、简答题

1.简要回答连锁企业配送中心规划的基本程序。

2.连锁企业配送中心的内部结构一般是怎样的？

3.连锁企业配送中心规划的内容是什么？

四、实训题

【实训项目】

连锁企业配送中心规划实训

【实训情境设计】

某连锁企业需要建立一个覆盖一定地理范围的区域性配送中心，要求你去调查目前这些连锁门店的基本情况，并根据调查的资料，按照操作步骤设计确定配送中心运作目标、配送中心的功能，并初步设计配送中心的内部布局，计算配送中心的成本。将每个班级分成4个小组，由组长安排具体工作。

【实训任务】

收集该企业指定区域范围内连锁门店的基本资料，了解配送中心建设的步骤，根据资料确定建设配送中心的基本目标；根据资料确定年度配送中心的物流量，并估计未来的数量，预测日物流量是多少车、多少箱；根据资料确定配送中心的功能，包括配送中心配送的商品类别，以及各类商品的配送频率，并说明理由；了解配送中心内部的主要设施区域，根据资料列出配送中心的主要区域，分析各设施之间的相关性，画出商品流程与设施配置的相关路线图；根据配送中心设计的原则以及给定的资料绘制配送中心平面图。

每小组提交包括基本目标、物流量预测图、配送中心设施相关线路图、配送中心平面设计图在内的项目报告，报告正文篇幅不宜过长，有关资料可放入附件。

【实训提示】

教师指定或学生自主选择一家经营管理较规范、有一定规模的连锁企业。要注意了解拟建配送中心的覆盖范围，特别要考虑企业的实际资源情况和业务需要。具体可按以下步骤展开：了解基本目的→物流量的确定及预测→设施概要→中心功能概要及比较研究→信息处理系统概要→中心设立的效果→成本测算→时间计划表及开始运行后的安排。

【实训效果评价】

针对实训任务的完成情况，填写表4-2。

表4-2　　　　　　　　　　　　实训效果评价表

考核项目	考核标准	所占比例
组织与准备	人员组织合理，分工明确，对实训目的和实训内容准备充分	10%
资料收集整理	进行全面深入的调研，能正确熟练地收集目标企业的相关资料信息，取得第一手信息资料，并根据实训任务的需要进行科学整理	10%
解决问题	明确指出问题所在，并提出解决问题的基本思路或对策。在他人的支持下做出计划并实施，此过程中可利用相关资源。检查问题是否解决，对方法做出总结和修改	10%
规划报告的项目	清晰、明确地描述该配送中心的基本目标、基本功能，绘制配送中心平面图，对该配送中心的设计进行分析论证，并提出建议	40%
规划报告的结构	符合报告结构，逻辑清楚，概念正确	20%
规划报告的文字	语言流畅，用词准确，论点明确，论据充分	10%

✐课外拓展

获取连锁经营领域前沿资讯、政策法规、行业观点、数据资料，了解最新实务操作案例，请关注微信公众号"超市周刊"（微信号：cacszk）。

第5章

连锁配送中心的作业

学习目标

通过本章的学习，熟悉连锁企业配送中心的业务流程；掌握配送中心的订单处理、进货、拣货、补货、配货、送货、盘点及退货等作业的管理；能够较好地从事连锁企业配送中心作业各环节的工作。

引例　　　　　　　　　　　　　**沃尔玛配送中心的运作流程**

沃尔玛配送中心的运作流程是：供应商将商品的价格标签和UPC条形码（统一产品码）贴好，运到沃尔玛的配送中心；配送中心根据每个商店的需要，对商品就地筛选，重新打包，从"配区"运到"送区"。

由于沃尔玛的商店众多，每个商店的需求各不相同，这个商店也许需要这样一些种类的商品，那个商店则有可能又需要另外一些种类的商品，沃尔玛的配送中心根据商店的需要，把产品分类放入不同的箱子当中。这样，员工就可以在传送带上取到自己所负责的商店需要的商品。那么在传送的时候，他们怎么知道应该取哪个箱子呢？传送带上有一些信号灯，有红的、绿的，还有黄的，员工可以根据信号灯的提示来确定箱子应被送往的商店，并拿取这些箱子。这样，所有的商店都可以在各自所属的箱子中拿到需要的商品。

在配送中心内，货物成箱地被送上激光制导的传送带，在传送过程中，激光扫描货箱上的条形码，全速运行时，只见纸箱、木箱在传送带上飞驰，红色的激光四处闪射，将货物送到正确的卡车上。传送带每天能处理20万箱货物，配送的准确率超过99%。

资料来源　佚名. 沃尔玛的配送中心［EB/OL］.（2006-12-01）. http://www.cnsb.cn/html/news/78/show_78463.html，有删改。

5.1 订单作业

5.1.1 订单处理的含义

从接到客户订货至着手拣货之间的作业阶段，称为订单处理，包括有关客户、订单的资料确认，存货查询，单据处理乃至出货配发等。订单处理的操作流程如图5-1所示。

5.1.2 订单处理的程序

1）接受订货

接受订货的第一步是接受订单。订货方式主要有传统订货与电子订货两种。

（1）传统订货方式。

传统订货方式又有以下几种具体方法：

①厂商补货。厂商补货就是供应商直接将商品放在车上，依次给各订货方送货，缺多少补多少。这种方式常用于周转率较快的商品或新上市商品。

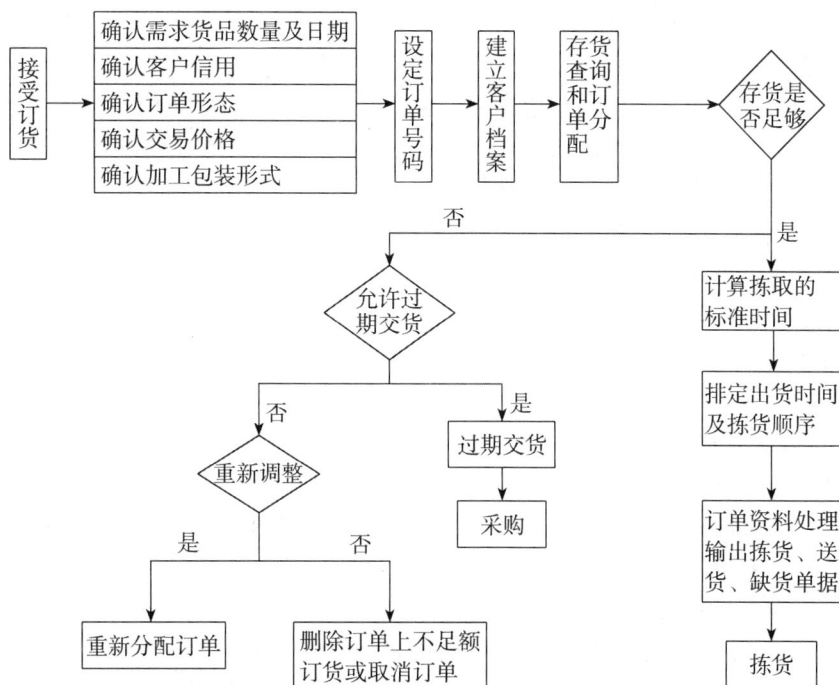

图5-1　订单处理作业流程图

②厂商巡货，隔日送货。厂商巡货、隔日送货就是供应商派巡货人员前一天先到各客户处查寻需补充的货物，隔天再予以补货。这种方法的好处是可利用巡货人员为店铺整理货架、贴标或提供经营管理意见等的机会促销新产品或将自己的产品放在最占优势的货架上。

③口头订货。口头订货是订货人员以电话方式向厂商订货。口头订货的缺点是因客户每天需订货的种类可能有很多，数量也不尽相同，因此错误率较高。

④传真订货。传真订货就是客户将缺货资料整理成书面资料，利用传真机发给厂商。利用传真机可快速地传送订货资料，缺点是传送的资料常因品质不良而增加事后的确认作业。

⑤邮寄订单。邮寄订单就是客户将订货表（单）或订货磁片、磁带邮寄给供应商。

⑥业务员跑单、接单。业务员到各客户处推销产品，而后将订单带回公司。

（2）电子订货方式。

电子订货方式是以电子传运方式取代传统人工书写、输入、传送的订货方式，它将订货资料由书面资料转为电子资料，通过通信网络进行传送，该信息系统被称为电子订货系统（Electronic Order System，EOS）。

电子订货系统的做法通常可分为以下三种：

①订货簿与终端机配合。订货人员携带订货簿及手持终端机巡视货架，若发现商品缺货则用扫描器扫描订货簿或货架上的商品标签，再输入订货数量，当所有订货资料皆输入完毕，再利用数据机将订货资料传给供应商或总公司。

②销售时点管理系统（Point of Sale，POS）。销售时点管理系统即在商品库存档里设定安全库存量，每当销售一笔商品时，电脑自动扣除该商品库存，当库存低于安全存量

时，即自动产生订货资料，并将此订货资料确认后通过网络传给总公司或供应商。

③订货应用系统。客户资讯系统里若有订货应用系统，就可将订货应用系统产生的订货资料经转换软件转成与供应商约定的共通格式，再在约定时间将资料传送出去。

电子订货方式不仅可大幅度提高客户服务水平，还能有效地缩减存货及相关成本费用，但其运作费用较为昂贵，因此在选择订货方式时应视具体情况而定。

2）货物数量及日期的确认

接受订单后就需对货物数量及日期进行确认。货物数量及日期的确认是对订货资料项目的基本检查，即检查品名、数量、送货日期等是否有遗漏、笔误或不符合公司要求的情形。尤其当送货时间有问题或出货时间已延迟时，更需与客户再次确认订单内容或更正运送时间。

3）客户信用的确认

不论是何种订货，接受订货后都要核查客户的财务状况，以确定其是否有能力支付该订单的账款。通常的做法是检查客户的应收账款是否已超过其信用额度。具体可采取以下两种途径来核查客户的信用状况。

（1）输入客户代号或客户名称。

输入客户代号或客户名称后，系统便检核客户的信用状况，若客户应收账款已超过其信用额度，系统会加以警示，以便使输入人员决定是继续输入其订货资料还是拒绝其订单。

（2）输入订购项目资料。

当输入客户订购项目资料后，若客户此次的订购金额加上以前累计的应收账款超过其信用额度，系统应将此订单资料锁定，以便主管审核。审核通过后，此订单资料才能进入下一个处理步骤。

4）确认订单形态

在接受订货业务上，表现出具有多种订单交易形态的特点，所以配送中心应对不同的订单形态采取不同的交易及处理方式。

（1）一般交易订单。

一般的交易订单就是接单后按正常的作业程序拣货、出货、发送、收款的订单。接到一般交易订单后，将资料输入订单处理系统，按正常的程序处理，资料处理完后进行拣货、出货、发送、收款等作业。

（2）现销式交易订单。

现销式交易订单就是与客户当场交易，直接给货的交易订单。这种订单在输入资料前就已把货物交给了客户，故订单资料不再参与拣货、出货、发送等作业，只需记录交易资料即可。

（3）间接交易订单。

间接交易订单就是客户向配送中心订货，直接由供应商配送给客户的交易订单。接到间接交易订单后，可将客户的出货资料传给供应商由其代配。此方式需注意的是，客户的送货单是自行制作或委托供应商制作的，应对出货资料加以核对确认。

（4）合约式交易订单。

合约式交易订单就是与客户签订配送契约的交易订单。对待合约式交易订单，应在约定的送货期间，将配送资料输入系统进行处理以便出货配送；或一开始便输入合约中的订货资料并设定各批次送货时间，以便在约定日期系统自动产生所需的订单资料。

（5）寄库式交易订单。

寄库式交易订单是客户因促销、降价等市场因素先行订购一定数量的商品，之后视需要再要求出货的交易订单。处理寄库式交易订单时，系统应检查核对客户是否确实有此项寄库商品，若有，则出货；否则，应加以拒绝。

5）订货价格确认

不同的客户、不同的订购量，可能有不同的价格，输入价格时系统应加以检查核对。若输入的价格不符，系统应加以锁定，以便主管审核。

6）加工包装确认

对于客户订购的商品，应确定是否有特殊的包装、分装或贴标等要求，或者是否有有关赠品的包装要求等。

7）设定订单号码

每一订单都要有单独的订单号码，号码由控制单位或成本单位指定，除了便于计算成本外，可用于制造、配送等一切有关工作，如用于工作说明单及进度报告等。

8）建立客户档案

建立客户档案，不但有益于当次交易的顺利进行，而且有益于以后合作机会的增加。客户档案的内容一般包括：客户姓名、代号、等级形态；客户信用度；客户销售付款及折扣率的条件；开发或负责此客户的业务员；客户配送区域；客户收账地址；客户点配送路径；客户点适合的车辆形态；客户点的下货特性；客户配送要求；过期订单处理指示。

9）存货查询和订单分配

查询存货的目的在于确认库存是否能满足客户需求。存货资料一般包括品项名称、号码、产品描述、库存量、已分配存货、有效存货及期望进货时间。

在输入客户订货商品的名称、代号时，系统应查核存货的相关资料，看看是否缺货，若缺货则应提供商品资料或此商品已采购未入库信息，以便于接单人员与客户协调，从而提高接单率及接单处理效率。

订单资料输入系统，确认无误后，就要将大量的订货资料作最有效的分类、调拨，以便后续物流作业的顺利进行。订单分配模式可分为单一订单分配及批次分配两种。

（1）单一订单分配。

单一订单分配就是在输入订单资料时，就将存货分配给订单。

（2）批次分配。

批次分配就是在输入所有的订单资料后一次性分配库存。由于配送中心订单数量多，客户类型等级多，且大多数每天固定配送次数，因此批次分配是确保配送中心库存能力的最佳分配方式。进行批次分配，需注意订单分批原则，即批次的划分。根据作业的不同，各配送中心的分批原则可能不同，总的来说，常有以下几种划分方法：

①按接单时序划分。这种方法将整个接单时段划分为几个合理区段。若一天有多个配送批次，可配合配送批次将订单按接单先后顺序分为几个批次来处理。

②按配送区域和路径划分。这是将同一配送区域和路径的订单汇总后一起处理的方法。

③按流通加工需求划分。这是将需加工处理或需作相同流通加工处理的订单一起处理的方法。

④按车辆需求划分。若配送商品需要特殊的配送车辆（如低温车、冷冻车、冷藏车）或由于客户所在地、卸货特性等需要特殊形态车辆，可汇总后一起处理。

@**补充阅读材料 5-1**

减缓高峰订单拥挤的方法

第一，在订货截止时间的前一小时通常会出现大量订单，为避免这种巨额订单在某一时刻涌入，可将客户分类，每类客户分别设定其订货截止时间，以分散高峰订货量。第二，结算日的后一天常有大量订单出现，可设定多种结算日期，以分散高峰时段的拥挤。第三，节日或假日的前后时间通常也是订货量较多的时段，不过这种因季节性或消费者需求形态引起的高峰订货量比较不容易控制，一般只能以人工调用的方法加以调控。

10）计算拣取的标准时间

计算拣取的标准时间是为了有计划地安排出货时间。计算拣取的标准时间的具体方法为：首先，计算每一单元的拣取标准时间，且将它设定为电脑记录的标准时间档，将各单元的拣取时间记录下来，推导出全部单元的拣取标准时间。其次，有了全部单元的拣取标准时间后，可依订购数量并配合寻找时间，来计算出完成全部单元拣取的标准时间。最后，根据每一订单或每批订单和一些纸上作业的时间，算出整张或整批订单的拣取标准时间。

11）依订单排定出货时间及拣货顺序

安排订单出货时间及拣货先后顺序，通常会依客户需求、拣取标准时间及内部工作负荷来确定。

12）分配后存货不足的处理

对于现有存货数量无法满足客户需求，客户又不愿意以替代品替代的情况，应按照客户意愿与公司政策来决定处理方式。具体的处理方法有：

（1）重新调拨。

对于客户不允许过期交货，而公司也不愿失去此客户订单时，有必要重新调拨、分配订单。

（2）补送。

对于以下两种情况，应采取补送方法：一是客户允许不足额的订货，等待有货时再予以补送，且公司制度允许；二是客户允许不足额的订货或整张订单留待下一次订单一起配送。

（3）删除不足额订单。

对于以下两种情况，应采取删除不足额订单的方法：一是客户允许不足额订单待有货时再予以补送，但公司政策并不希望分批出货；二是客户不允许过期交货，且公司也无法重新调拨。

（4）延迟交货。

延迟交货有两种方式：一是有时限延迟交货，即客户允许一段时间的过期交货，且希望所有订单一起配送；二是无时限延迟交货，即不论需要等多久，客户都允许过期交货，且希望所有订货一起送达。

（5）取消订单。

对于客户希望所有订单一起配送到达，且不允许过期交货，也无法重新调拨时，则只有将整张订单取消。

13）订单资料处理输出

订单资料经上述处理后，即可开始印制出货单据，展开后续的配送作业。

（1）拣货单。

拣货单用于指示商品出库，以作为拣货的依据。拣货资料的形式需配合配送中心的拣货策略及拣货作业方式来设计，用以提供详细且有效的拣货信息，方便拣货的进行。

（2）送货单。

送货单是客户签收和确认出货资料的凭证。送货单应特别注意以下内容：

①单据打印时间。为保证送货单资料与实际出货资料一致，最好在出车前完成一切清点工作，而且不相符的资料也在电脑上修改完毕，之后再打印出货单。

②送货单资料。送货单除基本出货资料外，还应附上一些订单的异常情形如缺货项目或缺货数量等。

③缺货资料。对于缺货商品或缺货的订单资料，系统应提供查询或报表打印功能。提供按商品或供应商的名称代号查询缺货商品资料的目的是提醒采购人员及时采购。

案例精析 5-1

麦克米兰的无纸化配送

图书配送是一个复杂的物流过程，品种繁多、时效性强。麦克米兰配送服务公司（MDS）是澳大利亚最大的图书分销商之一。为应对快速增长的配送需求，该公司在墨尔本建立了亚太区最先进的图书配送设施，将先进的订单处理技术与定制开发的信息管理系统及无线数据网络进行集成，在整个运作中实现了无纸化拣选。该公司为物流量最大的产品选择电子标签技术，为中等速度的货品选择 RF 定向播种式拣选车，为物流量最小的货品选择 RF 和集中拣选。

MDS 的订单处理系统建立了每本图书的书名、位置、数量、重量和尺寸等全面信息，利用这些信息能确定每个订单所需纸箱类型、数量及计重。订单可在仓库的任何位置分散导入，并自动跨区导向至需要拣选的区域。一旦订单被导入至某个拣选区，拣选员通过分区面板、电子标签显示器或 RF 终端接收指令，拣书装箱后，自动输送机会对其进行运输和分拣，准备发货，同时还自动生成票据和 ASN。

MDS 总经理说："新系统显著提升了订单处理能力，改善了配送的准确率和响应时间，提升了生产率、容量、吞吐量，提高了服务水平。通过新系统整合了针对各个出版集团的运营，降低了固定资产成本，目前已有足够的空间扩展日益增长的第三方物流服务。"

资料来源 阮喜珍. 物流配送管理实务 [M]. 天津：天津大学出版社，2014.

精析：麦克米兰配送服务公司将订单处理技术与信息管理系统及无线数据网络进行集成，实现了无纸化拣选。先进的信息技术可以有效提升配送中心的订单处理能力，降低配送的响应时间，提高配送的准确率。

补充阅读材料5-2

预先发货清单

预先发货清单（Advance Shipping Notice，ASN）是指生产厂家或者批发商在发货时利用电子通信网络提前向零售商传送货物的明细清单。

例如，沃尔玛的供应商在发货前向其传送 ASN。这样，沃尔玛事前可做好进货准备工作，省去数据的输入作业。沃尔玛在接收货物时，用扫描器读取包装箱上的物流条码，把扫描读取的信息与预先储存在计算机内的进货清单核对，判断到货和进货清单是否一致，使商品检验作业效率化。同时利用电子支付系统向供应商支付货款。在此基础上，只要把 ASN 数据和 POS 数据进行比较，就能迅速知道商品库存的信息。这样做，不仅为沃尔玛节约了大量事务性作业成本，而且能压缩库存，提高商品周转率。

5.2 进货作业

5.2.1 进货作业的基本流程

所谓进货作业，是指从货车上把货物卸下、开箱，检查其数量、质量，然后将必要的信息进行书面化的记载。商品进货作业是后续作业的基础和前提，进货工作的质量直接影响到后续作业的质量。其基本流程主要包括以下环节（如图5-2所示）：

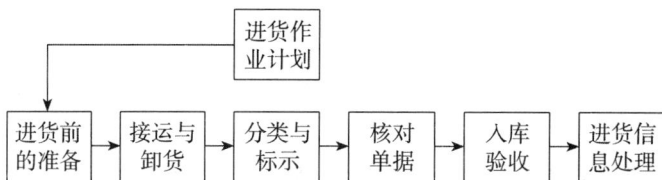

图5-2　进货作业的基本流程

1）进货作业计划

配送中心进货作业计划制订的主要基础和依据是需求订单。进货作业计划的制订必须依据订单所反映的信息，掌握商品到达的时间、品类、数量及到货方式，以尽早做出卸货、储位、人力、物力等方面的计划和安排。进货作业计划的制订有利于保证整个进货流程的顺利进行，同时有利于提高作业效率，降低作业成本。

2）进货前的准备

在商品到达配送中心之前，必须根据进货作业计划，在掌握入库商品的品种、数量和到库日期等具体情况的基础上做好进货准备。做好入库前的准备，是保证商品入库稳中有序的重要条件。准备工作的主要内容有储位准备、人员准备、搬运工具准备、相关文件准备。

3）接运与卸货

有些商品通过铁路、公路、水路等公共运输方式转运到达，需要配送中心从相应站（港）接运商品。对于直接送达配送中心的商品，必须及时组织卸货入库。

@ 补充阅读材料5-3

卸货方式

卸货是将货品由车辆搬运至码头的作业。卸货过程中应注意填充车辆与月台间的间隙。一般卸货码头为作业安全与方便起见，常采用下列四种设施：可移动式楔块、升降平台、车尾附升降台和吊钩。

可移动式楔块即可搬移的楔块，又称为竖板。当装卸货品时，可将其放置在卡车或拖车的车轮旁并进行固定，以避免装卸货期间车轮意外滚动可能造成的危险。

升降平台是最安全也最有弹性的卸货辅助器，分为卡车升降平台及码头升降平台两种。

车尾附升降台即装置在配送车辆尾部的特殊平台。当装卸货物时，可运用此平台将货物装上卡车或卸至月台。

吊钩的作用就像移动式的楔块。当拖车倒退入码头碰到码头缓冲块时，即开动吊钩，使其钩住拖车，以免装卸货时轮子打滑。

若车辆后车厢高度与码头站台同高，则可以考虑直接将车辆尾端开入装卸货的方式，这样不但可以让车辆与月台更紧密结合，使得装卸作业更方便有效，对于货品安全也更能发挥其保护效果。

4）分类与标示

在对商品进行初步清点的基础上，需按储放地点、唛头标志进行分类，并做出标记。在这一阶段，要注意根据有关单据和信息，对商品进行初步清理验收，以便及时发现问题，查清原因，明确责任。

5）核对单据

进货商品通常会有下列单据或相关信息：送货单，采购订单或采购进货通知，供应方开具的出仓单、发票、磅码单、发货明细表等。除此之外，有些商品还有随货同行的商品质量保证说明书、检疫合格证、装箱单等。对由承运企业转运的货物，接运时还需审核运单，核对货物与单据反映的信息是否相符。

6）入库验收

入库验收是对即将入库的商品，按规定的程序和手续进行数量和质量的检验，也是保证库存质量的一个重要的工作环节。商品的检验方式有全检和抽检两种。商品检验方式，一般由供货方和接方通过签订协议或在合同中做出明确规定。商品验收的内容包括质量验收、包装验收、数量验收和交货期检验。

7）进货信息处理

（1）商品信息的登录。

到达配送中心的商品，经验收确认后一般应填写入库验收单，单据的格式根据商品及业务形式而不同，但一般包含供应商信息、商品信息、订单信息等。

（2）作业辅助信息的收集与整理。

在进货通道、站台、库房布局等硬件设施的设计与布局中，只有考虑许多相关因素，才能达到既适当控制规模、节省投资，又满足作业需要的目的。这些因素将决定进货工作量的大小、装卸货方式及设备的选择、库内外卸货站台的空间大小、对人员及设备等方面的需求、进货作业活动所需场地和空间的大小、车辆等运输工具的安排等。进货辅助信息主要来自于进货作业过程中发生的相关信息，因此必须注意收集与整理，以便为管理决策提供重要的参考数据。

5.2.2　影响进货作业的因素及作业组织原则

1）影响进货作业的因素

在组织与计划进货作业时，我们必须对影响进货作业的主要因素进行分析，这些影响因素主要来自供应商及送货方式，商品种类、商品特性与商品数量，进货作业人员以及与仓储作业的配合方式等方面。

（1）供应商及送货方式。

供应商的数量以及供应商所采用的送货方式、送货工具、送货时间等因素都会直接影响到进货作业的组织和计划。

（2）商品种类、特性与数量。

不同商品具有不同的特性，需要采用不同的作业方式，因此每种商品的包装形态、规格、质量特性以及每天运到的批量大小，都会影响配送中心的进货作业方式。

（3）进货作业人员。

在安排进货作业时，要考虑现有的工作人员以及人力的合理利用，尽可能缩短进货作业时间，避免车辆等待装卸的时间过长。

（4）与仓储作业的配合方式。

一般配送中心的出货、储存有托盘、箱、单件三种方式，进货也是，因此在进货时必须通过拆箱、整合等方式将进货摆放方式转换成储存摆放方式，到货方式应尽量与储存方式统一，否则将增加作业环节，造成不必要的浪费。

2）进货作业的组织原则

进货作业的组织原则包括：

（1）尽量使进货地点靠近商品存放点，避免商品进库过程的交叉、倒流。

（2）尽量将各项作业集中在同一个工作场所进行。在进货作业过程中，将卸货、分类、标示、验货等理货作业环节集中在一个场所完成，既可减少空间的占用，也可以节省货物搬运所消耗的人力和物力，降低作业成本，提高作业速度。

（3）依据各作业环节的相关性安排活动，即按照各作业环节的相关顺序安排作业，避免倒装、倒流而引起搬运货物的麻烦，提高作业效率。

（4）将作业人员集中安排在进货高峰期，保证人力的合理安排与进货作业的顺利进行。

（5）合理使用可流通的容器，尽量避免更换。对小件商品或可以使用托盘集合包装的货物，尽量固定在可流通的容器内进行理货与储存作业，以减少货物倒装的次数。

（6）详细认真地处理进货资料和信息，便于后续作业及信息的查询与管理。

5.2.3　商品编码

商品编码是按商品分类规则以简明的文字、符号或数字表示商品的名称、类别及其他属性并进行有序排列的一种方法。

1）商品编码的作用

商品经过有秩序的编码，主要能发挥以下几个方面的作用：增加商品资料的正确性；

提高商品处理的工作效率，而且便于信息的传递；可以利用电脑处理分析；可以节省人力、减少开支、降低成本；便于收料及发料；正确的记录可迅速按次序储存或拣取商品，一目了然，减少问题的发生；有利于削减存货，一旦有了统一编码，可以防止重复订购相同的货物，且仓储及盘点作业将更易于进行，对控制存货有很大帮助；可考虑选择作业的优先性，如先进先出；利用代码来表示各种商品，可防止公司机密外泄。

2）商品编码的原则

（1）简易性。应将商品化繁为简，便于商品活动的处理。

（2）完全性。要使每一项商品都有一种编码。

（3）单一性。每一个编码只能代表一项商品。

（4）一贯性。要统一而有连贯性。

（5）充足性。其所采用的文字、记号或数字，必须有足够的数量来编码。

（6）扩充弹性。为未来商品的扩展及商品规格的增加预留间隔，使其可因需要而自由延伸，或随时从中插入。

（7）组织性。编码应有组织，以便存档或查找账卡及相关资料。

（8）易记性。应选择易于记忆的文字、符号或数字，或富有暗示及联想性。

（9）分类展开性。若商品过于复杂使得编码庞大，则应采用渐进分类的方式来做层级式的编码。

（10）可操作性。代码应尽量方便事务员和操作员工作。

3）商品编码的方法

商品编码大致可分为下列6种方法：

（1）流水号编码法。

此法由1开始按数字顺序一直往下编，是最简单的编码法，常用于账号或发票编码，属于延展式的方法。但需要配合编码索引，否则无法直接了解编码意义，见表5-1。

表5-1　　　　　　　　　　　　**流水号编码法**

编码	商品名称	编码	商品名称
1	洗发精	3	牙膏
2	肥皂	4	洗面奶

（2）数字分段法。

与上述方法不同的是，其把数字分段，让每一段数字代表相同特性的一类商品，见表5-2。

表5-2　　　　　　　　　　　　**数字分段法**

编码	商品名称	编码	商品名称
1	4块装肥皂	6	亮白牙膏
2	6块装肥皂	7	药物牙膏
3	12块装肥皂	8	…
4	…	9	…
5	…	10	…
（1~5预留给肥皂编码用）		（6~10预留给牙膏编码用）	

（3）分组编码法。

这一编码法根据商品的特性分成多个数字组，每一数字组代表该商品的一种特性，例如第一数字组代表商品的类别，第二数字组代表商品的形状，第三数字组代表商品的供应商，第四数字组代表商品的尺寸。至于每一数字组的位数取多少要视实际需要而定。这一方法目前使用得比较普遍，见表5-3。

表5-3　　　　　　　　　　　　　　　　分组编码法

商品	类别	形状	供应商	尺寸	意义
编码	07				饮料
		5			圆筒
			006		统一
				110	4″×9″×15′

（4）实际意义编码法。

此法是根据商品的名称、重量、尺寸乃至分区、储位、保存期限或其他特性的实际情况来编码，见表5-4。这一方法的特点是根据编码就能很快了解商品的内容及相关信息。

表5-4　　　　　　　　　　　　　　　　实际意义编码法

编码	意义
FO4915B1	FO 表示 Food，食品类 4915 表示 4″×9″×15′，尺寸大小 B 表示 B 区，商品所在储区 1 表示第一排货架

（5）后数位编码法。

此法就是运用编码末尾的数字，来对同类商品做进一步的细分，也就是从数字的层级关系来看出商品的归属类别，见表5-5。

表5-5　　　　　　　　　　　　　　　　后数位编码法

编码	商品类别	编码	商品类别
260	服饰	271.1	衬衫
270	女装	271.11	红色衬衫
271	上衣		

（6）暗示编码法。

用数字与文字的组合来编码，编码本身虽不是直接指明商品的实际情况（与实际意义编码法不同），却能暗示商品的内容，见表5-6。这种方法的优点是容易记忆，缺点是不易让人理解。

表5-6　　　　　　　　　　　　　　　　暗示编码法

商品名称	尺寸	颜色与形式	供应商
BY（表示脚踏车）	005（表示大小型号）	WB（W 表示白色，B 表示儿童型）	10（表示供应商代号）

4）商品编码的应用

使用商品编码的目的是便于进行商品输送的分类、检索和统计。在配送作业中，商品编码贯穿于整个配送作业流程，为信息处理和作业管理提供便利，同时提高信息处理和作业管理的准确性与效率。商品编码可以标示于容器、商品体、储位上，也可以直接反映在单据上。通常容器及储位上标示的编码以特定使用为目的，保留时间较长。

商品分类编码后，应制作系统的商品分类编码表。商品分类编码表使用一段时间后，会因新商品增加及旧商品淘汰而需要定期修正，新商品导入应注意分类编号的连贯性和完整性，淘汰商品应定期删除其编号，并加以登录管理。

5）商品编码的现代化方法

随着现代电子信息技术的发展，商品条码有了越来越多的应用。条码是由一组黑白相间、粗细不同的条状符号组成，借助光电扫描阅读设备可以读出其中隐含的数字信息、字母信息、标志信息、符号信息，以明确商品的名称、产地、价格、种类等，是全世界通用的商品代码的现代化表示方法。

5.2.4　商品分类

商品分类是将多品种商品按其性质或其他条件逐次区别，分别归入不同的商品类别，并进行系统的排列，以提高作业效率。

1）商品分类的原则

完全、合理的分类能使繁杂的作业变得有系统性，因而对商品进行分类应注意下列原则：

（1）分类应按统一标准、同一原则区分。

（2）分类应根据企业自身的需要来选择适用的分类形式。

（3）分类应系统地展开，逐次细分，层次分明。

（4）分类应明确且相互排斥，当某一产品已归于某类，则不能再分至其他类。

（5）分类应具有安全性、普遍性，分类系统应能包罗万象，适用面广，使所有物料均能清楚地被归类。

（6）分类应有不变性，以免造成商品混乱。

（7）分类应有伸缩性，以便随时增加新产品或新商品。

（8）分类应确切实用，绝不可流于形式。

2）商品分类的方式

商品分类的方式包括：

（1）为适应商品储存保管的需要，可按照商品的特性分类。

（2）按商品的使用目的、使用方法或使用程序分类，如把需要流通加工的分为一类，直接性原料分为一类，间接性原料分为一类等。

（3）为适应货品采购的便利性而按交易行业分类。

（4）为方便账务处理，按会计科目分类。

（5）按商品状态分类，如商品的内容、形状、尺寸、颜色、重量等。

（6）按相关信息分类，如商品送往的目的地、顾客类别等。

3）自动分类入库流程

自动分类入库是指商品在入库时借助计算机和商品条码技术，依据储位规划、储位分配和商品分类，利用现代化的机械装备入库作业的过程。图5-3是自动分类入库作业的一般流程。

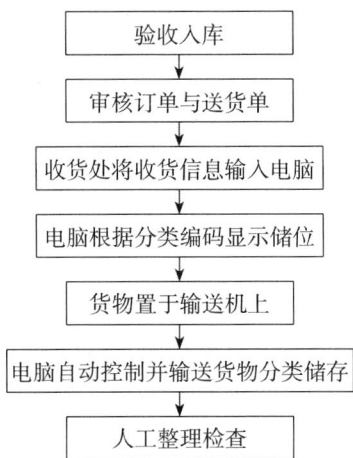

图5-3　自动分类入库作业的一般流程

5.2.5　商品验收检查和入库信息处理

1）商品的验收内容

商品验收是保证入库物品数量和质量准确无误的关键作业环节，商品的验收不仅要做好验收本身的工作，而且要为下一步的保管和出库阶段服务。商品验收主要是对商品数量、质量和包装的验收，即检查入库商品数量是否与订单资料或其他凭证相符，规格、牌号等有无差错，商品质量是否符合规定要求，物流包装能否保证货物在运输和储存过程中的安全，销售包装是否符合要求。验收工作的基本要求是及时、准确，即在尽可能短的时间内，准确地验收商品的数量、质量和包装。

（1）审核凭证。

入库商品运到仓库后，收货人员首先要审核入库凭证的真实性和齐全性。在审核入库凭证时，必须对入库凭证上所列的各个项目进行逐一检查，包括收货单位、商品品名、商品数量、商品规格等内容，以确保入库凭证的真实性。

（2）单据核对。

在审核入库凭证，并确定其真实性、齐全性之后，收货人员就需将入库凭证与入库商品进行核对，以确保入库商品和入库凭证相符。在此阶段，主要进行以下三方面的核对和验收：

第一，商品数量的核对与验收，即核对入库凭证与实际入库商品的数量、品名、规格、等级等是否相符。入库商品数量的计量可以分为计数和计重两种。计数商品部分允许有短缺，计重商品应在允许的误差范围内。入库商品数量与入库凭证不符，其原因可能是发货过程中出现了差错，也可能是运输过程中丢失等。在商品验收中，如果不对入库商品进行认真的检验，出了差错，将对仓库造成损失。

第二，商品质量的验收，即根据商品保管合同，检验入库商品的质量是否与合同相符。通过商品质量检验，可使仓库及时了解入库商品的质量状况及商品的保管要求，为储存期间的保管和养护工作提供重要依据。商品质量验收有两种方法，即感官检验法和仪器检验法。感官检验法简便易行，但它容易受到收货人员实践经验、操作环境和生理状态等方面的影响和干扰，不够准确；仪器检验法是利用各种试剂、仪器和机械设备，对商品的规格、成分、技术标准等进行理化、生物性能分析。仪器检验法准确性高，但费用也高。在实际中，通常把这两种方法结合起来使用。

第三，商品包装的验收，即检查商品包装的完好程度，如有无破损、水浸、污染变形等现象，如果在检验中发现商品包装存在以上问题，应开箱检查商品的质量状况。除此之外，有时我们还需检查商品包装的含水量。每一种包装都有一个合理的含水量，超过这一数值将对内装的商品或邻近的商品产生影响，因此在商品包装的验收中，除了检查商品包装外观外，有时还需检查其含水量情况。

2）商品验收的标准和抽检依据

商品验收是对即将入库的商品，按规定的程序和手续进行数量和质量的检验，也是保证库存质量的第一个重要的工作环节。商品验收既要遵循认真、准确、及时的原则，又要遵循商品验收的标准和依据。

（1）商品验收的标准。

第一，以采购合同或订单所规定的具体要求和条件为标准。采购合同是由供货双方事先共同约定并遵守的一种具有法律效力的协议文件，采购合同中有关商品质量的条款就是由供货双方事先共同约定的商品质量的规范，所以商品验收过程中可以采购合同和订单作为商品验收的标准和依据。

第二，以议价时的合格样品为标准。在商品交易过程中，商品样品是由供货双方事先共同约定的"看样取货"的标准，所以可以作为商品验收的标准和依据。

第三，以各类商品的国家标准或国际标准为依据。商品标准是指一种以科学、技术和实践经验的综合成果为基础，经有关方面协商一致，由主管机构批准，以特定形式发布，作为商品生产与商品质量规范的准则和依据。商品标准是评定商品质量的准则和依据，所以商品验收过程中可以商品标准作为商品验收的标准和依据。

（2）商品验收中确定抽检比例的依据。

在配送中心进货验收工作中，商品通常是整批、连续到库，而且品种、规格较复杂，在有限的时间内不可能逐件查看，这就需要确定一个合理的抽查比例。验收抽查比例的大小，一般根据商品的特性、商品的价值大小、品牌信誉、物流环境等因素来确定，具体可以依据和综合考虑以下条件：

第一，商品的理化性能。不同的商品具有不同的物理化学性能，有些商品理化性能不稳定，对物流环境适应能力较差，如对于易碎、易腐蚀、易挥发的商品，验收中抽查的比例可适当加大。

第二，商品价值的大小。

第三，生产技术条件及品牌信誉。通常生产技术条件好则产品质量稳定，品牌信誉也就好，这类商品在进货时验收抽查的比例可以小些；反之，抽查的比例则需要大些。

第四，物流环境。物流环境包括储运过程中的气候、地理环境及储运、包装条件等。商品的质量越稳定，物流环境与商品性能越相宜，验收抽查的比例就可以小些。

第五，散装商品的验收。散装计重商品必须全部过磅进行数量检查；计件商品也必须在检查质量的同时检查数量。

3）商品验收入库的信息处理

到达配送中心的商品，经验收确认后必须认真填写"验收单"，并将有关入库信息及时准确地录入库存商品信息管理系统，更新库存商品的有关数据。登录商品信息的目的在于为后续作业，如采购进货、储存、拣货、出货等环节可以为管理和控制提供依据。通过严格的信息管理，利用真实和有效的数据，可以为流动资产的管理提供依据，因此商品信息的录入必须及时、准确、全面。入库商品信息通常需要包括以下内容：

（1）商品的一般信息，即商品的名称、规格、型号、包装、单价等。

（2）商品的原始条码、内部编码、进货或入库单据号码。

（3）商品储位信息。

（4）商品的入库数量、入库时间、进货批次、生产日期、质量状况、商品单价等。

（5）供应商信息，即供应商名称、编码、合同号等。

商品入库验收单见表5-7。

表5-7 商品入库验收单

验收单									
供应商		采购订单号				验收员			
供应商编码		采购员				验收日期			
送货单号		到货日期				复核员			
发货日期				复核日期					
序号	储位号码	商品名称	商品规格（型号）	商品编号	包装单位	应收数量		实收数量	备注

录入以上信息后，配送中心的信息管理系统将自动更新和储存录入信息，特别是商品入库数量的录入将增加库存商品账面余数，从而保证商品账面数与实际库存数一致，既为有效地保管商品数量与质量提供依据，也为库存商品数量的控制和采购决策提供参考。对作业过程中产生的单据和其他原始资料应注意根据一定标志，如按不同的供应商或者时间顺序等归类整理，留存备查。

4）商品验收入库中常见的问题

（1）货单不符。

货单不符是指入库商品在数量、品种、规格等方面与入库单据所载不符。在商品入库验收中，如发现商品的数量、品种、规格等单货不符的情况，应在货运交接单上据实批注，以分清仓库与运输部门的责任。同时，仓库应立即查询送货单位，待对方核对后，再作处理。如属货主少送的要补充，如属多送的要补单或退货；如属货主单位开错、漏开的，要办理正式更正手续等。总之，仓库发现入库商品单货不符的问题，必须在有关方面做出符合商品入库要求的具体处理后，才能签发凭证。

（2）商品质量问题。

商品质量问题是指入库商品质量出现异常的情况。在商品入库验收中，如发现商品的质量问题出现异常，应分别不同情况，区别处理。如属轻微异常，不影响使用，而货主单位又要求入库并同意提前出库的，仓库应将异常情况连同货主单位意见，在入库凭证上批注清楚，予以办理入库手续。但在库内，为防止异常情况扩大，要采取适当措施。如属严重异常，且数量又多，仓库应拒绝收货。

（3）商品包装问题。

商品包装问题是指入库商品包装出现异常的情况。在商品入库验收中，如发现商品的包装异常，应会同送货人员开箱检查，并由送货人员开具包装异常说明，或在送货单上注明；同时，在仓库中另行存放，以便处理。

（4）货单不同行。

货单不同行是指入库商品和入库单据出现不同时到达的情况。在商品入库验收中，如发现货单不同行，不能办理入库手续。如果有单无货，则将单据退回货主；如属有货无单，则暂时代管商品，待入库单到齐后，再办理入库手续。

5.3 存放作业

5.3.1 货物存放策略

常用的货物存放策略主要有定位存放、随机存放、分类存放和分类随机存放。

1）定位存放

储存的每一项物品都有其固定货位，物品之间不能混用货位，因此规划每一项物品的货位容量时，不应小于其可能的在库容量。

选用定位存放的原因在于：第一，货区安排需要考虑物品的尺寸和重量；第二，物品对存储的条件有特殊要求，如有些品项需要控温湿；第三，易燃、危险品等限制存放在专门位置；第四，某些物品之间的特性不允许临近存放或混放，如饼干和肥皂、食品和药品等；第五，一些重要的或价值高的物品需单独存放；第六，货区方便记忆，容易取货。

定位存放的优点是：每项货品都有其固定的储存位置，拣货人员较为容易熟悉每项物品的位置；货品的储位可以按照周转率的大小（其畅销程度）来安排，这样可以缩短出入库时的搬运距离。定位存放的缺点是：储位必须按照各项货品的最大在库数量设计，这样一来，就使所需的储区空间大大增加。

2）随机存放

每一个物品被指派存储的位置都是由随机的过程产生的，而且经常改变。也就是说，任何品项都可以被存放在任何可以利用的位置。若能运用电脑协助随机存储的记忆管理，将仓库中每项物品的位置通过电脑记录，则可借助电脑来调配进货存储的位置空间。

随机存放的优点是：由于其储位可以共用，因此需要按照所有的库存物品的最大库存量设计仓储空间，仓储空间的使用率较高。随机存放的缺点是：进行物品的出入库管理及盘点工作的难度较大。由于不一定能够将周转率高的物品放在出入口较近处，增加了出入库搬运时的距离。

3）分类存放

所有的存储物品按照一定特性加以分类，每类物品都有固定存放的位置。分类存放通常按物品相关性、物品流动性、物品尺寸和重量、物品特性来分类。分类存放比定位存放更有弹性，但也有与定位存放同样的缺点。

分类存放的优点是：由于可以给每一类物品分派指定的储区，便于畅销品的存取，它也具有定位存储的各类优点。分类存放的缺点是：储位必须按照各个分类的物品的最大在库量的总和设计，因此，在存储空间利用率上，比随机存储方式要低，但比定位存放方式要高。

4）分类随机存放

分类随机存放兼具随机存放和分类存放的特色。其优点在于：每类物品有固定储位，但每类物品本身储位可随机产生；具备分类存放的部分优点；节省储位数量，提高空间利用率。

综合评价以上四种储位指派策略，其各自的特点和应用场合如下：总的来说，定位存放容易管理，所需的总搬运时间较少，但却需要较多的存储空间，此法适用于库房空间较大、多种少量物品的储放情况。随机存放方法适用于库房空间有限，需尽量利用空间，种类少，物品体积大的情况。分类存放方法较定位存放方法更具有弹性，但也有与定位储放同样的缺点，因而它适用于物品相关性较大、经常被同时订购、周转率差别大的情况。分类随机存放需要的储存空间介于随机存放和分类存放两者之间，进行物品出入库管理及盘点工作的困难度较高。

5.3.2　存放储位的指派原则

存放储位的指派原则一般有以下几个方面：

1）靠近出口原则

它是指将刚到达的或周转率高的货物指派到离出入口最近的空储位上。

2）货物周转率原则

它是指按货物在库内的周转率来排定储位。一般的操作方法是：将周转率按高低排序，再将所排顺序分为若干段，同属于一段的货物为同一级，按定位或分类存放策略，指派存放区域给同级货物。周转率越高的货物应离出入口越近。货物的库内周转率等于销售量除以存货量。

3）货物相关性原则

它是指相关性大的货物经常被同时订购，应尽量存放在相邻位置。如卫浴设施类货品中的浴缸、洗脸池、马桶等，或不同的清扫工具等，常被同时订购，故应相邻存放，这样可以缩短提取路程，减少工作量，简化盘点工作。

4）货物同一性原则

它是指把同一货物存放在同一位置。对同一货物的存取和搬运花费最少时间是提高物流配送中心作业生产力的基本方法之一，因此同一性原则是任何物流配送中心皆应遵守的重点原则。

5）货物类似性原则

它是指将一系列相类似的货物相邻存放。这一原则是基于与同一性原则相同的观点。

比如各类奶制品属同类货物，洗涤用品也是同类货物，而同类货物应相邻存放。

6）货物互补性原则

它是指把互补性高的货物存放于相邻位置，以便缺货时可迅速以另一货物替代。互补性产品多体现在食品、饮料、化妆品等行业里。

7）货物兼容性原则

所谓兼容性，是指货物本身的某些自然特性如气味、温度、湿度等的相互影响程度。兼容性低的货物之间，其自然特性容易互相影响，从而导致货物受损或变质。因此，兼容性低的货物不可共同存放，不可相邻，以免损害货物的品质，如香烟、香皂、茶叶便不可放在一起。

8）先进先出原则

它是指先入库货物先出库。这一原则适用于生命周期短的货物，如感光纸、食品、胶卷等。根据库存管理的原则，必须采用先进先出方式，但是在货物形式变更少、生命周期长、存放减耗破损不易产生等情况下，则需对先进先出的库存管理方式进行成本收益分析，以决定是否必须采用。

9）叠高原则

它是指利用托盘等工具将货物像堆积木一样叠高。当货物受先进先出的库存管理条件限制时，此原则并非最佳选择。

10）面对通道原则

它是指将货物可识别的标号、名称、条码等面对通道存放，以易于辨识，并方便货物的拣选。这也是保障物流配送中心流畅作业及活性化的基本原则。

11）货物尺寸原则

仓库布局时，务必考虑货物单位大小及相同货物所形成的整批形状，以便提供适当的空间来满足某一特定的需要。存放货物时，必须要有不同大小位置的变化，以容纳不同大小的货物。比如家具、机械设备等产品，必然存在尺寸差异，如果不充分考虑，就可能造成储存空间浪费或者是空间太小而存放不下。

12）重量特性原则

它是指按照货物重量的不同决定其存放位置的高低，一般遵循下重上轻的原则。

13）货物特性原则

它是指根据货物特性将货物加以分区和隔离存放。如易燃、易爆、易腐蚀等危险货物必须存放于配备有专业设施保护的仓库，饼干、香皂、茶叶等气味易混的货物必须分区独立存放。

14）储位标记原则

它是指把存放货物的位置根据一定意义设计标签号码，并明确标识。此原则的主要目的在于将存取单元化。

5.3.3　货物存放的基本形式

货物存放的基本形式一般是以存放量为基准，主要包括：

1）小批存放

货物存放量小于一个托盘的量，通常以箱为拣货单位，一般被存放于托盘、货架上或储物柜中。

2）中批存放

货物存放量在一到三个托盘，可以托盘或箱为拣货单位，多采用货架存放或地板堆积的方式。

3）大批存放

货物存放量在三个托盘以上，通常以托盘为拣货单位，以地板堆积或自动仓库存放为主。

4）零星存放

货物存放量小于整箱，多使用储物柜或货架存放。一般物流配送中心内均设有专门的零星存放区域。

5.3.4　货物存放设备

货物存放设备主要有以下几种：

1）地板存放

利用地板作为存放设备，将货物放于托盘上或直接堆积于地上。地板存放的优点包括：可堆放大量可堆叠的货物，堆叠的尺寸可根据存放量予以调整；不需要复杂的建筑设计；通道需求较小，且可改变；特别方便不规则形状货物的存放。地板存放的缺点在于：不能运用先进先出法，因此不适用于生命周期短、容易产生存放减耗破损的货物；由于堆积货物四周无保护装置，容易直接接触，导致货物损伤。

2）货架存放

利用货架作为存放设备，将货物放于货架上，存取方便，有利于货物先进先出，非常适合货物种类多的情况。在配送中心，货架主要有以下几种：

（1）托盘式货架。

它是组合式结构，层高可随意调节，配以各种型号的叉车和托盘，可实现货物的快速存取。托盘式货架分轻、中、重量型，每层承重500～5 000千克。这是最常用的储存方式。

（2）贯通式货架。

它适宜存储少品种、大批量同类型货物，空间利用率极高，货物可由同一侧存入取出，也可按先进先出原则，货物从一侧存入，从另一侧取出，特别适合标准货物单元的存储。

（3）流动式货架。

它是一种构造简单的轻型重力货架。其采用辊轮式铝合金等流力条，利用货物自重，靠重力沿滚轮下滑；将货物置于滚轮上，利用一边通道存货，另一边通道取货；料架朝出货方向向下倾斜，货物在重力作用下向下滑动；可实现先进先出，并可实现一次补货，多次拣货，存储效率高。其适合大量货物的短期存放和拣选，广泛应用于配送中心、装配车间以及出货频率较高的仓库。

（4）旋转式货架。

它是借助电子标签等电脑技术进行辅助的无单拣选设备，主要适用于小件货物的拣选。其优点在于：构造简单，投资较省，形式多样，效率高，空间省。

（5）重力式货架。

重力式货架又叫自重力货架，属于重型货架，是由托盘式货架演变而来的，适用于少品种、大批量同类货物的存储，空间利用率极高，重力式货架深度及层数可按需而定。在横梁上安上滚筒式轨道，轨道呈3°～5°倾斜；托盘货物用叉车搬运至货架进货口，利用自重，托盘从进口自动滑行至另一端的取货口。其适用于以托盘为载体的存储作业，货物堆栈整齐，为大件重物的存储提供了较好的解决方案，仓储空间利用率在75%以上。

3）储物柜存放

其主要采用不同形式的抽屉、盒子等容器，存放不规则货物或零散的小件货物。

4）自动化仓库

自动化仓库依托于现代机械化、信息化、集成化等先进技术和设备，具有效率高、差错少的显著优势。

5.3.5　货物存放管理的考核指标

1）存放面积利用率

计算公式：存放面积利用率=存放区域面积÷配送中心建筑面积

指标用途：判断配送中心的空间利用率是否合理。

2）可用存放面积率

计算公式：可用存放面积率=可用存放面积÷储区面积

指标用途：判断储位内通道规划是否合理。

3）储位空间使用率

计算公式：储位空间使用率=存放货物总体积÷储位总体积

指标用途：判断储位规划和货架使用是否合理。

4）单位面积存放量

计算公式：单位面积存放量=平均库存量÷可用存放面积

指标用途：判断储位规划和货架使用是否合理。

5）库存周转率

计算公式：库存周转率=出货量÷平均库存量

平均库存量=营业额÷平均库存金额

指标用途：检查货物进出频率，以衡量现货库存量是否恰当。

6）平均每货品所占储位数

计算公式：平均每货品所占储位数=货架储位数÷总货品数

指标用途：判断储位管理策略是否合理。

7）呆废货率

计算公式：呆废货率=呆废货数量÷平均库存量

或　呆废货率=呆废货金额÷平均库存金额

指标用途：测算物料损耗对资金积压的影响状况。

8）库存管理费率

计算公式：库存管理费率=库存管理费用÷平均库存量

指标用途：测算公司单位存货的库存管理费用。

案例精析5-2

江盛物流的货物存放管理

天津江盛物流有限公司（以下简称江盛物流）是集仓储、运输、区域配送为一体的综合型物流公司，其中仓储业务是公司的主营业务。公司拥有高、中、低三种不同档次的平置库房，主体库房为轻钢彩板加保温棉结构。库内净高为7米，水、电、暖、排水及消防等基础设备配套齐全。

江盛物流作为天津西青经济开发区大寺工业园内唯一一家专业物流公司，地处天津连接外埠的重要交通枢纽，优势配送覆盖津、京、冀等地区，同时公司车辆装配GPS，可实时监控车辆运行情况，并且可以按客户各种时限要求（2小时、4小时、6小时）进行统筹配送。

企业在仓储业务管理过程中存在以下问题：第一，公司拥有多个库房，每个仓库存放不同客户的货物，货物种类繁多、数量庞大，在传统管理方式下，需要通过人工方式对每个仓库进行盘点，统计每个仓库的库存量，费时费力，容易出错。第二，公司的管理人员希望能够实时了解各个仓库各种货物的库存情况，以及各个仓库、各个储位的出入库明细情况，在传统方式下，管理人员只能查看库管人员之前统计好的数据，无法查看实时数据，所得到的数据也不及时。第三，公司业务比较多时，手工填写每张出入库单据费时费力。

某信息系统提供商针对企业对仓储管理方面的需求以及在仓储管理过程中所存在的问题，给出了一整套完善的仓储管理解决方案。

根据客户的业务流程，系统为客户提供了储位管理、出入库管理、库存查询、货物盘点等功能。所涉及的基础数据包括仓库管理、客户信息管理、货物管理、货物类别管理、储位信息管理等，所涉及的单据包括储位入库单、储位出库单、分量盘点单、总量盘点单。同时系统提供了库存实时报表和储位出入库明细报表，为客户提供统计数据。

客户使用储位管理可以对仓库的储位进行划分，可以将不同的客户的货物放置到不同的储位中，在货物出入库时，选择对应的储位，方便日常的检索和管理，并且可以针对储位对货物进行盘点。

客户使用系统后，可以通过分量盘点单和总量盘点单对仓库的库存量进行盘点，解决了传统方式下人工盘点费时费力、容易出错的问题，并且系统支持多次对同一个仓库进行盘点，实现不同人员对相同仓库同时盘点的需求。同时，相同仓库的分量盘点单可以合并为一个总量盘点单，在很大程度上减轻了库管人员的工作量，提高了工作效率。

客户的管理人员可以通过库存查询、库存实时报表和储位出入库明细报表方便、实时地了解各个仓库、各个储位的出入库明细情况，使企业的管理人员得到及时的数据，帮助管理人员做出决策。

系统提供出入库单据的导入和导出功能，方便客户在业务较多时，批量导入出入库单据，避免手工填写的费时费力，提高了工作效率。

资料来源 赵晓婧. 仓储物流案例——江盛物流有限公司 [EB/OL]. [2017-10-10]. http: //www. cisskwt.com/ws-625-c0002_34-cn/news_1529.shtml.

精析：货物存放作业的信息化对于提高仓储管理效率具有重要意义。管理人员可以很方便地存放、查找、清点货物，使得过去需要几十个人才能完成的工作变为几个人就能完成，极大地提高了工作效率。

5.4 拣货作业

5.4.1 拣货的基本过程

拣货作业是配送中心作业管理的中心环节。所谓拣货，是依据顾客的订货要求或配送中心的作业计划，尽可能迅速、准确地将商品从其储位或其他区域拣取出来，并集结于指定地点的作业。在物流行业中，与拣货作业直接相关的人力占50%以上，拣货作业的时间投入也占整个物流配送中心作业时间的30%～40%。因此，科学管理拣货作业，对物流配送中心的运作效率具有决定性的影响。

拣货作业的基本过程包括如下6个环节：

1）形成拣货资料

分拣作业开始前，首先要处理拣货指示信息。虽然有时分拣作业可以根据顾客的订单或公司的交货单直接进行拣货，但这些原始拣货资料在拣货过程中容易受到污损，从而造成拣货错误率上升。所以随着信息化水平的提高，目前大多数配送企业的分拣作业都是根据订单处理系统输出的拣货单进行拣货。

配送中常用的拣货资料有：

（1）传票。

这是直接利用客户订单或公司的交货单作为拣货的根据。由于无法利用电脑等设备处理拣货信息，因此传票适用于订购品项数甚少或小量订单的情况。但是传票易在拣货过程中受污损，或因存货不足、缺货等注记直接写在传票上，导致作业过程发生错误，甚至无法判别确认。另外未标示储位的产品，必须靠拣货人员的记忆在储区中寻找存货位置，增加许多无谓的搜寻时间及行走距离。

（2）拣货单。

配送企业把原始的客户订单输入计算机，进行拣货信息处理后打印出拣货单，作为拣货资料。拣货单可以避免传票在拣取过程中受污损；货物的储位编号显示在拣货单上，同时可按路径先后次序排列储位编号，引导拣货员按最短路径拣货；还可充分配合分批、分区、订单分割等拣货策略，提高拣货效率。但是拣货单处理打印工作耗费人力、时间，另外拣货完成后仍需检验，以确保正确无误。

（3）拣货标签。

这种方法取代了拣货单，由印标机印出包括所拣货物的名称、位置、价格等信息的拣货标签，数量相当于拣取量，在拣取的同时贴标签于物品上，以作为确认数量的方式。在标签贴于货品的同时，"物品"与"信息"同步一致，故拣货的数量不会产生错误。

在拣货标签上，不仅可以印出货品名称及货架位置，如果连条码也一起印出，则利用扫描仪来读取货品上的条码，即使是同一产品而交货厂商不同也能有所区分，且该货品的追踪调查也能进行。采用拣货标签可以结合拣取与贴标签的动作，缩短整体作业时间。还可落实拣取时即清点拣取量的步骤（若拣取未完成标签即贴完，或拣取完成但标签却仍有剩余，则表示拣取过程可能有错误发生），提高拣货的准确性。

（4）条码。

条码是利用不同粗细的黑白两色条纹而构成不同的平行线条符号，代替商品货箱的号码数字，贴在商品或货箱的表面，以便让扫描器来阅读，经过电脑解码，将"线条符号"转成"数字号码"，便于电脑运算。利用扫描器来读取表示货架位置号码的条码后，即能轻易取得什么货品放在何处保管的信息，这对缩短寻找货品时间有很大的帮助。

（5）无线电识别器。

把无线电识别器安装在移动设备上，同时又把能接受并发射电波的ID卡或标签等的信息反应器安装在货品或储位上，当无线电识别器接近货物时，立即读取反应器上的信息，通过识别电路传给计算机。必要时也可利用此法将反应器上的信息改写。

（6）无线通信。

在堆高机上承载着无线通信设备，通过该套无线通信设备，把应从哪个货架位置哪个托盘拣货的信息传递给拣货人员。

（7）电脑随行指示。

在堆高机或台车上设置辅助拣货的电脑终端，在拣取前先将拣货资料输入此电脑，拣货人员即可根据电脑屏幕的指示到正确位置拣取正确货品。

（8）自动拣货系统。

拣取的动作由机械自动完成，信息输入后自动完成拣货作业，无须人工作业。

2）选择拣货方法

在选择拣货方法时，需要从多方面对其进行明确。例如，在确定每次分拣的订单数量时，可以对订单进行单一分拣，也可以进行批量分拣；在人员分配上，可以采用一人分拣，也可以采用数人分拣或分区分拣；在货物分拣单位确定上，可以按要求进行以托盘、整箱或单品为单位的分拣；在人货互动方面，可以采取人员固定、货物移动的分拣方法，也可以采用货物固定、人员行走的分拣方法等。

3）选择拣货路径

不同层次的单品（小件商品、箱装商品、托盘装商品）要采用不同的拣货路径，通常有两种类型的路径可供选择。

（1）无顺序的拣货路径。

无顺序的拣货路径就是由拣货人员自行决定在配送企业各通道内拣货顺序的方式。采用这种方式，拣货人员完成一批订单可能要在同一条路径上行走两次，增加行走里程和手的拣货动作次数，因而易产生疲劳，而且要花大量时间来寻找商品的所在位置。因此，这种拣货路径效率较低。

（2）顺序拣货路径。

顺序拣货路径是指按产品所在货位号的大小从储存区域的入口到出口的顺序来确定拣货路径，是一种最为常用的拣货路径。按这种拣货路径，拣货人员首先拣取储存区域内某一通道上所需要的产品，从通道的一端向另一端行进时，下一个要拣出的产品的货位离上一个最近，这样走完全程就一次性地把所有商品拣出。按这种拣货路径拣货的优点是可以缩短拣货人员的拣货时间和拣货里程，减少疲劳和拣货误差，提高拣货效率。

无论采用何种拣货路径，均要考虑如何准确、快速、低成本地将货物拣出，同时还要考虑到操作方便、缩短行走路径等问题。

4）行走与搬运

拣货时，拣货作业人员或机器必须直接接触并拿取货物，这样就形成了拣货过程中的行走与货物的搬运。这一过程有两种完成方式：

（1）人至物的方式。

这是指拣货人员以步行或搭乘拣货车辆的方式到达货物储位。这一方式的特点是物静而人动。拣取者包括拣货人员、自动拣货机和拣货机器人。

（2）物至人的方式。

与第一种方式相反，这是指拣货人员在固定位置作业，而货物保持动态的储存方式。这种方式的特点是物动而人静，如轻负载自动仓储、旋转自动仓储等。

5）拣取

当货物出现在拣货人员面前时，一般采取的两个动作为抓取及确认。抓取是得到物品的动作；确认则是确定抓取的物品、数量是否与拣货信息所指示的相同。在实际的作业中多采用读取品名与拣货单据作对比的确认方式，较先进的做法是利用无线传输终端机读取条码后，再由电脑进行确认。准确的确认动作可以大幅度降低拣选的错误率，同时也比出库验货作业发现错误并处理来得更直接而有效。

通常，对于小体积、小批量、搬运重量在人力范围内且出货频率不是特别高的货物，采用手工方式拣取；对体积大、重量大的货物，利用升降叉车等搬运机械辅助作业；对于出货频率很高的货物则采用自动分拣系统进行拣货。

6）分类与集中

配送中心在收到多个客户的订单后，可以形成批量拣取，然后再根据不同的客户或送货路线分类集中，有些需要进行流通加工的商品还需根据加工方法进行分类，加工完毕再按一定方式分类出货。多品种分货的工艺过程较复杂，难度也大，容易发生错误，必须在统筹安排形成规模效应的基础上提高作业的精确性。分类完成后，经过查对、包装便可以出货了。

拣货作业消耗的时间主要包括四大部分：订单或送货单经过信息处理过程，形成拣货指示的时间；行走与搬运货物的时间；准确找到货物的储位并确认所拣货物及数量的时间；拣取完毕，将货物分类集中的时间。

5.4.2 拣货单位

拣货单位可分为单品、箱、托盘、特殊品四种形式。拣货单位是根据订单分析结果而决定的，如果订货的最小单位是箱，则拣货单位最少是以箱为单位。

1）单品

它是拣货的最小单位。单品可由箱中取出，人工作业时可以用一只手进行拣取。

2）箱

它是由单品所组成的可由托盘上取出，人工作业时必须用双手进行拣取。

3）托盘

它是由箱叠积而成的，无法用人工直接搬运，必须利用堆垛机或拖板车等机械设备。

4）特殊品

它是指体积大、形状特殊无法按托盘、箱归类，或必须在特殊条件下作业的货品，如大型家具、桶装油料、长杆形货物、冷冻货品等。对于大体积、形状特殊的无法按托盘和箱来归类的特殊品，则用特殊的拣货方法。

拣货单位的决定一般要经过货物特性分类、历史订单分析、订货单位合理化3项程序。货物特性分类是指将分别存放处理的货物按其重量、体积等特性进行分类。历史订单分析是根据历史订单来衡量客户需求。订货单位合理化是通过与客户协商，将各类货物的订货单位合理化，避免因拣货单位过小而导致拣货时出现拆装或重组等反复作业。

5.4.3　拣货策略

拣货策略是影响拣货作业效率的重要因素，对不同的订单需求应采取不同的拣选策略。决定拣货策略的4个主要因素为分区、订单分割、订单分批及分类。这4个因素相互作用可产生多个拣货策略。

1）分区

分区是指将拣货作业场地进行区域划分。主要的分区原则有以下3种：

（1）按拣货单位分区。

如将拣货区分为箱装拣货区、单品拣货区等，基本上这一分区与存储单位分区是相对应的，其目的在于将存储与拣货单位分类统一，以便拣取与搬运单元化。

（2）按物流量分区。

这种方法是按各种货物出货量的大小以及拣取次数的多少进行分类，再根据各组群的特征，决定合适的拣货设备及拣货方式。这种分区方法可以减少不必要的重复行走，提高拣货效率。

（3）按工作分区。

这种方法是指将拣货场地划分为几个区域，由专人负责各个区域的货物拣选。这种分区方法有利于拣货人员记忆货物存放的位置，熟悉货物品种，缩短拣货所需时间。

2）订单分割

当订单所订购的商品种类较多，或设计一个要求及时快速处理的拣货系统时，为了能在短时间内完成拣货处理，需要将一份订单分割成多份子订单，交给不同的拣货人员同时进行拣货。要注意的是订单分割要与分区原则结合起来，才能取得较好的效果。

3）订单分批

订单分批是为了提高拣货作业效率而将多张订单集合成一批。进行批次拣货的目的是缩短分拣时平均行走搬运的距离和时间。订单分批的方法有多种：

（1）按照总量分批。

在拣货作业前将所有订单中的订货量按品种进行累计，然后按累计的总量进行拣取，其好处在于可以缩短拣取路径。

（2）按时窗分批。

在存在紧急订单的情况下，可以开启短暂而固定的5分钟或10分钟的时窗，然后将这一时窗的订单集中起来进行拣取。这一方式非常适合到达间隔时间短而平均的订单，常与分区以及订单分割联合运用；不适宜订购量大以及品种过多的订单。

（3）按固定订单量分批。

在这种分批方法下，订单按照先到先处理的原则，积累到一定量后即开始拣货作业。这种分批方法可以维持较稳定的作业效率。

（4）智能型分批。

订单输入电脑后，将拣取路径相近的各订单集合成一批。这种方法可以有效减少重复行走的距离。

4）分类

如果采用分批拣货策略，还必须明确相应的分类策略。分类的方法主要有两种：一是在拣取货物的同时将其分类到各订单中；二是集中分类，先批量拣取，然后再分类，可以采用人工集中分类，也可以采用自动分类机进行分类。

5.4.4 拣货方法

拣货作业可分为单一拣取、批量拣取以及复合拣取三种方法。

1）单一拣取

单一拣取是针对每一份订单，作业员巡回于仓库内，按照订单所列商品及数量，将客户所订购的商品逐一由仓库储位或其他作业区中取出，然后集中在一起的拣货方式。单一拣取的流程如图5-4所示。

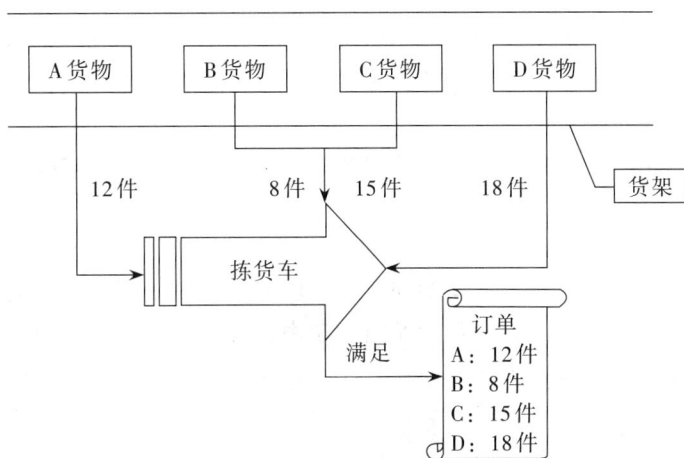

图5-4　单一拣取的流程

根据分区策略，单一拣取具体又可以分为单人拣取、分区接力拣取和分区汇总拣取三种方式。单人拣取时可以一张订单由一个人从头到尾负责到底，在此种拣货方式下，只需将订单资料转为拣货需求资料即可；分区接力拣取是将存储或拣货区划分成几个区域，一张订单由各区人员采取前后接力方式合力完成；分区汇总拣取是将存储区或拣货区划分成几个区域，将一张订单拆成各区域所需的拣货单，再将各区域所拣取的商品汇集在一起。

具体来说，单一拣取方法有以下几个方面的特点：作业方法单纯，接到订单可立即拣货、送货；作业人员责任明确，易于安排人力；拣货后不用进行分类作业，适用于配送批量大的订单的处理；当商品品类多时，拣货行走路径加长，拣取效率较低；当拣货区域大时，搬运系统设计困难。

单一拣取方法适合订单大小差异较大、订单数量变化频繁、季节性强的商品配送，如化妆品、家具、电器、百货和高级服饰等。

2）批量拣取

批量拣取是将多张订单集合成一批，按照商品品种类别汇总后再进行拣货，然后依据不同客户或不同订单分类集中的拣货方式。批量拣取的流程如图5-5所示。

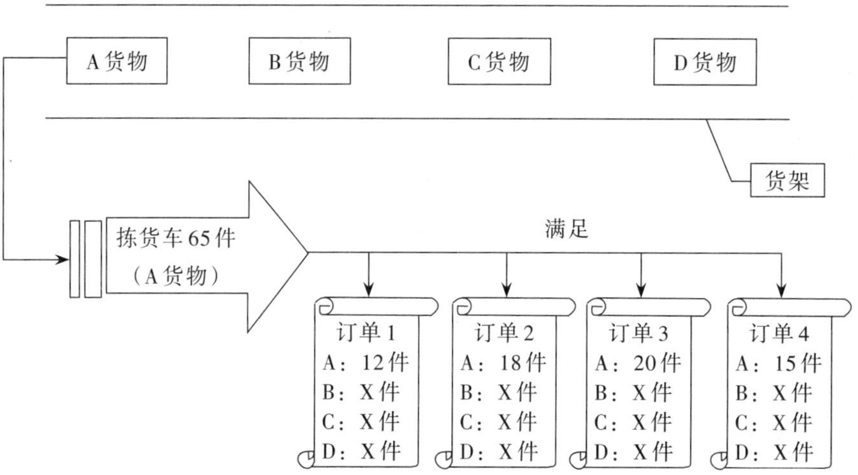

图 5-5　批量拣取的流程

批量拣取方式的特点如下：第一，适合配送批量大的订单作业；第二，可以缩短拣取货物时的行走时间，增加单位时间的拣货量；第三，必须在订单累积到一定数量时，才作一次性的处理，容易产生停滞时间。

批量拣取比较适合于用户稳定而且用户数量较多的专业性配送中心，需求数量可以有差异，配送时间要求也不太严格。

3）复合拣取

为克服单一拣取和批量拣取方式的缺点，可以采取将单一拣取和批量拣取组合起来的复合拣取方式。根据订单的品种、数量及出库频率，确定哪些适合单一拣取、哪些适合批量拣取，分别采取不同的拣货方式。

@补充阅读材料 5-4

摘取式拣货和播种式拣货

摘取式拣货就像在果园中摘果子那样拣选货物。这种作业方式的操作形式是：拣货员操纵搬运车巡回于储存仓库或货位间，按照订单的要求，从各相关货位或货架上拣出商品，然后将配好的商品放置到发运场所指定的位置，或者直接配载发运。

播种式拣货类似于田野中的播种操作。其操作形式是：先将需要配送的数量较多的同种商品从储存货位取出，集中搬运到发货区，然后组配机械在各个客户的发货位间移动，并依次将各个客户需要的该类商品按照要求的数量分出来。

5.4.5　拣货作业考核指标

1）拣货人员作业能力考核指标

指标目的：衡量拣货的作业效率，以找出作业方法及管理方式上存在的问题。

计算公式：

人均小时拣货品项数=订单总笔数÷（拣货人员×日拣货时数×工作天数）

人均小时拣货次数=拣货单位总件数÷（拣货人员×日拣货时数×工作天数）

提高该类指标的方法有：合理规划拣货路径；合理配置储位；选择高效的拣货方式；对拣货人员数量及能力进行配置、培训；提高拣货机械化、电子化程度。

2）拣货策略考核指标

指标目的：衡量每批次拣货的能力及负担，掌握对紧急订单的处理能力，以确定是否需要改变拣货策略。

计算公式：

批量拣货时间=日拣货时间×工作天数÷拣货分批次数

3）拣货成本考核指标

指标目的：衡量拣货成本与配送中心效益。

计算公式：

每笔订单投入的拣货成本=拣货投入成本÷订单数量

每拣货单位投入的拣货成本=拣货投入成本÷拣货单位累计总数

降低成本的方法主要有：充分利用拣货设备，避免闲置；做好设备维护保养，避免折旧过快；提高拣货人员的工作积极性和效率，减少作业工时；加强信息处理速度和功能，充分予以利用，减少有形材料的使用，如纸张等。

4）拣货质量考核指标

指标目的：衡量拣货作业的质量，对拣货人员或者自动拣货系统进行评估。

计算公式：

拣误率=拣选错误笔数÷订单总笔数

提高拣货准确率的方法主要有：选择合理的拣货方式和策略；加强对拣货人员的培训和监督；使用自动化拣货系统，提高拣货精度；科学研究拣货动作的速度；制定有效的奖惩制度。

5.4.6 自动分拣系统

1）自动分拣系统作业描述

自动分拣系统是第二次世界大战后在美国、日本的配送中心被广泛采用的一种分拣系统，目前已经成为发达国家大中型物流配送中心不可缺少的一部分。该系统的作业过程可以简单描述如下：首先，物流配送中心每天接收成百上千家供应商或货主通过各种运输工具送来的成千上万种商品；然后，在最短的时间内将这些商品卸下并按商品品种、货主、储位或发送地点进行快速准确的分类；最后，将这些商品运送到指定地点（如指定的货架、加工区域、出货站台等）。同时，当供应商或货主通知物流配送中心按配送指示发货时，自动分拣系统在最短时间内从庞大的高层货架储存系统中准确地找到要出库商品的所在位置，并按所需数量出库，将从不同储位上取出的不同数量的商品，按不同的配送地点运送到不同的理货区域或配送站台集中，以便装车配送。

2）自动分拣系统的主要特点

（1）能连续、大批量地分拣货物。

由于采用大生产中使用的流水线自动作业方式，自动分拣系统不受气候、时间、人的体力等限制，可以连续运行100个小时以上。同时，由于自动分拣系统单位时间分拣件数多，因此其分拣能力是人工分拣系统的数倍，每小时可分拣700件商品，如用人工，每小时只能分拣150件左右，而且分拣人员也不能在这种劳动强度下连续工作8小时。

（2）分拣误差率极低。

自动分拣系统的分拣误差率大小主要取决于所输入分拣信息的准确性，准确程度又取决于分拣信息的输入机制。如果采用人工键盘或语音识别方式输入，则误差率在 3% 以上；如果采用条形码扫描输入，除非条形码的印刷本身有差错，否则不会出错。因此，目前自动分拣系统主要采用条形码技术来识别货物。

（3）分拣系统基本上是无人化的。

国外建立自动分拣系统的目的之一就是减少人员的使用，减轻员工的劳动强度，提高人员的使用效率，因此自动分拣系统能最大限度地减少人员的使用，基本做到无人化。分拣作业本身并不需要使用人员，人员的使用仅局限于以下工作：第一，送货车辆抵达自动分拣线的进货端时，由人工接货；第二，由人工控制分拣系统的运行；第三，分拣线末端由人工将分拣出来的货物进行集载、装车；第四，自动分拣系统的经营、管理与维护。

3）自动分拣系统的组成

自动分拣系统由控制装置、分类装置、输送装置及分拣道口组成。

控制装置的作用是识别、接收和处理分拣信号，根据分拣信号的要求指示分类装置，按商品品种、商品送达地点或货主的类别对商品进行自动分类。这些分拣需求可以通过不同方式（如条形码扫描、键盘输入、重量检测、语音识别、高度检测及形状识别等），输入分拣控制系统中，分拣控制系统根据对这些分拣信号的判断，决定某一种商品该进入哪一个分拣道口。

分类装置的作用是根据控制装置发出的分拣指示，当具有相同分拣信号的商品经过时，使控制装置改变输送运行方向，进入其他输送机或进入分拣道口。分类装置的种类有很多，一般有推出式、浮出式、倾斜式和分支式四种。不同的装置对分拣货物的包装材料、包装重量、包装物底面的平滑程度等有不完全相同的要求。

输送装置的主要组成部分是传送带或输送机，其主要作用是使待分拣商品鱼贯通过控制装置、分类装置。在输送装置的两侧，一般要连接若干分拣道口，使分好类的商品滑向主输送机或主传送带，以便进行后续作业。

分拣道口是已经分拣好的商品脱离主输送机进入集货区域的通道，一般由钢带、皮带、滚筒等组成滑道，使商品从主输送装置滑向集货站台。当那里的工作人员将该道口的所有商品集中后，或是入库储存，或是组配装车进行配送作业。

以上四部分装置通过计算机网络连接在一起，配合人工控制及相应的人工处理环节，构成一个完整的自动分拣系统。

4）自动分拣系统的适用条件

在引进和建设自动分拣系统时，一般要考虑以下两个条件：

一是一次性投资巨大。自动分拣系统本身需要建设至少 40～50 米或是 150～200 米的机械传输线，还有配套的机电一体化控制系统、计算机网络及通信系统等。这一系统不仅占地面积大（起码要 2 万平方米以上），而且一般都建在自动主体仓库中，因此需要建比较高的立体仓库，库内需要配备各种自动化的搬运设施，这项投资相当于建立一个现代化工厂所需要的硬件投资。这种巨额的先期投入要花 10～20 年才能收回，如果没有可靠的货源作保证，只可能由大型生产企业或大型专业物流公司投资，小企业无力进行此项投资。

二是对商品外包装要求高。自动分拣机只适用于分拣底部平坦且具有刚性包装规则的商品。袋装商品、包装底部柔软且凹凸不平的商品及包装容易变形、易破损、超长、超薄、超重、超高、不能颠覆的商品，不能使用普通的自动分拣机进行分拣。为了使大部分商品都能用机械进行自动分拣，可以采取两种措施：①推行标准化包装，使大部分商品的包装符合国家标准；②根据所分拣的大部分商品的包装特性，定制特定的分拣机。但要让所有商品的供应商都执行国家的包装标准是很困难的，定制特定的分拣机又会使硬件成本上升，并且越是特定，其通用性就越差。因此企业要根据经营商品的包装情况来确定是否建或建什么样的自动分拣系统。

案例精析 5-3

POLA西日本物流中心分拣作业系统

POLA公司成立于1929年，以制造并销售女性用品为主，1991年销售额约为2 400亿日元，70%为化妆品。POLA西日本物流中心于1990年3月建成于POLA袋井工厂厂区内，负责静冈以西的本州境内2 600个点（支店、营业所）的配送工作，满足从订货到交货于3日内完成的目标。

在库配送商品约有1 200个品种，尖峰出货量达每天185 000个包装单位的化妆品。为配合如此庞大的作业量，以及提供高效率、优质的物流服务，作业系统采取自动信息控制与人工控制的弹性组合，以下是各拣货区域作业方式的概况。

1）托盘储存货架拣货区：以箱为包装单位的拣货出库

将由工厂进货的整托盘商品以升降叉车放于托盘货架上保管，少量成箱进货的商品保管于重力式货架上。大批订购的商品不经过储存保管，而是直接以箱为单位利用输送机送往出货区，同时也可以直接补货至数位显示货架拣货区内。这一区域的拣货，采取事先将拣货商品及数量打在标签上，并将标签加贴在商品上指示拣货的方式。

2）数位显示货架拣货区：以单件为包装单位的拣货出库

商品置于重力式货架上，各类商品储位上装有指示拣取数量的数字显示装置，作业人员在所负责的区域内依显示器上所指示的数量拣取商品放入输送机上的篮子中，之后按下确认键，表示该商品已被拣取。当该区内所有需拣取商品都完成，篮子就往下一个作业员负责的区域移动。最后拣完货的篮子被送往少批量商品拣货区，空纸箱由上层的输送机回收，送往捆包区。这一区域主要完成多品种、中少批量的拣货工作，采取按单份订单拣货和通过数位显示辅助拣货的方式。

3）少批量商品拣货区：以单件为包装单位的拣货出库

商品保管于轻型货架及重力式货架上，应用电脑辅助拣货台车拣货，拣货信息通过软盘输入拣货台车上的电脑，荧幕上显示货架布置及拣取位置的分布情形，拣货人员依荧幕指示至拣取位置拣取商品，扫读条码，并依照各订单需求数量分别投入8个订单格位塑胶袋内。完成拣货的袋子，暂存于集货用的轻型储架上，当上一区域内相对应订单拣货篮由输送机送达时，加以集合送到检查捆包区。这一区域负责拣取小批量、小体积商品，所以采用电脑辅助拣货台车拣货。

4）拣货策略分析

拣货策略分析见表5-8。

表 5-8 拣货策略分析

项 目	拣货方式与策略		
储存包装单位	托盘	箱	箱
拣货包装单位	箱	单件	单件
商品物流特点	体积大、批量大、作业频率较低	体积小、批量中等、作业频率高	体积小、批量小、作业频率低
拣货信息传递	贴标签	电子信息传递	电子信息传递
拣货设施	托盘储存货架	数位显示货架	电脑拣货台车
拣货方式	先将订单汇总，制作成拣货单，拣货后按订单分类	按订单分别拣货	一次处理固定数量的订单，且在拣取各商品的同时，将商品按客户订单分类放置

资料来源 郑玲. 配送中心管理与运作 [M]. 北京：机械工业出版社，2004.

精析：POLA西日本物流中心针对不同商品的物流特点，设置不同的拣货区域，选择使用不同的拣货作业方式，并且采取自动信息控制与人工控制的弹性组合，大大提高了拣货作业效率，满足了 1 000 多个品种商品配送服务的需要。

5.5 补货作业

补货作业是指当配送区域的配送物品发生短缺时，从物品保管区向配送作业区补充物品的物流活动。补货作业通常以托盘为单位，按订单（配送单）将物品从保管区移送到配送区，在补货作业的同时，完成补货作业的信息处理。补货作业的目的是保证配送区有货可配。

5.5.1 补货方式

补货作业必须满足两个前提，即"确保有货可配"和"将待配商品放置在存取都方便的位置"。通常，在配送中心主要采用的方法有货架之间的补货、整箱补货和整托补货。

1) 货架之间的补货

在货架之间的补货方式下，保管区与动管区属于同一货架，也就是将一货架上的方便拿取之处（中下层）作为动管区，不容易拿取之处（上层）作为保管区。进货时将动管区放不下的多余货箱放至上层保管区，当动管区的存货低于水准之下则可利用叉车将上层保管区的物品搬至下层动管区补货（如图5-6所示）。这种补货方式较适合体积不大，每品项存货量不高，且出货多属中小量的物品。

2) 整箱补货

整箱补货由货架保管区补货到流动货架的动管拣货区。其中，动管区为两面开放式的流动式货架，如图5-7所示。拣货员拣货之后把货物放入输送机并运到发货区，当动管区的存货低于设定标准时，则进行补货作业。这种补货方式由拣货员到货架保管区取货箱，用手推车载箱至动管区。这种补货方式较适合于体积小且少量多样出货的货品。

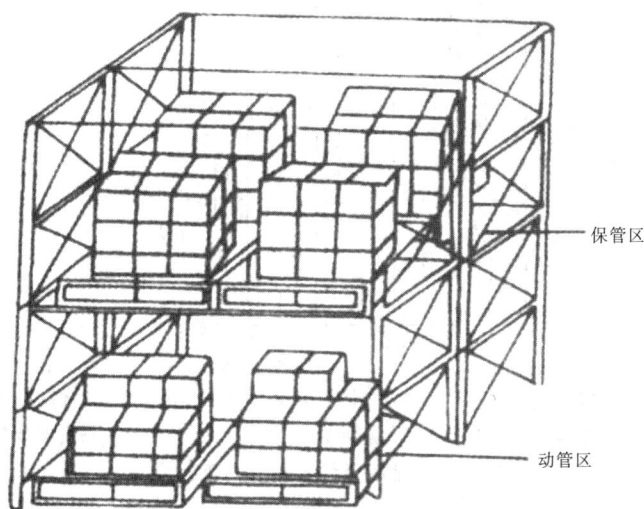

图5-6　货架之间的补货

图5-7　整箱补货

3) 整托补货

整托补货是以托盘为单位进行补货的一种方式。根据补货的位置不同，又分为两种情况：一种是地板至地板，另一种是地板至货架。

（1）地板至地板的整托盘补货。

地板至地板的整托盘补货如图5-8所示。托盘由地板堆放保管区运到地板堆放动管区，拣货时把托盘上的货箱置于中央输送机上送到发货区。当存货量低于设定标准时，立即补货，使用堆垛机把托盘由保管区运到动管区。这种补货方式适合于体积大或出货量多的货品。

（2）地板至货架的整托盘补货。

地板至货架的整托盘补货中的保管区是地板平置堆叠存放，动管区则为托盘货架存放，如图5-9所示。拣取时拣货员在拣取区搭乘牵引车拉着推车移动拣货，拣取后再将推车送至输送机轨道出货。而一旦发觉拣取后动管区的库存太低，则要进行补货作业。此种补货方式较适合体积中等或中量（以箱为单位）出货的物品。

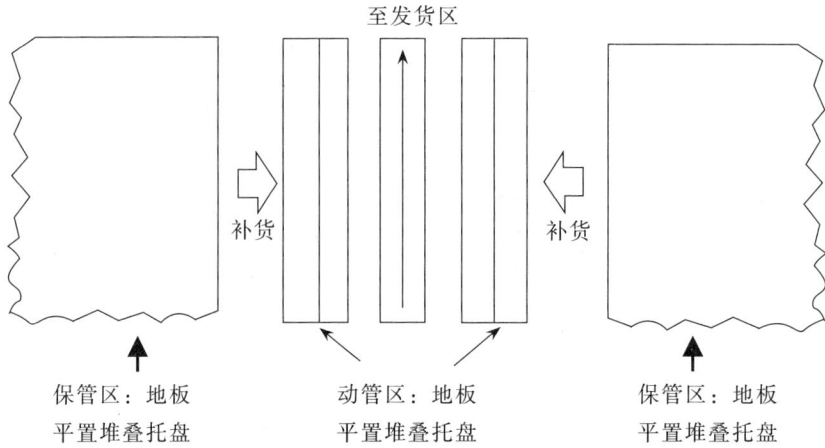

至发货区

补货　　　　　　　　补货

保管区：地板　　　　动管区：地板　　　　保管区：地板
平置堆叠托盘　　　　平置堆叠托盘　　　　平置堆叠托盘

图5-8　地板至地板的整托盘补货

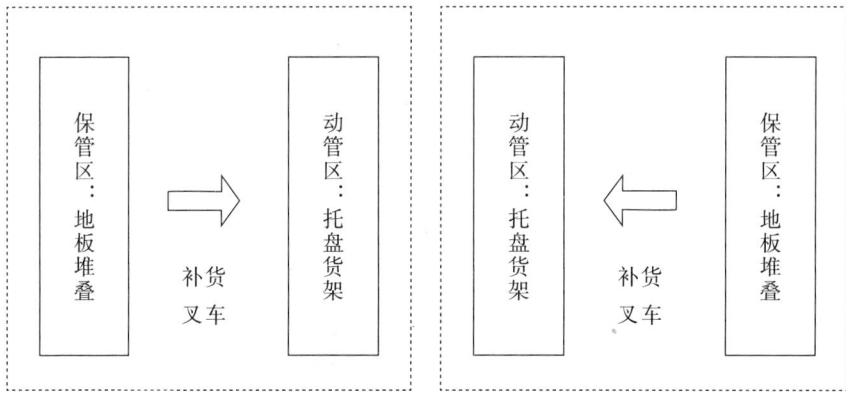

保管区：地板堆叠　　动管区：托盘货架　　动管区：托盘货架　　保管区：地板堆叠

补货叉车　　　　　　　　　　　　　补货叉车

图5-9　地板至货架的整托盘补货

5.5.2　补货时机

补货作业的发生与否主要取决于配送区的物品存量。因此，何时进行补货要视配送区物品是否发生缺货而定。通常，补货方式有批次补货、定时补货和随机补货。

1）批次补货

当前一批次物品配送完毕后，再补充下一批次的物品，这种根据批次进行补货的方式称为批次补货。

批次补货通常按"一次补足"的原则进行补货。批次补货前，先计算出所需物品的总配送量，再核查配送区的现存货品量，按照差额数量补足货品的配送量。

批次补货适用于一天内配送量变化不大、紧急追加订单不多，或是每一批次配送量大但配送量事先能掌握的配送作业。

2）定时补货

在规定的时刻或时间段进行补货的方式称为定时补货。

定时补货通常按"定时补足"的原则进行。在进行补货作业时，将补货时间划分为若干个时段，补货人员在该时段内检查配送区的货品存量，如果发现不足，马上予以补足。

定时补货适用于分批配送、时间固定且处理紧急追加订货的时间也固定的情况。

3）随机补货

随机补货是一种指定专人、每次补货不确定时间和数量的随机补货作业方式。补货作业按"不定时补足"的原则进行，由专人负责了解配送区存量，发现不足随时补货。

随机补货适用于每批次配送量不大、紧急追加订单较多以及一天内作业量不易事前掌握的情况。

5.6　配货和送货作业

5.6.1　配货作业

配货作业是指把完成拣取分类的货品经过配货检查后，装入容器和做好标示，再运到配货准备区，待装车后发送。配货作业既可采用人工作业方式，也可采用人机作业方式，还可采用自动化作业方式，但组织方式有一定区别。其作业流程如图 5-10 所示。

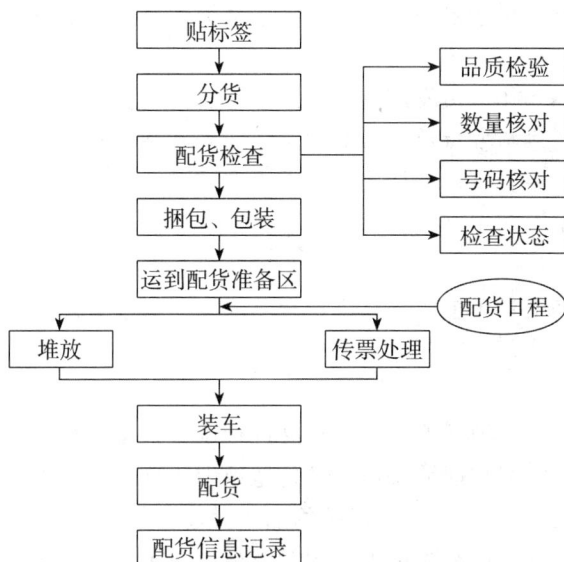

图 5-10　配货作业流程图

1）分货

分货就是把完成拣货的商品按用户或配送路线进行分类的工作。分货方式一般有下列几种：

（1）人工分货。

人工分货是指所有分货作业过程全部由人工根据订单或其他传递过来的信息进行，而不借助任何电脑或自动化的辅助设备。

（2）自动分类机分货。

自动分类机分货是指利用电脑和自动分辨系统完成分货工作。这种方式不仅快速、省力，而且准确，尤其适合多品种、业务繁忙的配送中心。其主要过程如下：第一，将有关货物及分类信息通过自动分类机的信息输入装置，输入自动控制系统；第二，当货物通过移载装置移至输送机上时，由输送系统运送至分类系统；第三，分类系统是自动分类机的主体，这部分的工作过程为先由自动识别装置识别货物，再由分类道口排出装置，按预先设置的分类要求将货物推出自动分类机。

（3）旋转架分类。

旋转架分类是将旋转架的每一格位当成客户的出货框，分类时只要在电脑中输入各客户的代号，旋转架即会自动将货架转至作业员面前。

2）配货检查

配货检查作业是指根据用户信息和车次对拣送货品进行商品号码和数量的核实，以及对产品状态、品质的检查。分类后需要进行配货检查，以保证发运前的货物品种、数量、质量无误。

配货检查最简单的做法是人工检查，即将货品一个个点数并逐一核对出货单，进而查验配货的品质及状态情况，但这种方法费时费力。目前，配货检查常用的方法有：

（1）商品条形码检查法。

这种方法要导入条形码，条形码是随货品移动的，检查时用条形码扫描器阅读条形码内容，计算机再自动把扫描信息与发货单对比，从而检查商品数量和号码是否有误。

（2）声音输入检查法。

声音输入检查法是当作业员发声读出商品名称、代码和数量后，计算机接受声音并自动识别，转换成资料信息与发货单进行对比，从而判断是否有误。此方法的优点在于作业员只需用嘴读取资料，手脚可做其他工作，自由度较高；缺点是声音发音要准确，且每次发音字数有限，否则电脑辨识困难，可能产生错误。

（3）重量计算检查法。

重量计算检查法是把货单上的货品重量自动相加，与总重量对比，以此来检查发货是否正确的方法。

3）包装、打捆

为了提高作业效率，一般还要对配送物品进行重新包装、打捆，以保护物品，提高运输效率，便于配送到户时客户能够快速、准确地识别各自的物品等。配送作业中的包装主要是指物流包装，其主要作用是为了保护物品，并将多个零散物品放入大小合适的箱子中，以实现整箱集中装卸、成组搬运等，同时减少搬运次数，降低货损、货差，提高配送效率。同时，包装也是物品信息的载体，通过在外包装上书写物品名称、原料成分、重量、生产日期、生产厂家、产品条码、储运说明等，可以便于客户和配送人员识别物品，进行物品的装运。通过扫描包装上的条码可以进行货物跟踪，根据包装上的装卸搬运说明还可以指导作业人员对货物进行正确操作。

5.6.2 送货作业

送货作业是利用配送车辆把客户订购的物品从制造厂、生产基地、批发商、经销商或配送中心，送到客户手中的过程。送货通常是一种短距离、小批量、高频率的运输形式。它以服务为目标，以尽可能满足客户需求为宗旨。

1）送货作业的特点

送货作业是配送中心最终直接面对客户的服务，具有以下几个特点：

（1）时效性。

送货是从客户订货至交货的最后一个阶段，也是最容易引起时间延误的一个环节，而客户非常重视送货的时效性，因此必须在认真分析各种因素的前提下，用系统化的思想和原则，有效协调，综合管理，选择合理的配送线路、配送车辆和送货人员，使每位客户在预定的时间里收到所订购的货物。

（2）可靠性。

可靠性要求将货物完好无损地送到目的地。在配送过程中，货物的装卸作业、运送过程中的机械振动和冲击及其他意外事故、客户地点及作业环境、送货人员的素质等都可能损坏货物，因此在配送管理过程中必须注意可靠性原则。

（3）便利性。

提高客户的满意度是配送作业的宗旨，因此应尽可能通过采用高弹性的送货系统，如采用急送货、顺道送货与退货、辅助资源回收等方式，为客户提供真正意义上的便利服务。

（4）经济性。

企业运作的基本目标是实现一定的经济利益，所以送货不仅要满足客户的要求，提供高质量、及时、方便的配送服务，还要提高配送效率，加强成本管理与控制。

2）送货作业的步骤

送货作业的一般步骤如图5-11所示。

图5-11　送货作业的一般步骤

（1）车辆调度。

货物配好以后，就要分配任务，进行运输调度与装卸作业，即根据配送计划所确定的配送货物数量和特性、服务客户地址、送货路线、行驶趟次等内容，指派车辆和装卸、运送人员，下达运送作业指示和车辆配载方案，安排具体的装车与送货任务，并将发货明细单交给送货人员或司机。

送货人员则必须完全根据调度人员的送货指示（出车调派单）来执行送货作业。当送货人员接到出车指示后，将车辆开到指定的装货地点，然后与保管、出货人员清点分拣好的货物，由装卸人员将已完成理货的商品配载上车。

（2）车辆配装。

根据不同配送要求，在选择合适的车辆的基础上对车辆进行配装以提高利用率，是送货的一项主要工作。

由于配送货物品种、特性各异，为提高配送效率，确保货物质量，首先必须对特性差异大的货物进行分类，并分别确定不同的运送方式和运输工具。特别要注意散发异味的货物不能与具有吸异味性的货物混装，散发粉尘的货物不能与清洁货物混装，渗水货物不能与易受潮货物一同存放。另外，为了减少或避免差错，也应尽量把外观相近、容易混淆的货物分开装载。由于配送货物有轻重缓急之分，所以必须初步确定哪些货物可配于同一辆车，哪些货物不能配于同一辆车，以做好车辆的初步配装工作。因此，配送部门既要按订单要求在配送计划中明确运送顺序，又要安排理货人员将各种所需的不能混装的商品进行分类，同时还应按订单标明到达地点、客户名称、运送时间、商品明细等，最后按流向、流量、距离将各类商品进行车辆配载。

合理配装是充分利用运输车辆容积、载重量和降低物流成本的重要手段。实现配装满载满容的基本方法是以车辆的最大容积和载重量为限制条件，根据各种货物的重量、单件货物的体积建立相应的数学模型，通过计算求出最佳方案。这里要注意以下两个问题：第一，在货物种类不多、车辆类型单一的情况下，可直接采用手算方式，达到货物与车辆的匹配，实现满载满容；第二，在配装货物种类较多、车辆类型也较多的情况下，采用人工计算有困难，可采用计算机实现优化配装。

（3）运送。

运送就是根据配送计划所确定的最优路线，在规定的时间及时、准确地将货物运送到客户手中。在运送过程中要注意加强运输车辆的考核与管理。

（4）送达服务与交割。

当货物送达要货地点后，送货人员应协助收货单位将货物卸下车，放到指定位置，并与收货人员一起清点货物，做好送货完成确认工作（签收回单）。如果有退货、调货的要求，则应随车带回需要退回或调换的商品，并完成有关单证手续。

（5）费用结算。

配送部门的车辆按指定的计划送达客户完成配送工作后，即可通知财务部门进行费用结算。

在上述各阶段的操作过程中，需要注意的要点有：明确订单内容，掌握货物的性质，明确具体配送地点，适当选择配送车辆，选择最优的配送线路以及充分考虑各作业点装卸货时间。

3）提高送货效率的措施

（1）开展直配、直送。

由于"商物分流"，订购单可以通过信息网络直接传给厂商，因此各工厂的产品可从厂商的物流中心直接交货到各零售店。这种利用直配、直送的方式可大幅简化配送的层次，使得中间的代理商和批发商不设存货，下游信息也能很快地传达到上游。

（2）采用标准的包装器具。

配送不是简单的"送货上门"，要运用科学而合理的方法选择配送车辆的吨位、配载方式，确定配送路线，以达到"路程最短、吨公里最小"的目标。采用标准的包装工具（如托盘）可以使送货中货物的搬运、装卸效率提高，并便于车辆配装。

（3）建立完善的信息系统。

完善的信息系统能够根据交货配送时间，车辆最大积载量，客户的订货量、个数、重量来选出一个最经济的配送方法。根据货物的形状、容积、重量及车辆的能力等，计算机可自动安排车辆和装载方式，形成配车计划。在信息系统中输入每一客户点的位置，计算机便会依照最短距离找出最便捷的配送路径。

（4）改善运货车辆的通信。

健全的车载通信设施可以把握车辆及司机的状况，传达道路信息或气象信息，掌握车辆作业状况及装载状况，传递作业指示，传达紧急信息指令，提高运行效率。

（5）均衡配送系统的日配送量。

通过和客户沟通，尽可能使客户的配送量均衡化，这样能有效地提高送货效率。为使客户的配送量均衡，通常可以采用对大量订货的客户给予一定的折扣、制定最低订货量、调整交货时间等办法。

案例精析 5-4

雨润集团的冷链运输

近年来，雨润集团随着自身的发展，陆续添置了各种型号的全自动控制冷藏车辆。所有冷藏车辆全部采用进口制冷设备，可以根据产品所需温度先行设定，保障产品在途恒温运输。

为对在途车辆调度达到实时化操作，雨润集团对所有自运车辆安装了全球定位系统（GPS）。使用 GPS 时，一方面，根据车辆运行位置，及时对在途车辆进行合理调度和监督；另一方面，根据天气变化，及时向在外行驶车辆发布天气状况，便于驾驶员采取安全预防措施，提升安全系数。

为有效监督车辆在送货途中的冷链运行状况，所有车辆安装了温度跟踪仪。通过温度跟踪仪反馈的数据，对产品在途温度控制做到了全程监控。

资料来源 欧健. 现代物流配送理论与实务 [M]. 广州：世界图书出版广东有限公司，2012，有删改。

精析：雨润集团自购了上百辆冷藏运输车，配备进口制冷机组，同时对所有自运车辆安装全球定位系统、温度跟踪仪等，提升了运输效率，保障了产品由储存仓库到全国销售终端的全程冷链。

5.7 配送加工作业

配送加工是配送企业按用户要求在配送中心设立加工场所进行的加工活动，属于流通加工的一种。配送加工主要是根据用户的需求对物品进行套裁、简单组装、分装、贴标、包装等，是一项可提高服务水平、增加附加价值的作业。通过配送加工，可以大大提高客户的满意程度，提高配送质量，增加配送效益，减轻生产企业的负担，提高配送的总体经济效益。

5.7.1 配送加工的目的
配送加工的目的主要有以下几个方面：

1）方便运输

为了运输方便，通常将配送物品组合，形成成组运输，如采用托盘、捆扎、集装箱等方式，这样不仅使运输方便、经济，还能提高运输的效率，降低劳动强度。

2）方便用户

可以根据用户需要的多样化，在流通过程中按照其要求进行加工。例如，平板玻璃的裁制等，可按用户的尺寸要求进行裁制。

3）促进销售

配送中心可以根据销售商的要求，将促销商品进行捆绑，方便商家开展促销活动。

4）便于综合利用

在流通中，需要将物品进行分解、分类处理。例如，猪肉、牛肉等在食品中心进行加工，将肉、骨分离，其中肉制品向零售店输送，而骨头则送往饲料加工厂，制成骨粉加以利用。配送中心开展综合利用，不仅能做到最大限度的物尽其用，节约大量原材料，同时也能大大提高输送效率，降低物流总成本。

5.7.2 配送加工的内容

配送中心加工作业的主要内容有以下几种：

1）贴标签作业

贴标签作业大致可分为贴中文说明标签和贴价格标签。我国规定进口商品必须要有中文说明标签，所以贴中文说明标签主要以进口商品为主，是针对贸易进口商的一种物流服务项目。另外一种是贴价格标签，是针对销售商的一种物流服务项目，其作业大部分是在分拣作业完成后进行的。

一般贴标签的作业流程是：搬包装纸箱、切开纸箱——贴标签——封箱（或装入纸箱）——放回托盘（或笼车）。

2）热缩包装

在流通加工作业中，热缩包装作业是一种比较常见的加工方式，主要针对超市或大卖场的销售需求开展。热缩包装是把某些商品按促销要求组合用热收缩塑料包装材料固定在一起，采用热缩机使薄膜在高温环境下受热变软，冷却后收缩。热缩包装的收缩强度相当大，可包装较大、较重的物品。

热缩包装的作业流程是：打开纸箱——取出商品（按组合所需数量）——套PE（热收缩塑料）袋——封口、热收缩——放入纸箱内——封箱。

3）礼品包装

礼品包装主要是针对逢年过节时，有部分商品必须组合成礼盒销售，如补酒礼盒、南北方特产礼盒、食品礼盒等。

礼品包装的作业流程为：准备包装材料及商品——拿出礼盒——放入商品——热收缩——封盖、贴价格标签、装箱——封箱。

4）小包装分装

小包装分装主要是针对国内外厂商的大包装商品或散装商品，将计量（或计重）包装方式改为商品的销售包装。

小包装分装的作业流程是：准备包装材料及商品——计量（或计重）——充填——封口——放入纸箱内——封箱。

5）钢板剪切与套裁

专业钢板剪切加工企业利用专业剪切与套裁设备，按照用户要求的规格、尺寸和形状进行剪切与套裁加工，加工精度高、速度快、废料少、成本低。这种加工企业不仅提供剪切加工服务和配送服务，还出售原材料和加工后的成品。

6）水泥加工

水泥加工企业将水泥、砂石、水以及添加剂按比例进行初步搅拌，然后装进水泥搅拌车，根据用户规定的时间，一边运输一边搅拌，到达建筑工地后，用搅拌均匀的混凝土直接进行浇注。

7）玻璃裁制

平板玻璃的运输货损率较高，运输的难度较大。在消费比较集中的地区，按照用户的需求对平板玻璃进行套裁和开片，可使玻璃的利用率大大提高，同时也降低了玻璃的破损率，增加了玻璃的附加价值。

8）服装配送加工

服装配送加工主要是指进行缝商标、挂价格标签、改换包装等简单的加工作业。

9）书籍加工

书籍加工主要是指对书籍的简单装帧、套书壳、挂书签以及退书的重新整理和复原等。

10）副食品加工

副食品加工主要是指鱼类、肉类、家禽等的分割和去骨加工作业，这类加工便于商品运到商店后进行分类出售。

11）蔬菜、水果加工

蔬菜、水果等商品的加工作业主要包括分类、清洗、贴商标和贴条形码、包装、装袋等多种作业。通过这些加工形式，可以保证商品质量，增加商品的附加价值，节约了物流成本。

12）酒类、饮料加工

酒类、饮料产品从产地将原液批量运至消费地进行配制、装瓶、贴商标，包装后出售，可以节约运费，降低销售成本，大幅度地增加了商品的附加值。

5.8 盘点和退货作业

5.8.1 盘点作业

为了有效控制货品数量和质量，而对各存货场所的货物进行清点与查核的作业，称为盘点作业。盘点作业是配送中心经营管理中一项既繁重又最花时间的作业。盘点作业不仅仅是对现有商品库存状况的清点，而且可以针对过去商品管理的状态作分析，进一步为将来商品管理的改进提供依据。

1）盘点作业的目的

盘点作业的目的是：

（1）确定现存量，并修正与账目不符的误差。通常在一段时间不断地进货和出货，容易产生误差。

（2）计算企业的损益。企业的损益与总库存金额有相当密切的关系，而库存金额与库存量及单价成正比，因此为了能准确地计算出企业实际的损益，就必须针对现有数量加以盘点。一旦发现库存太多，即表示企业的经营受到制约。

（3）稽查货物管理的绩效，使出入库的管理方法和保管状态变得清晰。如果废货物的处理状况、存货周转率、货物的养护修复，均可借盘点发现问题，以寻找改善措施。

2）盘点作业的内容

盘点作业的内容主要有以下几项：

（1）货物数量。

通过点数、计数查明商品在库的实际数量，核对库存账面资料与实际库存数量是否一致。

（2）货物质量。

检查在库货物质量有无变化、有无超过有效期和保质期、有无长期积压等现象，必要时还必须对货物进行技术检验。

（3）保管条件。

检查保管条件是否与各种货物的保管要求相符合，如堆码是否合理稳固、库内温度是否符合要求、各类计量器具是否准确等。

（4）库存安全状况。

检查各种安全措施和消防设备、器材是否符合安全要求，建筑物和设备是否处于安全状态。

3）盘点作业的步骤

（1）事前准备。

盘点作业的事前准备工作是否充分，决定着盘点作业的顺利程度。事前的准备工作内容如下：明确建立盘点的程序及方法；配合会计进行盘点准备；盘点、复盘、监盘人员必须经过培训；经过培训的人员必须熟悉盘点用的表（单）；盘点用的表格必须事先印制完成。

（2）确定盘点时间。

一般性商品就货账相符的目标而言盘点次数愈多愈好，但因每次实施盘点必须投入人力、物力、财力，这些成本不菲，故很难经常为之。事实上，导致盘点误差的关键环节在于出入库的过程，出入库作业次数多时，误差也会随之增加。在配送中心商品流动速度较快的情况下，我们既要防止过久盘点对公司造成的损失，又不能受限于可用资源，因而最好能视配送中心各商品的性质制定不同的盘点时间。如A类商品每天或每周盘点一次，B类商品每两三周盘点一次，C类商品每月盘点一次即可。

需要注意的是，每次盘点持续的时间应尽可能短，全面盘点以2～6天为佳，盘点的日期一般应选择在财务结算前夕，通过盘点计算损益，以查清财务状况；或者在淡季进行，因淡季储货较少，业务不太繁忙，盘点较为容易，投入资源较少，人力调动也较方便。

（3）确定盘点的方法。

就像账面库存与现货库存一样，盘点也分为账面盘点及现货盘点。

①账面盘点法。

账面盘点法就是将每一种商品分别设账，然后将每一种商品的入库与出库情况详加记录，不必实地盘点即能随时从电脑或账册上查悉商品的存量。

②现货盘点（实地盘点）法。

现货盘点依盘点时间或频度的不同又分为期末盘点及循环盘点。期末盘点是指在期末一起清点所有商品数量，而循环盘点则是在每天、每周做少品种、少量的盘点，到了月末或期末每项商品至少完成一次盘点。

要得到正确的库存情况并确保盘点无误，可采取账面盘点与现货盘点平行的方法，以查清误差出现的实际原因。

（4）培训盘点人员。

为使盘点工作顺利进行，盘点时必须增派人员协助进行。由各部门增援的人员必须组织化，并且对其施以短期训练，使每位参与盘点的人员充分发挥其作用。人员的培训分为两部分：一是针对所有人员进行盘点方法训练；二是针对复盘与监盘人员进行认识盘点商品的训练。

（5）清理储存场所。

在盘点前，对厂商交来的物料必须明确所有数。若已完成验收，则属于本配送中心的应及时整理归库；若尚未完成验收程序，则应同厂商划分清楚，避免混淆。储存场所在关闭前应通知各需求部门预领所需的物品。储存场所整理完成才能开始盘点，以便计数。预先鉴定呆料、废品、不良品，以便盘点。账卡、单据、资料均应整理后加以结清。储存场所的管理人员在盘点前应自行预盘。

（6）盘点。

盘点时可以采用人工抄表计数，也可以采用电子盘点计数器。

（7）查清差异原因。

当盘点结束后，发现所得数据与账簿资料不符时，应追查差异的原因。一般来讲，产生盘点差异的原因有：记账员素质不高，致使商品数目无法表达；因账务处理制度存在的缺点，导致商品数目无法表达；因盘点制度的缺点导致货账不符；盘点时产生漏盘、重盘、错盘等情况，导致盘点结果出现错误；盘点前数据资料未结清，致使账面数不准确；出入库作业时产生误差；由于盘点人员不尽职导致商品损坏、丢失等。

（8）盘点结果处理。

追查差异原因后，应针对主要原因进行适当的调整与处理，至于呆废品、不良品减价的部分则需与盘亏一并处理。

5.8.2 退货作业

1）退货的原因

（1）瑕疵品回收。

由生产厂商在设计、制造过程中所造成的有质量问题的商品，在已开始销售后，才由消费者发现或由厂商自行发现存在重大缺失的，必须立即部分或全部回收，这种情形不常发生，却是不可避免的。在此类事件中，配送中心虽不会有直接的成本损失，但快速的配合，可使损失降低，增进与厂商及客户间的关系，也是配送中心处理意外事件能力的展现。

（2）搬运中损坏。

由于包装不良或搬运中剧烈震动，造成商品破损或包装污损，必须重新研究包装材料的材质、包装方式和搬运过程中各项上下货动作，找出真正原因并加以改善。

（3）商品送错退回。

商品送错退回是由于配送中心本身处理不当所产生的问题，如拣货不确切或条形码、出货单等处理错误，其导致客户收到的商品种类或数量与订单不符，必须换货或退回，这时必须立即处理，减少客户抱怨。但更重要的是查核信息传达过程中所出现的问题，如订单接收时就产生错误，或是拣货错误、出货单贴错、上错车等，找出原因后，配送中心应立即采取有效的措施，在常出错的地方增加控制点，以提高正确率。

（4）商品过期退回。

有些商品有有效期限，为了保证消费者的利益，过期必须予以退回。例如，对于日用品、速食类以及加工肉食类商品，商家与供应商之间有约定，有效期一过，就予以退货或换货。

2）退货处理的方法

（1）无条件重新发货。

如果发货人按订单发货时发生错误，则应由发货人重新调整发货方案，将错发货物调回，按正确订单发货，中间发生的所有费用应由发货人承担。

（2）运输单位赔偿。

对于由于运输途中产品受到损坏而发生退货的，根据退货情况，由发货人确定所需的修理费用或赔偿金额，由运输单位负责赔偿。

（3）收取费用，重新发货。

对于因为客户订货有误而发生退货的，退货的所有费用由客户承担。退货后，再根据客户新的订货单重新发货。

（4）重新发货或替代。

对于因为商品有缺陷客户要求退货的，配送中心接到退货指示后，营业人员应安排车辆收回退货商品，将商品集中到仓库退货处理区进行处理。一旦商品回收活动结束，生产厂家及销售部门就应立即采取步骤，用没有缺陷的同一种商品或替代品重新填补零售商店的货架。

案例精析5-5

华联超市配送中心的作业管理

近年来，华联超市已从江、浙两省延伸发展到向全国辐射，因此华联将配送中心的建设放在了首位。2000年8月，华联超市新建的现代化配送中心正式启动。该配送中心位于上海市普陀区桃浦镇一棵树7号地块。基地紧贴外环线，直连沪嘉、沪宁、沪杭高速公路，南邻沪宁铁路南翔编组站，通向市区以及向外辐射的能力很强。

在仓储作业方面，配送中心采用高层立体货架和拆零商品拣选货架相结合的仓储系统，大大提高了仓库的空间利用率。整托盘（或整箱）商品存货区，下两层为配货区，存放整箱出货、周转快的商品，上3层为储存区；拆零商品配货区，在拆零货架上放置2 500种已打开运输包装纸箱的商品，供拆零商品拣选用，上部货架作为拆零商品的库存区。

在装卸搬运作业方面，采用前移式蓄电池叉车、电动搬运车、电动拣选车和托盘，实现装卸搬运作业机械化。

在拆零配货作业方面，采用电子标签拣选系统，使用电子标签设备。只要把门店的订单输入电脑，存放各种拆零商品的相应货格的货位指示灯和品种显示器，立刻显示出需拣选商品在货架上的具体位置以及所需数量，作业人员便可从货格里取出商品，放入拣货周转箱，然后按动按钮，货位指示灯和品种显示器熄灭，订单商品配齐后进入理货环节。电子标签拣货系统引导拣货人员进行作业，任何人不需特别训练，即能立即上岗工作，大大提高了商品处理速度，减轻了作业强度，大幅度降低了差错率。

在补货作业方面，华联超市与上海捷强集团公司以及宝洁公司建立了自动补货系统（ECR），将"连锁超市补货"转变为"供货商补货"。这样做可以使产销双方紧密结合，双方不只是追求自己企业的效率化，还把注意力放在"整体"供货系统的共同效率化，因此得以削减整体成本。

在整个业务流程方面，采用无线通信的电脑终端，开发了条形码技术，从收货、验货、入库到拆零、配货，全面实现条码化、无纸化。

资料来源　佚名. 物流技术与信息技术——华联超市腾飞的双翼［EB/OL］.（2002-10-02）. http: //www.linkshop.com.cn/Web/Article_News.aspx? ArticleId=2957&word=，有删改。

精析：华联超市新建的配送中心在配送业务过程中，注重具有较高技术含量的设备和手段的运用，实现了仓储立体化、装卸搬运机械化、拆零商品配货电子化以及物流功能条码化与配送过程无纸化，并建立了自动补货系统，大大提高了配送作业效率。

本章小结

从接到客户订货开始至准备着手拣货的作业阶段，称为订单处理，包括有关客户、订单的资料确认，存货查询，单据处理乃至出货配发等。接受订货的第一步是接受订单，订货方式主要有传统订货与电子订货两种。接受订单后就需对货物数量及日期进行确认。无论是何种订货，接受订货后都要查核客户的财务状况，以确定其是否有能力支付该订单的账款。在接受订货业务上，表现为多种订单交易形态，所以配送中心应对不同的订单交易形态采取不同的交易及处理方式。安排订单出货时间及拣货先后顺序，通常会依客户需求、拣取标准时间及内部工作负荷来确定。订单资料经上述处理后，即可开始印制出货单据，展开后续的配送作业。

所谓进货作业，是指从货车上把货物卸下、开箱，检查其数量、质量，然后将必要的信息进行书面化的记录。在组织与计划进货作业时，我们必须对影响进货作业的主要因素进行分析。商品编码是按商品分类规则以简明的文字、符号或数字表示商品的名称、类别及其他属性并进行有序排列的一种方法。商品分类是将多品种商品按其性质或其他条件逐次区别，分别归入不同的商品类别，并进行系统的排列，以提高作业效率。商品验收是保证入库物品数量和质量准确无误的关键作业环节。到达配送中心的商品，经验收确认后必须认真填写"验收单"，并将有关入库信息及时、准确地录入库存商品信息管理系统，更新库存商品的有关数据。

常用的货物存放策略主要有定位存放、随机存放、分类存放和分类随机存放。货物存放的基本形式一般是以存放量为基准，主要包括小批存放、中批存放、大批存放和零星存放。货物存放管理的考核指标主要包括存放面积利用率、可用存放面积率、储位空间使用率、单位面积存放量、库存周转率、平均每货品所占储位数、呆废货率、库存管理费率。

拣货作业是配送中心作业管理的中心环节。拣货作业的基本过程包括如下六个环节：形成拣货资料、选择拣货方法、选择拣货路径、行走与搬运、拣取、分类与集中。拣货单位可分为单品、箱、托盘、特殊品四种形式。对不同的订单需求应采取不同的拣选策略。决定拣货策略的四个主要因素为分区、订单分割、订单分批及分类。拣货方法分为订单拣货与批量拣货、摘取式拣货和播种式拣货。

补货作业是指当配送区域的配送物品发生短缺时，从物品保管区向配送作业区补充物品的物流活动。通常，在配送中心主要采用的方法有货区补货、货架系统补货和自动补货系统补货。

配货作业是先把完成拣取分类的货品经过配货检查后，装入容器和做好标示，再将其运到配货准备区，待装车后发送。送货作业是利用配送车辆把客户订购的物品从制造厂、生产基地、批发商、经销商或配送中心，送到客户手中的过程。为了有效控制货品数量和质量，而对各库存场所的货物进行清点与查核的作业，称为盘点作业。对于各种原因导致的顾客退货，配送中心还要开展退货作业并对其进行管理。

主要概念

订单处理　进货作业　拣货作业　补货作业　配货作业　送货作业　盘点作业
退货作业

基础训练

一、不定项选择题

1.电子订货方式是采用电子传运方式取代传统人工书写、输入、传送的订货方式，其具体做法有（　　）。

A.销售时点管理系统　　　　　　　　B.订货簿与终端机配合

C.订货应用系统　　　　　　　　　　D.厂商补货

2.在组织与计划进货作业时，我们必须对影响进货作业的主要因素进行分析，这些影响因素有（　　）。

A.进货供应商及送货方式　　　　　　B.商品种类

C.进货作业人员　　　　　　　　　　D.与其他作业的相互配合

3.（　　）是根据商品的名称、重量、尺寸乃至分区、储位、保存期限或其他特性的实际情况来编码。

A.实际意义编码法　　　　　　　　　B.后数位编码法

C.暗示编码法　　　　　　　　　　　D.分组编码法

4.盘点作业的内容主要包括（　　）。

A.库存安全状况　　　　　　　　　　B.货物质量

C.保管条件　　　　　　　　　　　　D.货物数量

5.配送中心的补货方式主要包括（　　）。

A.货架上层向货架下层的补货　　　　B.批次补货

C.托盘补货　　　　　　　　　　　　D.整箱补货

二、判断题

1.商品验收主要是对即将入库的商品进行数量检验。　　　　　（　　）

2.与播种式拣选作业方式相比，摘取式拣选作业方式可以提高配货速度，节约配货的劳动消耗，提高作业效率。尤其是当需要配送的客户数量很多时，采用播种式作业能够取得更好的效果。　　　　　（　　）

3.分货就是把完成拣货的商品按用户或配送路线进行分类的工作。　　　　　（　　）

4.在退货处理中，因为发货人按订单发货发生错误，则应由发货人重新调整发货方案，将错发货物调回，按正确订单发货，中间发生的所有费用应由发货人承担。

　　　　　（　　）

5.配送中心进货作业计划制订的主要基础和依据是需求订单。　　　　　（　　）

三、简答题

1.简要回答连锁企业配送中心订单处理的基本程序。

2.连锁企业配送中心进货作业的基本流程是什么？

3.连锁企业配送中心是如何开展配货作业的？

4.连锁企业配送中心是如何开展拣货作业的？

四、实训题

【实训项目一】

分拣作业实训

【实训情境设计】

依托所在学校的物流配送实验室，在教师的指导和要求下，通过在计算机上运行物流管理软件，由学生仿效配送中心的分拣人员，按照分拣处理的要求，进行系统的仿真操作演练。学生在已有的分拣理论基础上，通过本环节的实训，明晰分拣流程中各种单据的填写及使用方法。通过物流管理模拟教学软件中分拣环节的训练，学生能够在信息化的环境下熟练分拣环节数据流程，掌握软件使用的基本技术和方法。

【实训任务】

核对客户订单与货位表，查看可用商品量及货位号；根据查询结果，找出能满足客户订单的商品量以及货位所在，填写分拣作业单供拣选人员作业使用；拣选完毕，根据原货位表中的可用量与拣出量更新货位表，为下次拣选提供依据；根据拣选单以及拣选情况，填写装箱单，为出库作准备。实训结束后，学生对模拟操作进行总结，编写实训报告。

【实训提示】

学生在开始实训之前，应该根据本环节实训的内容和要求，对相关知识进行认真复习和梳理，从而在实训中能够尽快进入状态，将注意力放在软件的使用和分拣方法的实施上。学生训练要按照分拣作业的要求进行，软件的操作要规范化，分拣信息的处理和单据的填写也要规范化，既要符合物流功能的要求，又要符合企业内部制度的要求。注意培养学生认真、仔细的工作作风，树立良好的职业道德。

【实训效果评价】

针对实训任务的完成情况，填写表5-9。

表5-9　　　　　　　　　　　　　　　实训效果评价表（1）

考核项目	考核标准	所占比例
实训的组织与准备	人员组织合理，分工明确，对实训目的和实训内容准备充分	10%
软件使用	能正确、熟练地使用软件，实训结束时，应完成的工作是根据拣选单拣选出满足客户要求的商品，应完成的单据是分拣作业单和装箱单，并且货位表中的数据应该是最新的	30%
分拣方法	掌握分拣流程中各种单据的填写及使用方法，熟悉分拣环节各数据的流程，掌握分拣方法	20%
解决问题	明确指出问题所在，并提出解决问题的基本思路或对策。在他人的支持下做出计划并实施，此过程中适当利用相关资源。检查问题是否解决，并对方法做出总结和修改	10%
实训报告	撰写的报告内容完整、真实，体会深刻，针对性强，表述符合基本原理，观点有独到之处	30%

【实训项目二】

货物验收入库作业实训

【实训情境设计】

依托所在学校的物流配送实验室，在教师的指导和要求下，通过在计算机上运行物流管理软件，按照入库作业处理的要求，进行系统的仿真操作演练。在企业实际运作中，货物的验收标准、验收方法较为繁杂。本实训项目对此进行了适当简化，旨在使同学们掌握验收流程，培养作业实践能力。

【实训任务】

在接到相关业务部门的收货通知后，验收人员应根据堆存计划或与客户签订的合同对将要入库的货物情况作个了解，如品名、数量、尺寸、标志、性质和包装等。具体到本实训任务，应以货物的数量、品名为主。

根据货物入库的数量和时间，安排好货物验收人员，以及货物入库流程。

准备验收货物的器具。由于本实验采用计算机系统模拟，故不需准备。

货物到达后，验收人员应根据货主或运输单位开列的有效单据如到货清单（计算机系统会自动生成）与本企业的采购单核对。实际应用中需对货物的数量、质量、包装和标志等采用相应方法进行——确认。根据本实训任务，要求学生应以货物的品名、数量作为验收依据，在货物及数量相一致的情况下进行打钩确认。

确认完毕，做好验收记录并存储于计算机中。

货物经上面工序后，验收人员便可决定是否收货，对于满足收货要求的，可在交接清单上签收，并写上需要注明的情况，以便分清仓库与运输部门的责任。同时，根据实际验收结果填写入库单，并交与库存人员。对于不符合收货要求的，可在交接清单上注明，并拒收货物。

编写实训报告。

【实训提示】

学生在开始实训之前，应该根据本环节实训的内容和要求，对相关知识进行认真复习和梳理，从而在实训中能够尽快进入状态，将注意力放在软件的使用和货物验收入库的实施上。在企业实际运作中，货物的验收标准、验收方法较为繁杂，本实训项目对此进行了适当简化，旨在使同学们掌握基本验收流程。实训结束后还应查阅相关资料看看还有哪些验收标准及验收方法。注意培养学生认真、仔细的工作作风，树立良好的职业道德。

【实训效果评价】

针对实训任务的完成情况，填写表5-10。

表5-10　　　　　　　　　　　　**实训效果评价表（2）**

考核项目	考核标准	所占比例
实训组织与准备	人员组织合理，分工明确，对实训目的和实训内容准备充分	10%
软件使用	能正确、熟练地使用软件，按系统要求顺利完成仿真操作演练	30%
入库验收方法	了解各种入库验收方法，理解验收中相关单据的运用，掌握入库验收流程	20%
解决问题	明确指出问题所在，并提出解决问题的基本思路或对策。在他人的支持下做出计划并实施，此过程中适当利用相关资源。检查问题是否解决，并对方法做出总结和修改	10%
实训报告	撰写的报告内容完整、真实，体会深刻，针对性强，表述符合基本原理，观点有独到之处	30%

课外拓展

获取连锁经营领域前沿资讯、政策法规、行业观点、数据资料，了解最新实务操作案例，请关注微信公众号"第一物流网"（微信号：cn156news）。

第6章

连锁配送成本管理

学习目标

通过本章的学习，了解配送成本的含义与特征，学会分析配送成本的构成，掌握连锁企业配送成本的核算及影响配送成本的因素，理解配送服务与配送成本之间的关系，掌握连锁企业控制配送成本的策略。

引例　　　　　　　　**苏宁如何控制配送成本**

没有现代的物流配送，就谈不上真正的连锁经营。物流配送成本的高低，在一定程度上决定着连锁经营的成功与否。作为国内家电零售巨头，苏宁是如何控制物流配送成本的？

苏宁的物流配送流程以财务为中心，将营销、物流和采购等统一在一个平台之下。在这个平台下，POS机的收款信息能立刻传到配送中心，由配送中心做出反应，产生配送指令。在先进的信息系统支撑下，苏宁对商品的流向进行了精准的控制。在仓库，配送单经过仓管员的仔细核对后，商品由库房搬运、装卸至车辆上，由于全程机械化，装运的效率非常高，装满一辆车只需十几分钟。

位于南京雨花区的区域配送中心，作为苏宁"5315服务工程"的一部分，是15个第二代大型物流基地中的一个，其作为苏宁电器在长江三角洲地区的物流基地，为半径在100千米范围内的门店提供物流服务。南京区域配送中心比原有的分散式、纯人工物流模式先进了很多。这种先进体现在其取代了原来在各个地区存在的分散的后台服务体系，将分散型的管理架构转变成了集中型，一方面使得周边100千米范围以内的城市可以共享一个仓库，减少了重复库存，加快了货物销售的速度，也加快了资金的流转速度；另一方面区域库存的数量大于各个城市小库库存，降低了缺货对销售的影响，提升了服务质量。

第二代物流配送中心的先进更在于其依托于SAP/ERP信息平台，对各个环节的业务流程实行了再造和优化，通过与门店、呼叫服务中心等业务单元以及上游供货商的信息共享，实现信息流畅通无阻，使得苏宁的反应能力、送货能力都得到大幅度提高。库存管理系统（WMS）的自动管理也使得进货和出货的差错率几乎为零。由于实现了机械化、自动化作业，减少了物流工作人员的数量，效率大为提高。第二代物流配送中心的启用让苏宁整体的物流成本大幅度下降，服务质量得到显著提升。

资料来源　佚名. 看不见的苏宁：企业核心竞争力深度剖析［EB/OL］. (2009-06-04). http://hea.163.com/09/0604/16/5AVP3F5G001628C1_all.html，有删改。

6.1 配送成本分析

6.1.1 配送成本的含义

配送成本是指在配送活动的备货、储存、分拣、配货、送货、送达服务及配送加工等环节所发生的各项费用的总和，是配送过程中所消耗的各种活劳动和物化劳动的货币表现。

诸如人工费用、作业消耗、物品损耗、利息支出、管理费用等配送费用，按一定对象进行汇集就构成了配送成本。配送成本的高低直接关系到配送中心的利润，进而影响连锁企业利润的高低，因此如何以最少的配送成本在适当的时间将适当的产品送到适当的地方，是摆在连锁企业面前的一个重要问题，因而对配送成本进行控制变得十分重要。

对配送成本进行归集时要做的第一项工作是明确归集的范围。配送成本的范围一般涉及以下三方面问题：

第一，成本的计算范围如何确定的问题。配送过程中涉及不同的配送对象，如不同的送货对象、不同的配送产品，此时按不同对象进行成本归集，计算结果有明显的差别。

第二，在备货、储存、配货、送货等诸多配送活动中，以哪几种活动作为计算对象的问题。选择不同活动进行成本归集计算出来的配送成本自然是有差别的。

第三，把哪几种费用列入配送成本的问题。例如，支付的运输费用、保管费用、人工费、折旧费等，取其中哪几部分列入配送成本进行计算将直接影响到配送成本的大小。

企业配送成本计算结果的大小，受以上三个方面因素的直接影响。确定不同的前提条件，会得出截然不同的结果。企业应根据各自不同的情况及管理需要来决定本企业配送成本的计算范围。

6.1.2 配送成本的特性

1) 配送成本具有隐蔽性

如同"物流成本冰山"理论指出的一样，要想直接从企业的财会业务中完整地提取企业发生的配送成本难以办到。连锁企业进行配送所发生的费用是计算在销售费用中的；同样，备货时支付的费用最终也会归入销售费用；而配送中发生的人工费用与其他部门的人工费用一起分别列入管理费用和销售费用；与配送有关的利息和企业内的其他利息一起计入财务费用。这样企业支出的有关配送费用实际上就隐藏在了各种会计科目中。

2) 配送成本与服务水平背反

高水平的配送服务是由高的配送成本来保证的，企业很难既提高了配送服务水平，同时也降低了配送成本，除非有较大的技术进步。要想超过竞争对手，提出并维持更高的服务标准就需要有更多的投入，因此一个企业在做出这种决定时必须经过仔细研究和对比。

3) 配送系统各功能活动的效益背反

所谓"鱼和熊掌不可兼得"，配送系统的各项活动处于一个相互矛盾的系统中，要想较多地达到某个方面的目的，必然会使另一方面受到一定的损失。在配送活动中，一种功能成本的削减会使另一种功能成本增加，也就是说出现了此消彼长的现象。例如，尽量减少库存据点以及库存，必然引起库存补充频繁，从而增加运输次数。同时，仓库的减少，会导致配送距离变长，运输费用进一步增加。此时一方成本降低，另一方成本增加，产生成本的效益背反。如果运输费的增加超过保管费的降低部分，总的成本反而会增加，这样减少库存据点以及库存就变得毫无意义了。例如，简化包装，可降低包装作业强度，进而降低包装成本。但与此同时却导致仓库里货物堆放不能过高，降低了保管效率。而且，由于包装简化，在装卸和运输过程中容易出现包装破损，导致搬运效率降低，破损率增加。因此，企业必须考虑整个配送系统的成本最低，而非局部或某个环节的节约，这就要求从系统高度寻求总体成本的最优化。

4）配送成本的不可控性

配送成本中有许多是物流管理部门不可控制的。例如，保管费用中包含了由于过多进货或过多生产而造成积压的库存费用，以及紧急运输等例外发货的费用。这些费用是物流部门不能控制的。

6.1.3　配送成本的构成

配送成本虽然发生范围广泛，内容复杂，但为便于对物流配送成本进行有效的管理，企业可以根据核算和管理的不同需要，采用不同的分类。常用的分类方法有：

1）按配送功能分类

配送成本按配送功能可分为运输成本、储存成本、流通加工成本、包装成本、装卸搬运成本等。

（1）运输成本。

在企业所有物流配送活动中，运输活动实现商品的空间价值，是重要的物流配送功能，而且也是最主要的物流配送成本之一。运输成本主要包括：①人工费用，如工资、奖金、福利费、补贴等；②运营费用，如运输车辆的折旧费、维护费、养路费、过路过桥费、保险费、油料费、车辆配件费等；③其他费用，如咨询费、市场信息费、有关的罚款支出等。

（2）储存成本。

在企业所有物流配送活动中，储存活动实现商品的时间价值，也是重要的物流配送功能，而且其成本也是最主要的物流配送成本之一。储存成本主要包括：①储存设施设备成本，如用于商品物流配送活动的配送中心、分拣设备、传输设备等的折旧费、维护费；②储存商品的特有成本，如企业在必要的短暂的商品储存过程中所发生的商品短缺损失、毁损损失、商品降价损失、所占用资金的利息费用等；③储存商品的维护费，如企业在商品储存过程中对商品所进行的养护、保养、整理分拣、倒垛等费用。

（3）流通加工成本。

由于竞争压力，企业为了降低成本，不得不扩大规模，连续地、大批量地生产同一种商品。但这种生产方式又同顾客日益个性化、多样化和差异化的需求相矛盾，所以在商品流通过程中的流通加工活动便应运而生。流通加工是物流配送过程中一项有特殊意义的活动，即在商品从生产者向消费者转移的过程中，为了促进销售，更好地满足市场的需要，实现物流配送的高效益所采取的完善商品功能的一种对商品的简单加工。流通加工成本主要包括：①流通加工设备成本，如流通加工过程中所使用的各种设施设备、加工机械的折旧费、维护费；②流通加工的人工成本，如商品在加工过程中所发生的管理人员、技术人员、操作人员的工资、奖金、福利费等费用；③流通加工材料成本，如在商品流通加工过程中所消耗的各种辅助性材料费及包装材料费等；④其他加工成本，如在流通加工中所发生的水电费、蒸汽费、燃料费、油料费等。

（4）包装成本。

包装环节既是生产活动的终点也是物流活动的起点，包装活动所发生的费用因商品的性质不同而异。包装的目的要么是便于商品的装卸搬运，要么是促进商品的销售，但都是为了降低物流配送成本，提高物流配送效益，促进商品价值的快速转移。包装成本主要包括：①包装材料成本，如包装活动中发生的纸张、木材、金属、陶瓷、玻璃、合成纤维及各种包装袋费用等；②包装机械成本，如包装机械所发生的折旧费、维护费，低值易耗品的摊销费等；③包装技术成本，它是指包装过程中所使用技术的开发费用或转让费用或有偿使用费用等；④包装人工成本，它是指包装过程中所发生的管理人员、技术人员、操作人员的工资、奖金、福利费等费用。

（5）装卸搬运成本。

装卸搬运是发生在小范围内的商品移动，是各项物流配送活动的黏合剂，发生频繁，在物流配送成本的控制上，应尽可能地减少装卸搬运的次数。装卸搬运成本主要包括：①人工费用，如工人工资、福利费、奖金、补贴等；②营运费用，如固定资产折旧费、维修费、能源消耗费、材料费等；③装卸搬运合理损耗费用，如装卸搬运中发生的货物破损、散失、损耗、混合等引起的费用；④其他费用，如保险费、相关税金等。

2）按配送费用支付形态分类

（1）材料费。它是指配送活动中发生的各种物料费用，如燃料费、低值易耗品消耗、劳动保护用品消耗等。

（2）人工费。它是指配送活动开展过程中管理人员、作业人员的工资、奖金、福利费、劳动保护费、医疗费、员工业务培训费等。

（3）固定资产折旧费。它包括企业的配送中心、其他建筑物、机械设备、各种车辆、在使用的船舶、装卸搬运设施设备等的折旧费。

（4）管理费。它包括企业所发生的差旅费、办公费、会议费、董事会会费、资料费、审计费等。

（5）公益费。它包括企业接受社会公益服务而支付的费用，如水电费、取暖费、绿化费和防汛费等。

（6）财务费用。它是指企业因生产经营需要而发生的流动资金贷款利息和为购建固定资产借入款项在固定资产竣工交付使用后所发生的利息。

（7）委托物流配送费。它是指企业有些自己不能完成或在经济上不合理的配送活动，交由第三方物流企业完成，为此而支付的费用，也叫外包物流配送费。

3）按配送活动发生过程分类

（1）采购过程中发生的成本费用，如订货费、装卸搬运费、运输费等。

（2）分拣整理费，主要包括配送分拣过程中发生的分拣人工费和分拣设备费用。

（3）储存费用，主要包括商品在储存过程中发生的资金占用所产生的利息和储存设施的折旧费及维护费。

（4）包装费，主要包括包装材料费、设备使用费、包装技术使用费和人工费。

（5）配装费用，主要包括配送环节发生的材料费、装卸机械费用和人工费。

（6）流通加工费，主要包括流通环节发生的设施设备折旧费、使用费、材料费及人工费。

（7）送货费，主要包括送货过程中发生的运输费及过路过桥费等。

4）按配送成本的发生额与配送业务量的关系分类

上述物流配送成本的分类方法，只能反映物流配送成本的基本构成，揭示配送成本的实际形成过程，从而在一定程度上有助于了解配送成本发生的具体情况，分析成本升降的原因和寻求降低配送成本的途径。但是，上述各种配送成本分类方法对于配送成本的事前规划和控制，以及将配送成本信息有效地应用于企业经营决策过程，更好地加强企业内部管理、提高经济效益、提供咨询服务等方面，却不能发挥其应有的作用。为此，企业必须在其以外，按成本与业务量的关系进行分类。物流配送成本按其同业务量的关系可分为以下三类：

（1）固定成本。

固定成本是指即使业务量在一定限度内发生增减变动，其总额始终保持不变的有关成本。如企业的配送设施设备、运输工具、搬运装卸机械的折旧费（按直线法提取折旧时），管理人员工资，办公费等，就是固定成本。作为固定成本，只要业务量不突破某一特定范围，其数额将会稳定在某一既定的水平上，也就是在特定范围内，不随业务量的增加而增加，也不随业务量的减少而减少的那部分成本。

固定成本的主要特点是：①在一定范围内，总额不受业务量变动的影响；②在一定范围内，随着业务量的增加或减少，单位固定成本将随之降低或提高。

企业在一定时期内的固定成本还可进一步划分为"约束性固定成本"和"酌量性固定成本"。约束性固定成本也叫经营能力成本，是指同企业经营能力的形成及正常维护相联系的固定成本，如配送设施设备、运输工具、搬运装卸机械的折旧费，保险费，管理人员工资等。这类成本的发生及数额的多少，直接受到企业已经形成的物流配送能力的影响，在较短时期内不会轻易改变。酌量性固定成本也叫随意性固定成本，是指企业高层管理者按照经营方针和经营战略的要求，经确定未来某一期间的预算额所形成的有关固定成本，如开发研究费用、广告宣传费、职工培训费等。这类成本的发生及数额的多少，要服从于企业不同期间物流配送活动的实际需要，取决于管理者本人对不同费用项目的认识。因而，它可伴随经营方针的改变而相应改变，只能在某一特定的预算期间发挥效用。

（2）变动成本。

变动成本是指随着物流配送业务量的增减变动，其总额也将发生正比例变动的有关成本。直接材料费、燃料费、直接人工工资、包装费等，就是变动成本。这就是说，作为变动成本，只要业务量发生某种变动，其数额也要随之发生某种变动，而且变动的方向和幅度都与业务量相同。

变动成本的主要特点是：①变动成本发生总额直接受到业务量变动的影响；②单位变动成本不因业务量变动而发生相应的变动，其数额将始终保持在某一特定的水平上。

（3）混合成本。

混合成本是指随着业务量的增减变动，其总额将发生同方向但不成比例的变动。企业所发生的设备维修费、检验人员工资等，就是混合成本。混合成本可以进一步分为半固定成本和半变动成本。

6.1.4　配送成本的核算

配送成本的核算是指通过会计方法对物流配送过程中发生的成本费用，进行确认、计量、记录，确定其总成本和单位成本的一项价值管理活动。

1）配送成本核算的重要意义

（1）通过配送成本的核算，可以了解企业配送成本发生及形成过程，有利于企业有针对性地开展配送成本的控制。

（2）通过配送成本的核算，可以了解配送成本的构成情况，便于企业进行配送成本的分析。

（3）通过配送成本的核算，有利于企业掌握总配送成本和单位配送成本，便于企业合理、科学地制定配送服务价格。

2）配送成本的核算对象

配送成本的核算对象就是企业开展配送活动中，成本费用的受益对象，也就是成本费用的承担者。企业在确定配送成本核算对象时应结合配送成本发生的特点、核算的目的和要求。一般来说，物流配送成本的核算对象有以下几种：

（1）以某一客户作为核算对象。这种核算方式有利于企业对客户进行有效的分类，便于客户的分类管理，同时还有利于了解企业为每个客户所发生的成本与收取的客户服务价格之间的关系。

（2）以配送商品作为核算对象。这种核算方式可以让企业了解其所经营的每种商品的盈亏情况，便于企业调整其经营结构。

（3）以某一配送服务业务部门为核算对象。例如，把采购、分拣、流通加工、仓储、运输送货等部门作为配送成本的归集对象，有利于对每个部门的绩效进行考核、评价，加强责任管理。

（4）以某个服务区域为核算对象。例如，企业对于它的服务范围按省、经济区域、市（县）等作为核算对象，便于企业确定各区域的损益情况，有利于企业的业务布局及对派往各区域的负责人的考核。

（5）以某一主要设施设备为核算对象。这种核算方式可以让企业了解每种设施设备的投资收益情况。

（6）以支付形态为核算对象。例如，以企业发生的材料费、人工费、燃料费、办公费等为核算对象，可以了解配送成本的构成情况，便于企业挖掘降低配送成本的潜力。

3）配送成本的核算方法

从配送过程各环节的角度，配送成本是由各个环节的成本组成。其计算公式如下：

配送成本=运输成本+分拣成本+配装成本+流通加工成本

需要注意的是，在进行配送成本核算时要避免成本重复交叉。

（1）运输成本的核算。

运输成本的核算，是指将配送车辆在配送生产过程中所发生的费用，按照规定的配送对象和成本项目，计入配送对象的运输成本项目中的方法。

①运输成本的数据来源。

A.工资及职工福利费。根据"工资分配汇总表"和"职工福利费计算表"中各车型分配的金额计入成本。

B.燃料。根据"燃料发出凭证汇总表"中各车型耗用的燃料金额计入成本。配送车辆在本企业以外的油库加油，其领发数量不作为企业购入和发出处理的，应在发生时按照配送车辆领用数量和金额计入成本。

C.轮胎。轮胎外胎采用一次摊销法的，根据"轮胎发出凭证汇总表"中各车型领用的金额计入成本；采用按行驶胎公里提取法的，根据"轮胎摊提费计算表"中各车型应负担的摊提额计入成本。发生轮胎翻新费时，根据付款凭证直接计入各车型成本或分期摊销。内胎、垫带根据"材料发出凭证汇总表"中各车型成本领用金额计入成本。

D.修理费。辅助生产部门对配送车辆进行维护和修理的费用，根据"辅助营运费用分配表"中分配给各车型的金额计入成本。

E.折旧费。根据"固定资产折旧计算表"中按照车辆种类提取的折旧金额计入各分类成本。

F.养路费及运输管理费。配送车辆应缴纳的养路费和运输管理费，应在月终计算成本时，编制"配送营运车辆应缴纳养路费及管理费计算表"，据此计入配送成本。

G.车船税、行车事故损失和其他费用。如果是通过银行转账、应付票据、现金支付的，根据付款的相关凭证等直接计入有关的成本；如果是在企业仓库内领用的材料物资，根据"材料发出凭证汇总表""低值易耗品发出凭证汇总表"中各车型领用的金额计入成本。

H.营运间接费用。根据一定的营运间接费用分配方式计入有关配送车辆成本。

②运输成本计算表（表6-1）。

表6-1　　　　　　　　　　　**运输成本计算表**

编制单位：　　　　　　　　　　年　　月　　　　　　　　　　金额单位：元

项目	计算依据	配送车辆合计	配送营运车辆			
			A车辆	B车辆	C车辆	D车辆
1.车辆费用						
工资						
职工福利费						
燃料						
轮胎						
修理费						
折旧费						
养路费						
车船税						
运输管理费						
行车事故损失						
其他费用						
2.营运间接费用						
3.运输总成本						
4.周转量/千吨千米						
5.单位成本（元/千吨千米）						
6.成本降低率（%）						

物流配送企业月末应编制运输成本计算表，以反映配送总成本和单位成本。

运输总成本是指成本计算期内成本计算对象的成本总额，即各个成本项目金额之和。单位成本是指成本计算期内各成本计算对象完成单位周转量的成本额。

各成本计算对象计算的成本降低额，是指用配送成本的上年度实际单位成本乘以本期实际周转量计算的总成本，减去本期实际总成本的差额。它是反映该运输成本由于成本降低所产生的节约金额的一项指标。

按各成本计算对象计算的成本降低率，是指运输成本的降低额占上年度实际单位成本乘以本期实际周转量计算的总成本的百分比。它是反映运输成本降低幅度的一项指标。

各成本计算对象的降低额和降低率的计算公式如下：

成本降低额＝上年度实际单位成本×本期实际周转量－本期实际总成本

$$成本降低率=\frac{成本降低额}{上年度实际单位成本 × 本期实际周转量}×100\%$$

（2）分拣成本的核算。

分拣成本是指分拣机械及人工在完成货物分拣过程中所发生的各种费用。

①分拣成本的数据来源。

A.工资及职工福利费。根据"工资分配汇总表"和"职工福利费计算表"中分配的金额计入分拣成本。

B.修理费。辅助生产部门对分拣机械进行维护和修理的费用，根据"辅助生产费用分配表"中分配的金额计入分拣成本。

C.折旧费。根据"固定资产折旧计算表"中分拣机械提取的折旧金额计入成本。

D.其他费用。根据"低值易耗品发出凭证汇总表"中分拣领用的金额计入成本。

E.分拣间接费用。根据一定的分拣费用分配方式计入分拣成本。

②分拣成本计算表（表6-2）。

表6-2　　　　　　　　　　　　　　**分拣成本计算表**

编制单位：　　　　　　　　　　年　　　月　　　　　　　　　　　　单位：元

项目	计算依据	合计	分拣品种			
			产品甲	产品乙	…	…
1.分拣直接费用						
工资						
职工福利费						
修理费						
折旧费						
其他费用						
2.分拣间接费用						
3.分拣总成本						

（3）配装成本的核算。

①配装成本的数据来源。

A.工资及职工福利费。根据"工资分配汇总表"和"职工福利费计算表"中分配到配装成本的金额计入成本。

B.材料费。根据"材料发出凭证汇总表"、"领料单"及"领料登记表"等原始凭证中配装耗用的金额计入成本。直接材料费用中，材料费用数额是根据领料凭证汇总编制"耗用材料汇总表"确定的；在归集直接材料费用时，凡能分清某一成本计算对象的费用，应单独列出，以便直接计入该配装对象的成本计算单中；属于几个配装对象共同耗用的直接材料费用，应当选择适当的方法，分配计入各配装成本计算对象的成本计算单中。

C.辅助材料费。根据"材料发出凭证汇总表""领料单"中的相关金额计入成本。

D.其他费用。根据"材料发出凭证汇总表""低值易耗品发出凭证"中配装领用的金额计入成本。

E.配装间接费用。根据一定的配装间接费用分配方式计入配装成本。

②配装成本计算表（表6-3）。

表6-3　　　　　　　　　　　　配装成本计算表

编制单位：　　　　　　　　　　年　　月　　　　　　　　　　单位：元

项目	计算依据	合计	配装品种			
			产品甲	产品乙	…	…
1.配装直接费用						
工资						
职工福利费						
材料费						
辅助材料费						
其他费用						
2.配装间接费用						
3.配装总成本						

物流配送企业月末应编制配送环节配装成本计算表，以反映配装过程发生的成本费用总额。

（4）流通加工成本的核算。

①流通加工成本的数据来源。

A.直接材料费用。直接材料费用中，材料和燃料费用数额是根据全部领料凭证汇总编制的"耗用材料汇总表"确定的；外购动力费用是根据有关凭证确定的。在归集直接材料费用时，凡能分清某一成本计算对象的费用，应单独列出，以便直接计入该加工对象的成本计算单中；属于几个加工成本对象共同耗用的直接材料费用，应当选择适当的方法，分配计入各加工成本计算对象的成本计算单中。

B.直接人工费用。计入成本中的直接人工费用的数额，是根据当期"工资结算汇总表"和"职工福利费计算表"来确定的。"工资结算汇总表"是进行工资结算和分配的原始依据。它是根据"工资结算单"按人员类别（工资用途）汇总编制的。"工资结算单"应当依据职工工作卡片、考勤记录、工作量记录等工资计算的原始记录编制。"职工福利费计算表"是依据"工资结算汇总表"确定的各类人员工资总额，按照一定的比例计算后编制的。

C.制造费用。制造费用是通过设置制造费用明细账，按照费用发生的地点来归集的。制造费用明细账按照加工生产单位开设，并按费用明细项目设专栏组织核算。流通加工制造费用表的格式可以参考工业企业的制造费用表的一般格式。由于流通加工环节的折旧费用、固定资产修理费用等占成本比例较大，其费用归集尤其重要。

②流通加工成本计算表（表6-4）。

表6-4 **流通加工成本计算表**

编制单位： 年 月 单位：元

项目	计算依据	合计	流通加工产品			
			产品甲	产品乙	…	…
直接材料费用						
直接人工费用						
制造费用						
合计						

物流配送企业月末应编制流通加工成本计算表，以反映配送总成本和单位成本。

6.1.5 影响配送成本的因素

1）与产品相关的因素

（1）货物的数量和重量。

货物的数量和重量增加虽然会使配送作业量增加，但大批量的作业往往使配送效率提高。因此，大多数配送活动中存在着规模经济，每单位数量或重量的配送成本随货物数量与重量的增加而减少。

（2）货物的种类及作业过程。

不同种类的货物配送难度不同，对配送作业的要求不同，承担的责任也不一样，因而对配送成本会产生较大幅度的影响。采用原包装配送的成本显然要比配装配送成本低，因此不同配送作业过程，直接影响到配送成本的高低。比如，配送新鲜果蔬或药品，对温度要求很高，需要冷藏冷冻设施与装备，因此必须增加冷藏冷冻设施与装备或者改进技术，控制温度，保证货物的质量不发生变化，这样就增加了保鲜的成本，从而增加了配送成本。

（3）外部成本。

配送经营有时要使用配送企业以外的资源并支付相关费用，如当地的路桥收费、起吊设备的租赁等，这些也会影响配送成本。

2）与市场相关的因素

（1）时间。

配送时间越长，占用配送中心的固定成本越高。然而，这种成本往往表现为机会成本，具体表现为配送中心不能提供其他配送服务，收入减少；或者表现为配送中心在其他服务上增加成本。

（2）距离。

距离是影响配送成本的主要因素。距离越远，配送成本就越高，同时造成配送中运输设备的增加和送货员工的增加。

案例精析 6-1

城市配送的"最后一公里"

北京市物流协会专门作了一个调查，发现蔬菜从批发市场到零售市场的最后一公里，流通成本比从山东拉到北京的 1 000 公里费用还要高出 150%。而这些费用无一例外全都摊入商品价格，转嫁到消费者身上。

"最后一公里"的城市配送成本高，是一个不争的事实，也是一个尴尬的事实。就在老百姓把菜价的高涨算在配送企业的头上时，配送企业也有苦难言。

有人总结了中国城市配送目前存在的诸多问题，包括缺少物流智能化、信息化、机械化设备，缺少相应的货物装卸集散地，缺少专业配送平台等。而德利得运营总监恽绵却认为，通行难是摆在物流配送企业面前的首要问题。

大部分城市对货车进城都有严格的区域限制和时间限制，特别是在大型商业聚集区和重要物流节点，配送运输通道不通畅，拥堵现象突出。"由于限行、限时和临时的交通管制和接货地点设施等因素的影响，货车基本上不能进入城市中心区，配送企业只能把一个厢式货车的货物化整为零，用面包车运输。"众诚一家总经理赵明坦言，虽然知道面包车载货是违法的，但使用面包车拉货也实属无奈之举。"一方面是因为货车通行问题，另一个方面也受到收货方网点位置的限制。服装门店大多处于中心商业区，接货地点多为地下车库，而由于限制高度，厢式货车根本无法进入，只能使用面包车。目前许多商业节点的设计只考虑到人流的因素，而忽视了物流的存在。商业设施周边因缺少收货区，使得送货车辆无处停靠，引起交通拥堵的现象时有发生。这里除了最初规划未考虑到物流因素之外，当然也存在企业收货效率问题，这在零售行业尤为突出。"

有数据表明，国内商品从出厂到消费者手中这段时间，90%以上都用在仓储、运输、包装、配送等环节上。由此可见，对货车的种种限制，在很大程度上导致了物流效率低下，而且大大增加了时间成本、财务成本等流通成本，势必推动物价畸高，成为百姓不能承受之重。

资料来源　刘光琦. 如鲠在喉的"最后一公里"[J]. 中国储运，2012（5）.

精析："最后一公里"问题增加了企业的配送成本。破解"最后一公里"难题，行业的发展，企业的努力固然重要，物流环境改善也是一剂不可或缺的治本良药。

6.2 配送服务与配送成本

6.2.1 配送服务与配送成本之间的二律背反

对于配送服务水平，过去曾有人提出把"在任何时间、任何地点、任何数量上都满足顾客的要求"作为服务标准，这样的服务标准确实很高，只能在不考虑成本的前提下才能办到。从管理的角度来看,这是一种"无原则"的服务标准,既不现实又不可取。而另一种倾向则是不管生产和购销的要求,一味追求最低成本,如为了大批量集中送货,以降低运输费用,而不考虑顾客的需要,延长送货时间,结果产生缺货成本,影响企业信誉。这种以牺牲企业以后的利益而换来的低成本同样毫无意义,是管理上的本末倒置。

如前所述,配送的各项活动之间存在二律背反。其实在配送成本与配送服务之间也存在二律背反问题:第一,一般来说,提高配送服务,配送成本即上升,成本与服务之间受收益递减法则的支配;第二,处于高水平的配送服务时,成本增加而配送服务水平不能按比例相应提高,如图6-1所示。

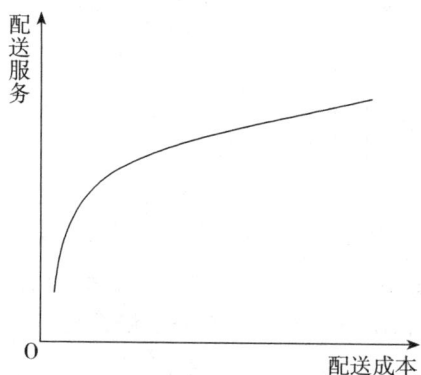

图6-1 配送服务与配送成本之间的二律背反

那么在管理中如何正确处理和协调这两者之间的关系呢?管理者在抉择时应注意权衡利弊,用综合的方法来求得两者之间的平衡。此时,可以通过考察配送系统的投入产出比,来对配送系统的经济效益进行衡量和评价。配送系统中的投入就是所说的配送成本,而配送系统的产出就是配送服务。以最低的配送成本达到所要求的配送服务水平,这样的配送系统就是一个有效率的系统。

6.2.2 配送成本与配送服务的分析

1) 配送系统的产出——物流服务

配送作为物流系统的终端,直接面对服务对象,其服务水平的高低直接决定了整个物流系统的效益。

理想的配送服务水平要求达到6R,即适当的质量(Right Quality)、适当的数量(Right Quantity)、适当的时间(Right Time)、适当的地点(Right Place)、适当的印象(Right Impression)、适当的价格(Right Price)。衡量服务水平的具体标准由以下若干因素组成:第一,服务的可靠性。可靠的服务内容包括:①商品品种齐全,数量充足,保证供应;②接到客户订货后,按照要求的内容迅速提供商品;③在规定的时间内把商品送到需要的地点;④商品送到时,保证数量准确,质量完好。第二,缺货比率。第三,订货周期的长短。第四,运输工具及运输方式的选择。第五,特殊服务项目的提供。第六,免费服务。

配送活动通过提供高水平、高标准的服务,可以满足企业销售需要,争取更多的顾客,从而扩大企业的销售,但同时也产生了较高的成本。

2) 配送服务与配送成本的关系

前面已经介绍过,配送服务水平与配送成本之间存在着二律背反的关系。一般来说,顾客的要求是多种多样和不断变化的，比如有的客户要求订货后立即送货；有的顾客要求很小的送货批量；有些客户要求送货的批量小、频率高。如果完全按照这些要求来运作，从成本的角度考虑是很不经济的。

配送服务与配送成本的关系，具体来说可表述为以下4个方面：

（1）在配送服务不变的情况下，考虑降低配送成本。不改变配送服务水平，通过改变配送系统来降低配送成本，是一种追求效益的办法，如图6-2所示。

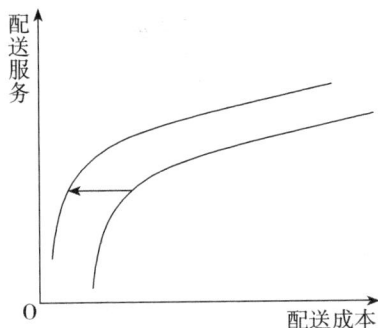

图6-2　配送服务水平不变，配送成本降低

（2）在配送成本不变的情况下提高配送服务质量，是一种追求效益的办法，也是一种有效地利用配送成本特性的办法，如图6-3所示。

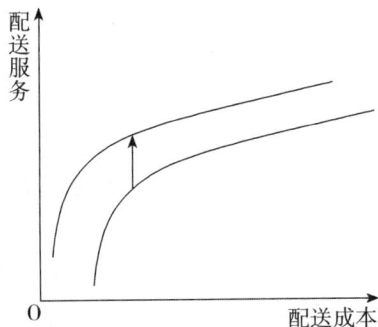

图6-3　配送服务水平提高，配送成本不变

（3）为提高配送服务水平，不惜增加配送成本，是企业在面向特定顾客或其特定商品面临竞争时，所采取的具有战略意义的做法，如图6-4所示。

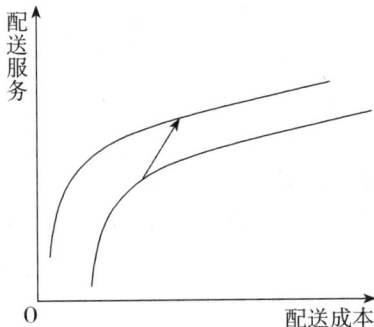

图6-4　配送成本增加，配送服务水平提高

（4）用较低的配送成本，实现较高的配送服务水平，是增加销售、增加效益、具有战略意义的办法，如图6-5所示。

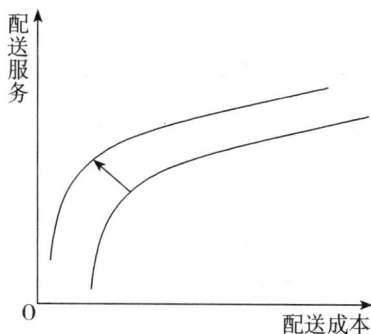

图6-5 配送成本降低，配送服务水平提高

企业在决策中究竟应如何做出选择和取舍呢？下面先看一个家用电器行业的例子。日本的家用电器行业在第一次石油危机之前的高速增长时期，每天向销售店配送2～3次货物，接近了"不管什么时候，都马上送达"这种相当高的服务水平。

可是，石油危机后，由于燃料价格高涨，原来的这种高水平服务无法进行下去，于是征得销售店同意后，改为每天送货1次。结果，配送卡车装载率从过去的50%左右一举增至80%以上，从而使配送费用下降近30%。仅服务水平这一点点改变，就引起了配送效率的巨大变化。从这一点来看，企业在决定配送服务水平时必须慎重。

在服务和成本之间，首先应该肯定服务是第一位的，是前提条件。因为就物流配送的职能来讲，就是要提供满足购销活动所需要的服务，使服务达到一定水平，这是配送管理的第一使命。与此同时，以尽可能低的配送成本达到这种服务水平，则是配送管理的第二使命，所以"首先是服务，其次是成本"。

既然服务是第一位的，企业该如何确定其适当的服务水平呢？相对于前述"无原则"的服务标准，企业要确定的是有原则的服务标准。具体来说，企业要确定的就是确定了下述条件后的服务水平：订货是任何时间都接受呢，还是只在规定的时间内接受？订货数量是一件也订，还是规定最低订货数量？此外，当天订货，限定什么时候交货？送货服务达到什么水平？如此等等。总之，在制定服务标准时必须站在客户的角度，了解客户真正需要的是什么。另外，制定的服务标准要明确可行，并且由企业经营总目标所决定。

一般来说，企业用来确定配送服务水平的方法主要有以下三种：

①销售竞争所需要的服务水平。根据竞争需要确定适宜的服务水平，既可以采用竞争对手所确定的服务水平或略高于竞争对手的服务水平，也可以根据实际需要以比竞争对手高得多的服务水平去竞争，以牺牲眼前利益的代价去获取长远利益。

②在增加成本与销售额之间进行权衡抉择，抉择的原则是保证最大限度的利润。配送服务水平的提高对企业的影响是有两面性的：增加销售收入的同时提高了配送成本。这种服务水平的提高对于企业是否适宜，评价的方法是将由此增长的销售额与增加的成本相比，考察企业的盈利状况。

③随着配送服务水平的提高，配送成本中有一部分会随之上升，也有一部分不受服务水平提高的影响。如果配送服务水平提高所带来的收益额不小于因服务水平提高而增加的成本额，这种服务水平的确定或调整是适宜的。

案例精析 6-2

可的如何降低配送成本，改善配送服务

可的便利店有限公司（以下简称"可的"）是上海最大的连锁便利公司之一，网点遍布上海市、浙江省和江苏省等地。可的在 2004 年就已拥有门店 1 300 家，年营业额达到 20 亿元。

可的物流中心负责提供可的的所有物流配送服务，因为可的门店发展速度较快，对物流中心的配送要求也就越来越高。首先是配送门店数量多达 1 000 多家且地理范围广，遍布上海和江浙地区的 15 个城市；其次是出货金额高，每天约为 200 万元并且出货数量大，每天高达 2 万箱左右。此外，可的物流配送的拆零比率大，有 85% 的商品需拆零配送，同时送货时效要求也特别高，需 24 小时内送达，至少要达到一天一配。

尽管可的针对自身物流的特点进行了不断的尝试，但还是为其在物流方面的几个关键业绩指标（KPI）（如库存周转率、分拣错误率、分拣速度、库存损耗率等）的"成长"而感到困惑。伴随而来的是配送服务质量下降，配送成本增加。

2005 年 3 月开始启用的可的新物流中心，采用了一系列新技术和新方法。

在新技术方面，可的新物流中心采用了海鼎仓库管理系统，支持单据和无线手持终端两种作业方式。能做到优化仓库货品货位布局、自动分拣复核、自动装车管理、动态存储管理、自动收货管理、先进先出管理，以及抽样盘点、退货扫描、方便的基本资料输入等。配备的无线射频手持终端，用于整箱收货、整箱盘点和拆零分拣的复核。引入的计算机辅助拣货系统，以一连串装于货架格子上的电子显示装置取代拣货单，指示应拣取之物品及数量，辅助拣货人员作业，减少目视寻找的时间，不仅降低了拣错率，还大幅度提高了效率。

在新技术广泛应用的基础上，可的新物流中心实现了多种先进的物流管理方法，如 ABC 仓库管理方法、先进先出管理、业务流程重组、动态存储与动态盘点管理、自动复核、自动装车管理等，大幅提高了物流效率。据了解，目前可的库存周转已达到了 5.8 天，即 63 转/年，带来的效益可想而知。

新技术在物流体系中的应用带来了巨大的转变，据可的测算，可的物流对一家门店的分拣速度由原来的 90 秒缩短到现在的 40 秒；配货时间由 24 小时减至 12 小时；而拣货人员却由原先的 40 人降为 20 人，大大降低了人力成本；同时，拣货差错率降到了 0.02%，复核率高达 100%；此外，根据电子地图计算出每次出车的最佳线路，缩短配送路程 20%，而自动计算装车容量和体积也使得车辆装载利用率提高 15%；仓库存储空间利用率也有较大提高，由过去的平面储存改为立体储存，并且实现了动态存储管理……

便利门店的库存面积一般都很小，为了减少商品缺货损失及由此引起的对门店形象的影响，便利企业物流配送在考虑配送成本的前提下，一般都遵循小量、多批次配货的原则。一天一配是最基本的配货模式。但不同门店在不同时段对配货的需求有所差异。24 小时配货到位并不能完全满足门店需求，因此物流配送应该支持门店根据销售情况，一天多次提出配货需求。

在新物流中心建成之后，可的门店由原来的一天一次发送配货请求，调整为门店根据

当天实际销售情况每天多次发送配货请求。这些请求通过网络，实时传送到可的物流中心仓库管理系统与计算机辅助拣货系统，物流中心可即时为这些请求进行配货，然后配送到门店。每天配货请求次数增加，使得门店配货数量更贴近消费者实际需求数量，既有效地避免了门店库存的增加，也有效地减少了因订货数量少而产生的缺货现象。

资料来源　佚名. 便利店竞争 赢在高效物流配送［EB/OL］.［2017-11-01］. http://www.chinawuliu.com.cn/xsyj/200511/01/135217.shtml，有删改。

精析：便利店的物流是典型的"拆零配货"型，有着极强的便利特色，如店铺多而分散、拆零量大、配货要求及时、分拣速度要快。随着便利店从小范围到大规模的扩大，物流中心的能力要能跟着延展。否则，就会如同可的先前一样，面临着配送服务质量下降和配送成本上升的双重难题。可的新物流中心主要通过采用新技术和新方法，加快库存周转和分拣速度，缩短配货时间，裁减拣货人员，降低拣货差错率，提高车辆装载利用率等，大大降低了物流配送成本，同时也提高了配送服务质量，满足了门店的一天多次配货需求。

6.3 配送成本的控制

对配送成本的控制就是在配送的目标（即满足一定的顾客服务水平与配送成本）之间寻求平衡，在一定的配送成本下尽量提高顾客服务水平，或在一定的顾客服务水平下使配送成本最小。对配送成本的控制，可以采用以下的方案。

6.3.1　导入目标成本管理

对于配送中心经营的总目标，从表面上看，可能是以更高的服务质量且更低的成本完成向各个顾客的配送。但这只是管理上的目标，还应从更深层次去分析，即从财务会计的角度去分析，并且导入目标成本管理，设定一些具体指标，如成本、现金流量、净投资回报率、库存、净利润等分目标来进行具体的控制。其要点如下：

1）这些目标之间存在"二律背反"现象

在同一技术水平下，为了满足这些目标中的一些目标，必须牺牲其他目标，但随着高科技的发展，通过使用先进的信息技术和创造性的网络设计，对其他目标的影响在减小。

2）实现这些目标时，要以总目标"经济效益"为基准

降低库存成本、流通加工成本和运输成本，通常是以牺牲对顾客的服务和提高供应商的库存成本、运输成本为代价的。可能会出现配送中心的成本、费用在减少，商品周转率、资金周转率在加快，但与此同时供应商所提供的商品的价格在上升，来自顾客的埋怨越来越多，顾客似乎正在萎缩，接着配送中心运营甚至面临困境。因此，配送中心在运营中，应在成本和服务之间作出权衡，结合自身能力对先进的信息技术加以引进，同时在设计目标成本时，利用这些新技术使目标成本和服务共同迈上一个台阶。另外，现金流量对正常运营起着关键性的作用，在条件允许的情况下，配送中心要加快资金周转率，同时保持充足的现金流量，这样更有利于配送中心在竞争中降低成本，获得竞争优势。

3）把目标管理的重点放在控制影响成本降低的"瓶颈"因素

在很多时候，配送中心在许多方面的运营都是良好的，但往往受某一环节的制约而影响整个配送中心甚至整个供应链的成本降低。举个例子来看，配送中心的分拣速度慢，这一"瓶颈"导致配送中心的车辆闲置，顾客由于等待而造成缺货成本等。这是一个很普遍的现象，很多配送中心对此不加关注，而是采取尽量要求供应商加快供货速度、增加库存或增加仓管人员等措施。增加仓管人员也许会解决表面问题，可其他两种方法几乎无济于事，反而造成供应链其他环节的成本增加。其实如果深入分析，就会发现只要将发货单上的商品按货位号打印就能使分拣速度加快。目标管理要求配送中心的运营以总目标为准绳，对各个分目标进行有效的整合，同时结合各个时期的不同指导方针，对某些目标有所侧重。善于发现"瓶颈"因素，更有利于分目标的实现，很多时候"瓶颈"的消除会使总目标轻而易举地实现。

案例精析6-3

东方友谊食品配送公司如何降低配送成本

东方友谊食品配送公司（以下简称"东方友谊"）隶属于国有企业北京二商集团，集团旗下在北京拥有28万立方米容量的冷库，占北京市规模化公共冷库总量的70%。因此，冷库可以说是其最大的资源，依靠冷库出租就可以为二商集团带来巨大的利润。但是，东方友谊在2005年成立之时却选择了另外一条道路——定位于0℃～5℃的专业配送。事实证明，选择这个细分市场是正确的。公司第二年就做到盈亏平衡，每年以150%的速度成长。目前东方友谊的配送服务覆盖了北京700多家商超门店，成为北京市该领域实力最强的物流供应商。

据该公司副总经理袁浩宗介绍，物流公司所有的服务都是在质量和成本之间找到合理的平衡，关键是如何实现在合理的成本下提供高质量的服务，或者说在保证一定质量的条件下如何提供一个低成本的服务。

但是，这实际上很难平衡。前者是可控成本，考验的是物流公司本身运作、控制成本的能力。例如资产的利润，设备是自己买还是租的，短租还是长租，所有这些都会涉及成本的差异。例如自建一个冷库，初期成本高，每年折旧费也很高，而租的库还要分好库还是差库；车辆是自己买还是租，并且租车本身也有差异，租物流公司的车辆还是个体户的车辆等都有学问。我们现在配一部好车需要二十五六万元，差一点的十二三万元就可以了，再差点的十万元不到也可以办妥，这些成本都是可控的。

最难的是不可控的成本，在屡次竞标后发现，为什么有的公司报的成本会这么低，因为它们车辆的重复利用率很高，一些不可控成本控制得很好。城市配送里程利用率没有干线运输那么明显，一般有两个考查指标，第一是满载率，满载率关系到货物的收费标准，如果按照货物的价值计费，满载率越高，收益越好；而如果按照整车计费，则和货物满载率没有关系。第二是车辆的重复利用率，即频次，一天跑几趟。

公司刚成立的时候，车辆的重复利用率是1.2，也就是每天每辆车送1.2趟，作业的集中度较高，车辆和人员的运行作业时间基本集中在上午九点至中午十二点，其余的时间基本是处于闲置状态。

为了提高车辆的利用率，公司开发了在下午和晚上配送的互补性业务。这样车辆每天的重复利用率就达到了1.8，能够分摊很多成本，公司的综合成本也会下降。

资料来源　袁浩宗. 提升服务 在质量和成本之间找平衡——访东方友谊食品配送公司副总经理袁浩宗［J］. 物流技术与应用，2010（6）.

精析：影响配送成本的因素有很多，东方友谊食品配送公司将其分为可控成本与不可控成本，着重从设备购买与租赁决策、车辆购买与租赁决策、车辆的重复利用率等方面降低配送成本。

6.3.2　利用标准成本法控制配送成本

1）制定控制标准

成本控制标准是控制成本的重要依据，物流配送的成本标准应按实际的配送环节分项制定。不同的配送环节，其成本项目是不同的。在进行标准成本制定过程中要充分考虑各环节的实际情况。配送作业的成本控制标准和业务数量标准通常由技术部门研究确定；费用标准由财务部门和有关责任部门研究确定，同时尽可能吸纳负责执行标准的职工参加各项标准的制定，从而使所制定的标准符合实际配送活动的要求。

2）揭示成本差异

成本的控制标准制定后要与实际费用进行比较，及时揭示成本差异。差异的计算与分析也要与所制定的成本项目进行比较。

3）成本信息反馈

在成本控制中，成本差异的情况要及时反馈到有关部门，以便及时控制与纠正。

6.3.3　利用作业成本法控制配送成本

1）作业成本法在配送成本核算中的应用

作业成本法（Activity-Based Costing，ABC），即基于作业的成本核算方法，是指以成本动因理论为基础，通过对作业（Activity）进行动态追踪、确认和计量来核算成本的一种方法。它涉及五大核算要素：资源、资源动因、作业、作业动因和成本对象。其中资源是成本的源泉，包括人力、财力、物力资源；作业是一个企业内部工作的基本单元；成本对象是指需要对其进行成本计量和分配的项目；资源动因是分配作业所耗资源的依据；作业动因是分配作业成本到各成本对象的标准。

每个配送企业的业务类别、经营范围差别很大，各个配送系统所具备的功能不同，在配送过程中发生的作业及消耗的资源也不一样，因此应用作业成本法核算企业配送成本时必须结合本企业的实际情况。以下假定所研究的配送系统具备完整的配送功能，应用作业成本法核算配送成本分为下列几个步骤：

第一，界定企业配送系统中的具体作业。一个完整的配送系统具有备货、储存、分拣及配货、配装、配送运输、送达以及配送加工等功能要素，每一项功能都要由相应的配送活动来承担，因此一个完整的配送系统主要包括运输、储存保管、包装、装卸、分拣及配货、流通加工、信息处理和配送管理等多项基本活动。

第二，确定企业配送系统中涉及的资源。根据作业成本法"作业消耗资源并导致成本的发生"的基本原理，以上的配送活动要消耗如下的资源：工资、材料费用、机械费用、车辆相关费用、维护保养费、固定资产折旧费、低值易耗品的摊销、修理费、装卸费、信息处理相关费用及配送管理相关费用等。

第三，确认资源动因，建立作业成本库。在界定配送系统中涉及的资源的基础上，确认资源动因，将资源分配到作业，开列作业成本单，归集作业成本库成本。

第四，确认作业动因，将发生的成本分配给成本对象。根据成本对象对作业的消耗，将成本分配给各成本对象，计算成本对象的成本。具体计算方法：当成本归集到各作业中心的作业成本库后，应按作业动因及作业成本额计算出作业成本的分配率，并按不同成本对象所消耗的作业量的多少分配作业成本，最终计算出成本对象应承担的作业成本。

作业成本分配率的计算公式为：

某项作业成本分配率=该作业成本总额÷该作业的成本动因量化总和

某成本对象应承担的某项作业成本分配额计算公式为：

某成本对象应承担的某项作业成本分配额=该成本对象消耗某作业量总和×该项作业成本分配率

配送系统中存储保管作业对资源的消耗与存储商品的数量、单位商品的体积大小、所需的存储条件、存储设施的租金价格或建设成本等相关，其中存储商品数量为主要因素，所以一般选择库存量为作业动因；装卸费的多少与作业对象的性质、性状和批量大小相关，选择装卸量为作业动因；影响运输费用的主要因素有运输工具的选择、运输距离的长短和运输时间间隔的长短等，其作业动因可以考虑选择行驶里程数；信息处理费取决于信息量大小，所以订单量可以作为信息处理的作业动因。作业动因的选择对配送成本的准确性有很大影响，企业必须根据实际作业情况选择作业动因，把作业成本合理地分配到成本对象。

在确定了配送系统各作业的作业动因后，结合成本对象的作业消耗量，将作业成本分配到配送系统的各个成本对象，就可以计算出各成本对象的成本。最终的企业配送成本既是成本对象成本额之和，也是配送系统各个作业成本额之和。

2）配送成本分析及控制方式

应用作业成本法核算配送成本结果较为真实合理，同时，通过对配送系统中的所有成本对象及作业活动进行追踪分析，可以尽可能消除"不增值作业"，改进"增值作业"，优化"作业链"，促使损失、浪费减少到最低限度，最终达到提高企业盈利能力和增加作业价值的目的。

企业配送成本是成本对象成本额之和，通过配送成本的分析，可以了解各成本对象在配送成本中所占的比重，运用作业成本法找出关键的成本对象和次要的成本对象，针对不同的成本对象制定具体的成本控制措施，可以有效地控制配送成本。配送企业的成本对象可以是产品、顾客、部门、工程、作业等，如选择顾客为成本对象，运用作业成本法将配送企业的全部顾客分为A、B、C三类。属于A类的顾客，从顾客数看，只占全部顾客数的10%左右，而该类顾客的配送成本要占全部配送成本的70%左右。属于C类的顾客，从顾客数看，要占全部顾客数的70%左右，但是这类顾客的配送成本只占全部配送成本的10%左右。而B类顾客，则介于二者之间，从顾客数看，只占全部顾客数的20%左右，而该类顾客的配送成本要占全部配送成本的20%左右。显然A类顾客是企业的关键客户，对其配送成本要加强管理和控制。对B类顾客也应予以重视，对其配送成本进行常规管理。

企业配送成本也是配送系统各作业成本额之和，把作业作为成本对象进行配送成本分析，可以帮助了解哪些作业更耗成本，进一步找出阻碍物流实现合理化的症结所在，进而设定合理的作业物流成本目标，并通过改进作业管理，使配送成本更加合理化。一个完整的配送系统的配送成本由仓储保管、包装、装卸、分拣及配货、流通加工、运输、信息处理和配送管理等作业成本构成，如果将以上的作业成本按照金额由大到小的顺序排列，计算相应百分比，然后根据作业成本法的一般分类原则，找出关键作业，分析原因，就可以采取适当的措施降低关键作业成本。例如，降低运输费用的措施有确定合理的配送路线和进行合理的车辆配载等；降低储存保管费用的措施有加强配送的计划性、确定合理的库存等；降低装卸成本的措施有装卸对象的规格化和标准化等。

6.3.4　合理选择配送策略

1）混合策略

混合策略是指配送业务一部分由企业自身完成，另一部分则外包给第三方物流公司完成，即采用混合作业。合理安排企业自身完成的配送和外包给第三方完成的配送作业，能使配送成本最低。这种策略的基本思想是，尽管采用纯策略（即配送活动要么全部由企业自身完成，要么完全外包给第三方物流公司完成）易形成一定的规模经济，并使管理简化，但由于产品品种多变、规格不一、销量不等等情况，采用纯策略的配送方式超过一定程度不仅不能取得规模效益，反而还会造成规模不经济。而采用混合策略，合理安排企业自身完成的配送和外包给第三方物流企业完成的配送，能使配送成本最低。例如，美国一家干货生产企业为满足遍及全美的1 000家连锁店的配送需要，建造了6座仓库，并拥有自己的车队。随着经营的发展，企业决定扩大配送系统，计划在芝加哥投资700万美元再建一座新配送中心并配以新型的干货处理系统。董事会讨论该计划时，却发现这样不仅成本较高，而且就算配送中心建起来也还是满足不了需要。于是，企业把新增的配送业务外包给第三方完成，并在附近租用公共仓库，增加一些必要的设备，再加上原有的仓库设施，企业所需的仓库空间就足够了，总投资只需20万美元的设备购置费、10万美元的外包运费，加上租金，也远远没有达到700万美元。

2）差异化策略

差异化策略的指导思想是：产品特征不同，顾客服务水平也不同。按照产品的特点、销售水平来设置不同的配送作业，即设置不同的库存、不同的配送方式以及不同的储存地点。如果采用同样的配送作业则会增加不必要的配送成本。当企业拥有多种产品线时，不能对所有产品都按同一标准的顾客服务水平来配送，而应按产品的特点、销售水平来设置不同的配送作业，忽视产品的差异性会增加不必要的配送成本。

例如，一家生产汽车零配件的企业，为降低成本，按各种配件的销售量比重进行分类：A类配件的销售量占总销售量的70%以上，B类配件的销售量占20%左右，C类配件则为10%左右。对A类配件，公司在各销售网点都备有库存，B类配件只在地区分销中心备有库存而在各销售网点不备有库存，C类配件连地区分销中心都不设库存，仅在工厂的仓库才有存货。经过一段时间的运行，事实证明这种策略是成功的，企业的总配送成本下降了20%左右。

3）合并策略

合并策略包含两个层次：一个是配送方法上的合并；另一个则是共同配送。

配送方法上的合并是指企业在安排车辆完成配送任务时，充分利用车辆的容积和载重量，做到满载满装，这是降低成本的重要途径。由于产品品种繁多，不仅包装形态、储运性能不一，在容重方面，也往往相差甚远。一辆车上如果只装容重大的货物，往往是虽然达到了载重量，但容积空余很多；只装容重小的货物则相反，看起来车装得满，实际上并未达到车辆载重量。这两种情况实际上都造成了浪费。实行合理的轻重配装，容积大小不同的货物搭配装车，不但可以在载重方面达到满载，而且充分利用了车辆的有效容积，取得最优效果。最好是借助电脑计算货物配车的最优解。

共同配送是一种战略运作层次上的共享，也称集中协作配送。其标准运行形式是：在中心机构的统一指挥和调度下，各配送主体以经营活动（或以资产为纽带）联合行动，在较大的区域内协调运作，共同对某一个或某几个客户提供系列化的配送服务。关于共同配送的具体运作，可参考第2章的内容。

4）延迟策略

在传统的配送计划安排中，大多数的库存是按照对未来市场需求的预测量设置的，这样就存在着预测风险，当预测量与实际需求量不符时，就会出现库存过多或过少的情况，从而增加配送成本。延迟策略的基本思想就是对产品的外观、形状及生产、组装、配送应尽可能推迟到接到顾客订单后再确定。一旦接到订单就要快速反应，因此，采用延迟策略的一个基本前提是信息传递要非常快。一般来说，实施延迟策略的企业应具备以下几个基本条件：

（1）产品特征。

模块化程度高，产品价值密度大，有特定的外形，产品特征易于表述，定制后可改变产品的容积或重量。

（2）生产技术特征。

模块化产品设计、设备智能化程度高、定制工艺与基本工艺差别不大。

（3）市场特征。

产品生命周期短、销售波动性大、价格竞争激烈、市场变化大、产品的提前期短。

实施延迟策略常采用两种方式：生产延迟（或称形成延迟）和物流延迟（或称时间延迟）。配送中往往存在着加工活动，所以实施配送延迟策略既可采用形成延迟方式，也可采用时间延迟方式。具体操作时，常常发生在诸如贴标签（形成延迟）、包装（形成延迟）、装配（形成延迟）和发送（时间延迟）等领域。美国一家生产金枪鱼罐头的企业就通过采用延迟策略改变配送方式，降低了库存水平。历史上这家企业为提高市场占有率曾针对不同的市场设计了几种标签，产品生产出来后运到各地的分销仓库储存起来。由于顾客偏好不一，几种品牌的同一产品经常出现某种品牌畅销而缺货，而另一些品牌却滞销压仓。为了解决这个问题，该企业改变以往的做法，在产品出厂时不贴标签就运到各分销中心储存，当接到各销售网点的具体订货要求后，才按各网点指定的品牌贴上相应的标签，这样就有效地解决了此缺彼余的矛盾，从而降低了库存。

5）标准化策略

标准化策略就是尽量减少因品种多变而导致配送成本增加，尽可能多地采用标准零部件、模块化产品。例如，服装制造商按统一规格生产服装，直到顾客购买时才按顾客的身材调整尺寸大小。采用标准化策略要求厂家从产品设计开始就要站在消费者的立场去考虑怎样节省配送成本，而不要等到产品定型生产出来了才考虑采用什么技巧降低配送成本。

案例精析6-4

安顺烟草实施合理配送、降低配送成本的探索之路

安顺市有卷烟零售商11 900户，其中城镇4 600户，占38.7%；乡村7 300户，占

61.3%。安顺市烟草公司设送货组22个，送货线路216条，其中，半月访线路206条，月访线路10条，每周送货里程约1.2万千米，单车日均行驶110千米，单程最远配送距离约170千米。

安顺市烟草公司立足实际需要，围绕降低成本和提高效率两大主题，在资源优化整合方面大胆探索，通过实施"三步走"，实现了缩短配送线路、中转站撤并两个主要目标，达到送货线路优化。第一步，实施跨区域配送整合。第二步，按照"条件成熟即撤站，实现中心百分之百直送"的工作思路进行整合。在镇胜高速公路通车后，迅速撤销关岭中转站，物流组织机构从原来的"一中心二站点"变为"一中心一站点"。第三步，本着"物流顺向"的原则，将紫云中转站改为"接力送货"管理形式，撤销了最后一个中转站——紫云中转站。其次，为进一步降低物流成本，安顺市烟草公司将调整客户访送周期作为降低物流成本的新方式。卷烟配送中心将原有的"一周一访（送）、半月一访（送）、一月一访（送）"三种周期模式调整为"半月一访（送）、一月一访（送）"两种周期模式，最终取得配送户次减少、进货成功率提高、车辆装载率提高、行驶里程减少、费用下降的可喜成果。最后，推行"块状配送模式"，使得派车次数进一步减少、装载效率大幅度提高、月度总配送费用大幅度减少。

安顺市烟草公司作为典型的二类配送中心，在掌握了每一零售商户的分布与经营情况、线路交通状况等之后，以科学的方法反复测算，对多种不同的配送路线进行编排组合，推行"块状配送模式"，最终形成了最优的送货线路，使配送效率显著提升、物流成本明显降低。

资料来源 姚仁浩. 安顺烟草降低物流成本的探索之路［J］. 物流技术与应用，2012（1），有删改。

精析：安顺市烟草公司通过合理设计配送方案，使用科学的方法优化配送路线，进行合理化分析，做出正确的决策并加以全面实施，最终实现合理配送，降低配送成本。

6.3.5 提高配送作业效率

1）进货、发货时商品检验的效率化

在配送作业中，伴随着订发货业务的开展，商品检验作业也在集约化的中心内进行。特别是近几十年来，条形码的广泛普及以及便携式终端性能的提高，物流作业效率得到大幅度提高，即根据客户订货信息，在进货商品上贴附条形码，商品进入中心时用扫描仪读取条形码检验商品；或根据企业发货信息，在检验发货商品的同时加贴条形码，这样企业的仓库保管以及发货业务都在条形码管理的基础上进行。当然，应当指出的是，对于厂商或批发商，商品入库时的条形码在检验商品活动和以后的保管、备货作业中都在利用，而在向客户发货时用的条形码常常是另一类条形码系统，以便更好地对应不同用户的商品分拣作业的需要。

最近随着零售企业的不断崛起，不少大型零售企业都在建立自己的配送中心，由自己的配送中心将商品直接运送到本企业的各支店或店铺。采用这种配送形态的企业，一般都在商品上贴附含有配送对象店铺名称的条形码，从而在保证商品检验作业合理化的同时，实现企业配送作业的效率化。如今，也有些零售企业事先将本企业条形码印刷系统托付给发货方（如厂商或批发商），要求他们在发货时，同时按零售企业的要求贴附本企业专用的条形码。

2）保管、装卸作业的效率化

从事现代配送中心再建的企业都极力在中心内导入自动化作业，在实现配送作业快速化的同时，极力削减作业人员，降低人力成本。特别是以往需要大量人力的备货或标价等流通加工作业如何实现自动化是很多企业面临的重要课题。如今，为了提高作业效率，除了改善作业内容外，很多企业所采取的方法是极力使各项作业标准化，进而最终实现人力资源的节省。像啤酒生产商或食品生产商等生产单价较低、大量销售的商品制造商，可以在配送中心内彻底实现自动化，从而将所有备货作业完全建立在标准化的基础之上。当然，有一点是值得我们注意的，那就是不同产业对自动化要求的程度也是不一样的。例如，对于周转较慢的商品，即使利用自动化仓库保管，也不易大幅度提高商品周转率。

3）备货作业的效率化

配送中心中最难实行自动化的是备货作业，尽管业种不同、商品的形状不同，备货作业的自动化有难有易，但即使容易实行备货自动化的商品或产业，也需要大量实现自动化的资金投入，因此，当中心内商品处理量不多时投资难以收回。从现代发达国家的物流实践来看，啤酒企业是少数几个满足备货自动化作业的产业，虽然从整个产业来看，各企业在推动自动化时会遇到各种难题，但是它们都在极力利用信息系统节省人力资源，构筑高效的备货自动化系统。备货自动化中最普及的是数码备货，就是不使用人力，而是借助于信息系统有效地进行作业活动。具体地讲，就是在由信息系统接受顾客订货的基础上，向分拣员发出数码指示，从而按指定的数量和种类正确、迅速地备货的作业系统。

原来的备货作业是在接受订货指示、发出货票的同时，备货员按照商品分列的清单在仓库内寻找、提取所需商品。如今，实行自动化备货作业后，各个货架或货棚顶部装有液晶显示的装置，该装置标示商品的分类号以及店铺号，作业员可以迅速地查找所需商品。如今，很多先进的企业即使使用人力，也都纷纷采用数码技术提高备货作业的效率。

备货作业的具体方法大致有两种：一是抽取式；二是指定存放方式。前者是将商品从货架中取出，直接放在流水线传输过来的空箱中；而后者通过的货箱是固定的，备货员按数码信息将商品放在指定的货箱中。一般而言，前一种方式使用得较为频繁，而后一种方式对于必须将商品直接配送给客户的生鲜食品较为适用。

4）分拣作业的效率化

对于不同的经济主体，如厂商、批发商或零售商，分拣作业的形式是不同的。对于厂商而言，如果是工厂订货，则产品生产出来后直接运送给用户，基本上不存在分拣作业；相反，如果是预约订货，那么就需要将商品运送到仓库，等接受客户订货后，再进行备货、分拣，并配送到指定用户手中。此外，对于那些拥有全国产品销售网的厂商，产品生产出来后运送到各地的物流中心，各区域物流中心在接受当地订货的基础上，分别进行备货、分拣作业，然后直接向客户配送产品。

5）推广使用先进信息技术

配送企业可以通过加强自动识别技术的开发与应用来提高进货和发货时商品检验的效率。配送企业可以使用自动化智能设备提高保管、装卸、备货和拣货作业的效率，采用先进的计算机分析软件，优化配送运输作业，降低配送运输成本，还可以采用解析法、线性规划法或静态仿真法对配送中心选址进行合理布局，或者使用车辆安排程序，合理安排配送运输的路线、顺序等来降低成本。

案例精析6-5

安利降低配送成本之路

安利是一家非常善于通过减少中间环节压缩成本、增加利润空间的直销企业，它喜欢尝试不同的新工具和新技术来降低企业的运营成本。在降低配送成本方面，安利也进行了努力探索。

作为直销企业，安利对仓储物流的要求非常之高。与其他公司不同的是，安利储运部同时还兼管全国几百家店铺的营运、送货及电话订货等服务。因此，配送系统的完善与否及效率高低直接影响着整个市场的运作。但由于国内第三方物流供应商的专业程度普遍不高，所以，安利决定采用符合现状的"自有团队+第三方物流供应商"的运作模式。

核心业务如库存控制等由安利统筹管理，实施信息资源最大范围的共享，使价值链发挥最大的效益。而非核心环节，则通过外包形式完成。例如，以广州为中心的珠三角地区主要由安利的车队运输，其他绝大部分货物运输都是由第三方物流公司来承担。另外，全国几乎所有的仓库均为外租第三方物流公司的仓库，而核心业务，如库存设计、调配指令及储运中心的主体设施与运作，则由安利团队统筹管理。

安利2003年启用的配送中心占地面积40 000平方米，建筑面积16 000平方米。这样大的配送中心如果全部自建的话，仅土地和库房等基础设施方面的投资就需要数千万元。因此，安利采取了和另一物业发展商合作的模式，合作方提供土地和库房，安利租用仓库并负责内部的设施投入。

如此一来，安利只用1年时间和1 500万元投入，就拥有了面积充足、设备先进的新配送中心。而国内不少企业，在建自己的配送中心时将主要精力放在了基建上，不仅占用了企业大量的周转资金，而且费时费力，效果并不见得很好。在国内其他城市，安利也尽量采用租借第三方物流公司仓库的方式。

安利在核心系统上从来不吝惜投入。安利单在信息管理系统上就投资了9 000多万元，其中主要部分之一就是物流、库存管理系统。这个系统使安利的物流配送运作效率得到了很大提升，成本也因此大大降低。

资料来源　佚名. 2015物流考试案例分析：安利之削平物流成本［EB/OL］.［2017-07-09］. http://www.sohu.com/a/22031582_110884，有删改。

精析：安利在降低配送成本方面的主要策略是：把非核心环节外包；仓库半租半建；核心环节大手笔投入。通过"自有团队+第三方物流供应商"、仓库半租半建的运作模式以及对配送系统的信息化改造，保证了弹性运作，提升了配送效率，降低了配送成本。

📎 本章小结

配送成本是指在配送活动的备货、储存、分拣、配货、送货、送达服务及配送加工等环节所发生的各项费用的总和，是配送过程中所消耗的各种活劳动和物化劳动的货币表现。配送成本具有隐蔽性、不可控性等特征。

配送成本与配送服务之间存在二律背反问题。一般来说，提高配送服务，配送成本即上升，成本与服务之间受收益递减法则的支配；但提供高水平的配送服务时，成本增加而配送服务水平不能按比例相应提高。

对配送成本的控制就是在配送的目标即满足一定的顾客服务水平与配送成本之间寻求平衡，在一定的配送成本下尽量提高顾客服务水平，或在一定的顾客服务水平下使配送成本最小。对配送成本的控制，可以采用以下的方案：导入目标成本管理；利用标准成本法控制配送成本；利用作业成本法控制配送成本；合理选择配送策略；提高配送作业效率。

主要概念

配送成本　配送服务　目标成本　标准成本法　作业成本法

基础训练

一、不定项选择题

1.配送成本按功能可分为（　　　）。

A.储存成本、流通加工成本　　　　　　B.运输成本

C.装卸搬运成本　　　　　　　　　　　D.包装成本

2.按成本发生额与配送业务量的关系，配送成本可分为三类。其中（　　　）是指业务量在一定限度内发生增减变动，总额始终保持不变的有关成本。

A.固定成本　　　　　　　　　　　　　B.固定资产折旧费

C.变动成本　　　　　　　　　　　　　D.混合成本

3.影响配送成本的因素主要包括（　　　）。

A.货物的数量和重量　　　　　　　　　B.货物的种类及作业过程

C.配送时间和距离　　　　　　　　　　D.外部成本

4.（　　　）就是尽量减少因品种多变而导致配送成本增加，尽可能多地采用标准零部件、模块化产品。

A.延迟策略　　　　　B.标准化策略　　　　C.差异化策略　　　　D.混合策略

二、判断题

1.配送过程中涉及不同的配送对象，如不同的送货对象、不同的配送产品，此时如按不同对象进行成本归集，计算结果有明显的差别。　　　　　　　　　　　　　　（　　　）

2.一般来说，配送成本中有许多是物流管理部门可以严格控制的。　　　　（　　　）

3.大多数配送活动中存在着规模经济，每单位数量或重量的配送成本随货物数量与重量的增加而减少。　　　　　　　　　　　　　　　　　　　　　　　　　　　（　　　）

4.一般来说，提高配送服务，配送成本即上升，两者会按相同比例提高。　（　　　）

5.运用作业成本法将配送企业的全部顾客分为A、B、C三类。属于A类的顾客，从顾客数看，大约占全部顾客数的70%，而该类顾客的配送成本大约占全部配送成本的10%左右。　　　　　　　　　　　　　　　　　　　　　　　　　　　　　　　　（　　　）

三、简答题

1.简要回答连锁企业配送成本的特性与构成。

2.连锁企业应如何求得配送服务与配送成本两者之间的平衡？

3.连锁企业应如何控制配送成本？

四、实训题

【实训项目】

连锁企业配送成本分析实训

【实训情境设计】

以与学校具有校企合作关系的连锁企业或其他可获得成本数据资料的连锁企业为依托，开展企业配送成本（或虚拟配送成本）分析，学会企业配送成本的分析方法，了解配送成本在企业总成本中的位置和所占比例，分析不同企业成本构成中配送成本的结构差异，了解目前企业对于配送成本分析和控制的具体方法。

【实训任务】

根据所学理论知识，从不同角度分析目标企业配送成本的构成；运用作业成本法分析企业配送成本的控制策略；分析标杆企业，了解目前分析企业与标杆企业的差距；分析各企业配送成本构成不同的原因。

【实训提示】

注意以数据为基础进行分析，注意企业数据的对外保密。各企业成本计算分析数据工作量较大，可与本校会计专业学生共同操作。初步形成企业配送成本分析报告，可制作幻灯片，在课堂上进行交流分析，经改进后形成最终企业配送成本分析报告。

【实训效果评价】

针对实训任务的完成情况，填写表6-5。

表6-5　　　　　　　　　　　　　　　　实训效果评价表

考核项目	考核标准	所占比例
实训组织与准备	人员组织合理，分工明确，对实训目的和实训内容准备充分	10%
数据收集整理	进行全面深入的调研，能正确、熟练地收集目标企业的相关数据信息，得到第一手信息资料，并根据实训任务的需要进行科学整理	10%
配送成本构成分析	从不同角度对目标企业的配送成本进行解析，正确指明其配送成本不合理之处	25%
配送成本控制策略	明确指出问题所在，提出解决问题的基本思路或对策。提出的配送成本控制策略具有较强的科学性、合理性和可操作性	25%
成本分析报告	撰写的报告内容完整、真实，体会深刻，针对性强，切实反映了目标企业配送成本管理的问题及相应对策，表述符合基本原理，观点有独到之处	30%

课外拓展

获取连锁经营领域前沿资讯、政策法规、行业观点、数据资料，了解最新实务操作案例，请关注微信公众号"物流沙龙"（微信号：logclubcn）。

第7章　连锁配送信息管理

学习目标

通过本章的学习，了解配送中心信息的内容与特征，掌握连锁配送中心的信息管理途径与方法，掌握连锁配送信息管理系统的功能结构和要素构成，掌握条形码、射频识别、EOS、EDI、GIS和GPS等连锁配送信息管理关键技术。

引例　　　　　　　　　　　**沃尔玛的配送信息管理**

沃尔玛前任总裁大卫·格拉斯这样总结："配送设施是沃尔玛成功的关键之一，如果说我们有什么比别人干得好的话，那就是我们的配送中心。"灵活高效的物流配送系统是沃尔玛达到最大销售量和低成本存货周转的核心。配送中心"灵活高效"说起来容易做起来难，是什么使卓越的理念转化为强大的竞争力？就是现代化的物流信息技术。沃尔玛能长期在世界500强企业中独占鳌头，很大程度归因于其强大的信息系统的支持。

有资料表明，20世纪90年代初，沃尔玛在电脑和卫星（物流信息系统的硬件设施）通信系统上就已经投资了7亿美元，而它只不过是一家纯利润只有2%～3%的折扣百货零售公司。1983年，沃尔玛与休斯公司合作的花费2 400万美元的人造卫星发射升空。到20世纪80年代末期，沃尔玛配送中心的运行完全实现了自动化。每个配送中心面积约10万平方米，每种商品都有条形码，由十几公里长的传送带传送商品，由激光扫描器和电脑追踪每件商品的储存位置和运送情况。沃尔玛在全球的4 000家门店通过它的物流信息系统网络可以在1小时之内对每件商品的库存、上架、销售量全部盘点一遍。在公司的通信卫星室里看上一两分钟就可以了解一天的销售情况，可以查到当天信用卡入账的总金额，可以查到任何地区或者任何商店、任何商品的销售数量，并且根据销售的历史记录以及目前状况和趋势，预测出未来的销售情况，为库存和采购提供准确、及时的决策依据。整个沃尔玛公司的信息系统可以处理工资发放、顾客信息和订货—发货—送货，并实现了公司总部与各分店及配送中心之间的快速、直接的信息传递。

资料来源　佚名．2016企业信息化经典案例［EB/OL］．［2017-12-14］．https://max.book118.com/html/2016/1119/64049908.shtm.

7.1　连锁配送中心的信息管理

7.1.1　配送信息的含义与种类

1) 配送信息的含义

一般而言，信息是指反映各种活动内容的知识、资料、图像、数据、文件等的总称。

从狭义上来看，配送信息是指与配送活动有关的信息。在现代经营管理活动中，配送信息与商品交易信息、市场信息相互交叉、融合。在配送活动中，如运输工具的选择、运输路线的确定、每次运送批量的确定、在途货物的跟踪、库容的有效利用、最佳库存数量的确定、订单管理、顾客服务水平的提高等，都需要详细和准确的配送信息。

从广义上来看，配送信息不仅指与配送活动有关的信息，而且包括与其他流通活动有关的信息，如商品交易信息和市场信息等。广义上的配送信息不仅能起到连接和整合生产厂家、批发商、零售商、消费者的整个供应链的作用，而且在应用现代信息技术的基础上能实现整个供应链活动的效率化，具体说就是利用配送信息对供应链上各个企业的计划、协调、顾客服务和控制活动进行有效管理。

2）配送信息的种类

（1）按配送信息载体分类。

按配送信息载体划分，配送信息通常分为单据（凭证）、台账、报表、计划、文件等。

（2）按信息来源分类。

按信息来源划分，配送信息可分为外部信息和内部信息。外部信息包括供货信息、顾客信息、订货合同信息、交通运输信息、市场信息、政策信息等；内部信息包括消费者收入动向和市场动态、生产经营指标完成情况等。

（3）按管理层次分类。

按管理层次划分，配送信息可分为战略管理信息、战术管理信息、知识管理信息和操作管理信息。

①战略管理信息。它是企业高层决策者制定企业年经营目标、企业战略决策所需要的信息。通常包括综合报表管理、供应链管理、企业战略管理、市场动态、国家有关政策法规等。这类信息一部分来自企业内部，多为报表类型；另一部分来自企业外部，且数据量较少，不确定性程度高、内容较抽象。

②战术管理信息。它是部门负责人进行局部和中期决策所涉及的信息。一般包括合同管理、客户关系管理、质量管理、计划管理、市场商情等管理信息。这类信息一般来自于本单位所属各部门。

③知识管理信息。它是知识管理部门相关人员对企业自己的知识进行收集、分类、存储和查询，并进行知识分析得到的信息。例如，专家决策知识、配送企业相关业务、工人的技术和经验形成的知识信息等。这类信息一般隐藏在企业内部，需要挖掘和提炼。知识管理信息贯穿企业的各个部门、各个层次。

④操作管理信息。它产生于配送作业层，反映和控制配送企业的日常生产和经营工作。它处于管理信息中的最底层，是信息源，来自于企业的基层。如订货处理、计划管理、运输管理、库存管理、设备管理等信息。这类信息通常具有量大、发生频率高等特点。

7.1.2　配送信息的特点

与其他信息相比，配送信息的特点表现在以下几个方面。

1）信息量大、分布广

多品种、小批量、多批次和个性化服务的配送活动，使库存、运输、分拣、包装、加工、配送等环节产生大量的配送信息，且分布在生产企业、仓库、配送作业环节、运输路线、商店、中间商、用户等处，为此，必须对大量的配送信息进行有效管理。

2）动态性强、实时性高、时效性强

由于各种配送作业活动频繁发生，市场状况及用户的需求变化多样，配送信息会在瞬间发生变化，因而信息的价值衰减速度很快。为能适应配送企业的高效运行，要求配送中心信息系统对信息的及时性管理有较强的处理能力。

3）信息种类多、来源多样化

配送信息不仅包括企业内部的各种管理和作业信息，而且包括企业间的配送信息和与配送活动有关的现代配送技术基础设施、法律、规定、条例等多方面的信息。这就增加了配送信息的分类、研究及筛选等工作的难度。

4）信息标准化程度高

配送企业与其他企业和部门间需进行大量的信息交流，为了实现不同系统间信息的高效交换与共享，必须遵循国际或国家对信息的标准化要求以及统一的物品编码。

7.1.3　连锁配送中心的信息管理途径与方法

1）配送中心信息管理的含义

配送中心的信息管理就是利用适当的物流信息技术和方法，快速实现配送活动相关信息的收集、传输、存储、加工，加强配送信息的利用和控制。

配送中心信息管理必须借助于一定的技术和方法，是采用人工管理还是采用自动化管理，是用手工、人脑还是用电子设备解决信息的收集和存储加工，是信息的局部管理还是集成管理，是局限于某一环节、某一部门还是延伸到整个配送中心甚至外部，这关系到配送中心信息管理的成效。

配送中心信息管理的内容包括对信息进行收集、传输、存储和加工，这是一个循环执行的过程，因为新信息如进出货信息（每次都不一样）不断出现、旧信息需要进行加工并不断重复利用。先把各环节、各节点信息收集好，传输到一处集中储存，此时可以按意向加工储存信息，待需要时将加工或存储的信息传至需求处。

配送中心信息管理的主要目的是充分利用物流和商流活动信息，规范、严密、约束和推动信息的收集、传输、储存、加工等活动，提高信息效率和效益，为经营决策提供依据，带动配送中心服务水平、物流效率的提高，降低经营成本。

2）管理途径

配送中心信息管理的目的可以通过配送中心物流活动管理的信息化实现。配送中心物流活动管理的信息化就是要通过物流活动、相关的信息活动和经营管理活动等信息的界定、规范、集成，应用一定的物流信息硬软件设备或技术，实现配送中心信息作业的无纸化、电子化、自动化、网络化和智能化，提高物流活动、信息作业和决策活动的效率与科学性。

配送中心物流活动管理的信息化并不是要求配送中心信息管理一步达到最高水平，完全实现中心信息作业的电子化、自动化、网络化和智能化。应该说，信息化是分层次的，可以在不同的范围内进行，即信息化可以针对不同的活动、环节、部门或整体运作分别实现。

（1）信息作业的电子化。

信息作业的电子化是指信息作业要充分利用电子设备和技术，实现信息收录、传输、储存、加工的无纸化，实现配送中心复杂和海量信息的快速而少失误处理，如商品、仓库、货位等的射频识别和修改，各类信息存储的软盘、硬盘、光盘和数据库技术，进行信息加工的数据库挖掘等应用软件技术，数据和信息显示的多媒体技术等。

（2）信息作业的自动化。

信息作业的自动化是指通过各类技术和理论的综合应用，将电子技术、计算机技术、通信技术、自动化设备和经济、管理、数学、系统科学知识结合起来，实现配送中心进、出、存全过程的全面自动化处理，提高信息作业效率，如光电扫描技术、库存的自动盘点、EOS（电子订货系统）、EFT（电子转账系统）、MIS（管理信息系统）等。

（3）信息作业的网络化。

信息作业的网络化是指将配送中心的供应商、客户、各环节、各部门连接起来的信息网络建设，包括通信网络和业务专用信息网络建设，常涉及第三方专门的网络运营商，运用通信技术、EDI技术、Internet技术及相关的网络安全技术，实现信息的异地实时传输与共享。

（4）信息作业的智能化。

信息作业的智能化是指利用计算机技术解决和处理定量问题的同时，可通过应用软件的开发和使用，如DSS（决策支持系统）、ES（专家系统）等，实现信息作业辅助和参与定性问题处理的智能决策，提高配送中心作业管理决策的科学性。与传统零售最大的区别是，新零售运用大数据、移动互联、智能物联网、自动化等技术及先进设备，实现人、货、场三者之间的最优化匹配，构造智慧供应链。

3）管理方法

实现配送中心信息的有效管理，达到配送中心物流活动管理信息化的"四化"要求，要从配送中心内外部两方面着手：外部充分利用公共物流信息平台；内部认真进行物流信息系统建设和物流信息技术应用。

（1）建设配送中心信息系统。

配送中心信息系统可以将配送中心某一环节、某一部门或某一活动的信息集成，借助计算机硬、软件设备与技术，实现物流活动的指挥和控制，提高信息作业的效率和正确性。

（2）应用物流信息技术。

配送中心内外部物流活动信息的收集、传递、储存和加工都需要一定的技术和相应的设备，如条码技术、射频技术、EDI、GIS、GPS等。物流信息技术是物流信息系统建设的支撑，物流信息技术为物流信息系统提供、传输数据和信息。

（3）利用外部公共物流信息平台。

配送中心的经营活动是一个开放的系统，其经营的商品、客户和供应商的信息经常变化，与此对应的商品量、交通与配送路线等信息也在变化，因此配送中心要注意利用外部公共物流信息平台获取市场信息和交易信息，从多个方面获得相关信息。

4）管理步骤

配送中心物流活动信息化的实现是一个长期的过程，是一个由低级向高级不断提升、由内部向外部不断推进集成的过程，要依据一定的步骤分层次实现。首先要理顺配送中心的基本和特殊作业流程，发现配送中心的信息需求，明确信息加工要求；其次在配送中心内部，实现物流信息的集成化、网络化管理；最后利用网络、电子商务跨越配送中心的边界，实现真正意义上的畅通于顾客、配送中心内部、所属企业和供应商之间的物流信息链接，达到对配送中心内外部物流资源的有效控制。

（1）明确配送中心的基本和特殊作业流程。

从配送中心的基本作业流程可以看到配送中心的商品按照进、存、出货方向所经过的环节、顺序和相应的信息传输走向。这些流程反映了配送中心的信息需要，是信息管理的起点，并且其正确性影响信息的质量。当然，配送中心还有逆向的客户退换货、向供应商的退换货、配送中心的次品处理等特殊流程。

（2）配送中心物流信息基础建设。

在此阶段，配送中心要进行的是物流信息系统建设和物流信息技术应用的准备，即配送中心物流资源的信息化。其主要活动是物流有关资源的数字化、文字化、图形化、图像化，其中数字化是物流资源信息化的根本，像商品的条形码以及仓库中货架、货位、设备的编码等均属于配送中心物流资源的数字化。尤其是配送中心中农产品、水产品的比重常常很大，其条形码的编制、粘贴有一定困难，推行这些非包装产品或不易包装产品的信息记录和显示是信息基础建设的难点。因此要进行人员、商品、设施、设备、单证等方面的编号或电子标签的信息存储，配备信息识别、处理设备和技术，在配送中心内部各环节率先实现物流活动的信息化基础建设。

（3）配送中心物流信息集成管理。

物流信息基础建设完毕，可进一步实现配送中心物流信息的高度集成，将配送中心内部各环节、各部门的物流活动信息集中和联结起来。要做的主要工作为：信息规范化；信息处理程序规范化；信息的及时性、准确性和完整性；信息来自统一的数据库。要求在范围上包含配送中心内部物流所有环节的信息，在时间上包含配送中心经营活动历史的、当前的和预期的信息。物流信息集成管理能实现物流在配送中心内部流程的最优化，提高物流运作效率。集成的主要表现是建立涵盖配送中心各环节的信息管理系统。

（4）所属企业其他部门的信息利用和协同。

配送中心所属企业的其他部门会对配送中心的物流活动有很大的影响和制约作用。因此，配送中心在内部物流信息集成的基础上，要注重建设企业内部的通信网络、企业内部网和整个企业的物流信息管理系统，使得配送中心能够获得畅通的企业信息。

（5）其他企业的物流信息利用和协同。

配送中心要注意利用外部企业如上下游供应商、客户、物流企业、电子商务企业、各类网站等方面的相关信息，以及和这些企业进行通信和网络的信息联系和协同。这些外部物流相关资源的利用主要表现为实行供应链管理、客户关系管理、物流外包管理等，方式是互联网、通信网或专用的增值网（Value Added Network，VAN）。当前激烈的市场竞争，使得配送中心在有效管理内部物流资源的同时，必须注重外部物流相关资源的利用和管理。

案例精析 7-1

双汇的连锁配送管理系统

双汇集团是以肉类加工为主，跨行业、跨地区、跨国经营的特大型食品集团，是中国最大的肉类加工基地。2017年，双汇荣获中国食品企业七星质量奖，再次收获来自行业和消费者的充分肯定。双汇商业公司以销售双汇生鲜肉及肉制品为主，引进了国外先进的连锁经营模式，结合中国肉类市场现状，主要销售渠道为双汇连锁店。目前，双汇集团拥有连锁店400余家，员工近1 200名，分布在全国20多个城市。在销售运行模式上，除了像其他连锁企业一样统一形象、统一标准、统一服务、统一配送、统一管理以外，双汇连锁店还因为其特殊的行业性质而具有一些其他特点。例如，商业连锁公司有自己的大型物流配送中心，专用的冷藏运输车统一把按照HACCP质量体系生产的产品准确及时地送到各个门店；连锁店生鲜肉销售不过夜——凌晨由总部把当天的生鲜肉送达各门店，未售完的晚上拉回总部另行处理等。类似的特点对配送的时效性提出了严格要求，给管理增加了难度，由此也产生了诸多问题。比如，为保证肉质的新鲜，每家连锁店必须在前一天下午把第二天需要的肉制品数量传真给双汇商业公司的配送中心。配送中心有70多个人在接收传真，然后进行手工统计，大约四五个小时以后，从堆积如山的传真纸中拿出统计结果，报给生产厂，再按单生产。然后，再把配送单誊抄给送货的班组，由他们负责把货从生产厂提出来，按单分配好，装车送货。到晚上，配送中心再负责把各门店没有卖出的货物拉回生产厂。有时候因为手工统计会出错，经常为了对账、对数字忙上大半夜，工作人员叫苦不迭。

随着连锁店的增多，弊端越来越突出地暴露出来：第一，配送中心人员过多，几十家分店已经有70多个人在忙活，如果发展到更多家分店，得多少人统计数据？第二，因为统计时间长，所以要求各门店前一天很早的时候就得把第二天的数字报送到配送中心，导致数据不够准确，于是经常发生有的店已经没货可卖，而有的店却有余货不得不晚上拉回厂家的情况。第三，缺乏准确和及时的数据，会严重影响集团领导的决策。

如此庞大的连锁销售体系，如果没有先进完善的电子信息处理技术和计算机软件系统，就难以实现对物流、资金流和信息流的高效控制与管理，经营的危机是显而易见的。发现问题就要想办法解决，双汇集团决定进行商业公司的物流信息化建设工作。

在双汇集团高层领导的重视下，成立了一个专门的信息化小组。双汇集团从国外引进先进的人才、技术及管理思想成立了自己的软件公司——双汇软件公司。软件公司成立后首先基于在北美成功应用的连锁商业管理系统，针对双汇需求进行修改和汉化，迅速开始了商业公司连锁配送管理系统的实施工作。凭借雄厚的技术开发实力和先进的项目管理经验，双汇软件公司在很短的时间内即完成了具有国际先进水平的"SW连锁配送管理系统"的汉化及客户化工作，并迅速付诸实施。

"SW连锁配送管理系统"为双汇商业公司提供了完备统一的订单管理、库存管理、采购管理、运输管理和财务管理等功能，实现了连锁分销体系中的物流、资金流和信息流在配送、制造和采购这三个领域的结合，达到了快速反应、降低库存、节约成本、整合运输等管理目标。

资料来源 佚名. 双汇连锁专卖店全面引入连锁配送管理系统［EB/OL］.［2017-11-07］. http://articles.e-works.net.cn/scm/article6815.htm，有删改。

精析："SW连锁配送管理系统"为双汇连锁店在全国各地大规模发展提供了有力保障。管理部门彻底改变了时效性差、准确性差、控制力度差等问题，大大减少了业务人员的工作量，管理力度、细度和效率大大提高。

7.2 连锁配送信息管理系统

7.2.1 连锁配送信息管理系统的概念

连锁配送信息管理系统是指连锁企业以现代管理思想和理论为依据，以计算机软硬件、网络通信和其他现代信息技术为基础，以充分利用信息资源、实施物流配送业务、控制物流配送过程、支持物流配送决策为手段，以降低经营成本、提高企业效益和效率、增强企业的核心竞争力为目的，进行物流配送信息的收集、整理、存储、加工处理、更新维护、输出和传输的集成化的人机系统。

计算机及网络技术的出现掀起了人类社会各个领域的革命。物流活动伴随着信息流，而信息流又控制着物流活动。在计算机没有运用于物流信息管理以前，手工作业不但繁重，而且容易出错，严重影响着物流的顺畅流转。计算机技术、网络技术、关系型数据库技术、条形码技术、EDI等技术的应用使得物流活动中的人工、重复劳动以及错误减少，效率提高，信息流转加速，使物流配送的管理发生了巨大的变化。连锁企业配送中心作为供货商与销售商之间的纽带，具有订单处理、仓储管理、流通加工、拣货配送等功能，成为流通过程中的重要物流节点。许多配送中心甚至拥有最终渠道，开展采购业务，进行产品设计及品牌开发，并且在开拓市场、寻找客源方面为客户提供更加广泛的服务。在产销垂直整合方面，配送中心具有缩短上下游产业流通过程，减少产销差距的中介功能，还可对处于水平关系的同行业及不同行业间的交流提供整合支持，以最大限度地降低成本。配送中心这些功能的实现，其核心是信息系统的建立。因此可以说，配送信息管理系统是配送中心的灵魂，配送信息管理系统的构建是配送中心发挥作用的关键。信息化作为现代物流的一个基本特征，已成为配送中心提高物流服务水平，获取竞争优势的重要手段之一，这也是现代配送中心越来越重视建设自己的配送信息管理系统的重要原因。

7.2.2 连锁配送信息管理系统的作用

配送信息管理系统是连锁企业信息管理系统或物流配送信息系统的一个重要组成部分，虽然它也可以是单独开发应用的一个信息系统，但无论是哪种形式，其都是配送中心有关信息的反映、处理与集成管理系统。它贯穿于整个物流配送过程，为企业降低成本、提高效率、服务客户提供了强大的技术支持，在配送中心经营活动中起着引导、指示、传输、控制和决策等重要作用。其作用概括起来主要表现在以下三个方面：

1）进行物流作业与日常事务处理

在物流作业方面，如接单作业、出货作业、采购作业、进货作业、存货管理作业、订单拣取作业、输配送计划等，都需要信息系统的指示和安排。而在日常事务方面，如财务会计作业、人事管理作业、厂务管理作业等，更需要信息系统的处理和支持。

2）实施物流配送的管理与控制

配送中心的信息发出点和物流活动各节点一般都很分散，要保证信息的无误传递和物流活动的按计划进展，就离不开信息系统的指示、考核与控制。这些作用表现在信息的实时传输、订单跟踪、库存控制、货位指派、流通加工、日程安排、车辆行程和调度、绩效管理、制订作业计划等方面。

3）提供企业管理的辅助决策支持

通过信息技术、人工智能与管理决策技术，结合相关的管理科学、行为科学等知识，配送信息管理系统能参与或进行一些重要的物流管理决策活动，为人力决策提供参考。这些作用表现在配送中心的功能定位、商品类型选择、服务项目设置、发展战略和规划的制定等方面。

7.2.3　连锁配送信息管理系统的功能结构

在具体建设信息管理系统时，由于配送中心的类型、经营商品、所属企业的情况等不同，配送中心信息管理系统的组成模块和具体内容也不一样。比如，配送中心属于生产企业、商业企业、第三方物流企业或各方共同经营，配送中心的运输和配送业务是否外包等，都会极大影响其信息管理系统的功能和模块。一个连锁企业配送中心信息管理系统通常由销售出库管理系统、采购入库管理系统、输配送作业管理系统、客户服务管理系统、财务管理系统、绩效评价系统、系统服务系统等功能子系统组成，如图7-1所示。

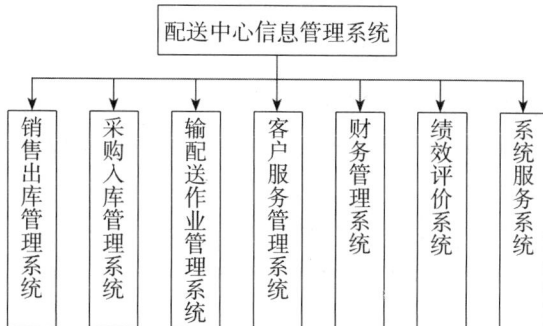

图7-1　配送中心信息管理系统结构框架

1）销售出库管理系统

销售出库管理系统包括从客户处取得订单、做订单处理、仓库管理、出货准备、将货品运送至客户手中，整个作业都是以客户服务为主。其主要功能有以下几方面：

（1）销售数据分析与销售预测。

这部分数据和信息包括销售商品和出货品的名称、规格、价格、数量、包装、销售合同、历史记录等情况和要求。管理者要根据数据资料做好接受客户订货的准备，还要进行销售分析与市场预测，以明确商品流量和流向，了解销售周期、市场动态和趋势等。

（2）订单资料处理。

相关部门与客户协商好要货价格和交货时间后，接受订货、分配存货，并及时地把订货信息转换成拣货单。

（3）出货配送作业。

信息管理员通过系统将出货信息发送给仓库和其他相关人员，完成货位拣货、集货、分货、包装、配载与装车活动，并接受退换货信息。

（4）应收账款通知。

当客户接收货品或收到销售发票后，通知配送中心财务部门收款。

（5）经营效果评估。

为销售和出货的商品的种类、名称、数量、包装、价格、时间、人员和设备等计划的制订提供信息依据，并对销售和出货作业效率、人员工作绩效进行评价。

2）采购入库管理系统

采购入库管理系统是处理与生产厂商相关的作业的管理系统，包括商品实际入库、根据入库商品内容进行库存管理、根据需求商品向供货商下订单等。该系统的功能主要有入库作业处理、库存控制、采购管理、应付账款申请。

（1）入库作业处理子系统。

入库作业发生在生产厂商交货时，输入的数据包括采购单号、厂商名称、商品名称、商品数量等，工作人员可输入采购单号来查询商品名称、数量是否符合采购要求，并确定入库月台，然后由仓库管理人员指定卸货地点及摆放方式，验收后修正入库数据，修正采购单一并转入库存数据库。另外，退货入库的商品也需要检验后方可入库，并需调整库存数据库。

（2）库存控制子系统。

该系统主要完成库存数量控制和库存量规划，以减少因库存积压过多造成的利润损失。它包括商品分类分级、订购批量及订购时点的确定、库存跟踪管理以及库存盘点作业。库存控制系统具备按商品名称、货位、批号等数据分类查询的功能，并设有定期盘点或循环盘点时点设定功能，使系统在设定时间自动启动盘点系统。

（3）采购管理子系统。

其主要功能包括采购基本数据、资料处理，向供货商下采购订单，向配送中心各相关部门发出采购订单信息以便及时接货、检验和入库。

（4）应付账款申请子系统。

采购商品入库后，采购数据即由采购数据库转入应付账款数据库，会计管理人员根据此数据库资料为供货商开立发票，并制作应付账款统计表。账款支付后由会计人员输入付款数据，更改应付账款文件内容。管理人员可由此系统制作应付账款一览表和应付账款已付款统计表等。

3）输配送作业管理系统

输配送作业管理系统是针对采购运输和销售配送计划的信息管理系统，其主要功能有以下几方面：

（1）建立输配送基本数据、资料库。

该数据库应包括货物、车辆、司机、承运商、客户、运行路线、运费、货运记录和单证等的基本信息和资料。若输配送业务外包，还应有货运合同、运价、货运表现等信息资料。

（2）输配送计划。

依据出入库商品种类、数量、性状、交货条件和客户位置等，排定车型、辆次、司乘人员、运行路线和时间。

（3）输配送运作和跟踪。

按照货运指示和具体要求，指挥司乘人员进行货品配送，运用物流电子技术对货物在途情况和车辆运行情况进行跟踪管理，并将退换货情况及时反馈给销售或库存管理部门。

（4）输配送运作效果评价。

对输配送情况如司乘安排、车辆调度、路线选择、车辆使用、人员绩效等进行评价。

4）客户服务管理系统

客户服务是配送中心和客户之间的接口和桥梁，也是物流公司进行采购、发货和运输的依据，它是现代物流的基本元素，也是配送中心提高服务水平和竞争力的有效手段。其主要功能如下：

（1）客户基本资料的建立。

客户基本资料包括客户的分类、名称、地址、联系人、联系方式、银行账号、信用评级等详细情况。同时，也要有对应客户的详细需求资料，如商品名称、种类、编号、需求量、报价记录、交货地及服务项目种类等。

（2）客户关系评价。

根据数据库中客户的基本资料对客户关系进行评价，对客户按照规模、信誉度或地区等不同标准进行分类，以便针对不同类型的客户提供不同的服务。

（3）客户服务及反馈。

定期对客户进行服务项目、需求和满意度调查，收集客户反馈意见并及时传递给相关部门以采取措施进行改善。

5）财务管理系统

财务管理部门主要根据采购部门传来的商品入库数据，核查供货商送来的催款数据并进行支付，或者根据销售部门的出货单来制作应收账款催款单并收取账款。其主要功能有两个方面：

（1）财务管理。

财务人员根据销售管理部门、采购及库存管理部门传送的数据，制作会计总账、明细账、各种财务报表等以便进行成本分析和财务控制。

（2）人事工资管理。

人事工资管理包括人事数据的建库维护、工资统计报表打印、工资单打印及与银行计算机联网的工资数据转换。

6）绩效评价系统

配送中心盈利水平的高低，除了需要各项经营策略的正确制定与实施外，还需要有良好的信息反馈作为修正政策、管理及实施方案的依据，这就需要有一个对各个部门、各环节进行评价的信息管理系统。它包括订单处理绩效报表、库存周转率评估报表、缺货金额损失管理报表、拣货效果评估报表、入库作业效果评估报表、装船作业效果评估报表、车辆使用率评估报表、月台使用率评估报表、机器设备使用率评估报表、仓库使用率评估报表、商品保管率评估报表等。

7）系统服务系统

系统服务系统是对物流配送信息系统进行维护和使用管理的系统。其主要功能是建立为系统服务的基础数据库，对系统使用或涉及部门、对象，如不同类型或等级的管理者、员工、客户等，分别编码，以方便操作；进行系统正常运行的安全管理，包括使用权限、服务器和防火墙等的管理，即针对不同对象设置不同等级的使用权限，并对系统网络运行安全性进行测试和设置；执行系统维护和日志管理等职能。

7.2.4　连锁配送信息管理系统的要素构成

一般来说，构成连锁企业配送信息管理系统的主要要素有硬件、软件、数据库、相关人员以及连锁企业配送中心的管理制度与规范。

1）硬件

配送信息管理系统的硬件包括计算机、必要的通信设施，如计算机主机、手持终端、打印机、服务器、通信电缆、通信设施，它是物流设备的基础资源和物理平台。

2）软件

在配送信息管理系统中，软件一般包括系统软件、实用软件和应用软件。

系统软件主要有操作系统（OS）、网络操作系统（NOS）等，它控制、协调硬件资源，是物流配送信息管理系统必不可少的软件。

实用软件的种类很多，对于物流配送信息管理系统，主要有数据库管理系统（DBMS）、计算机语言、各种开发工具、浏览器、组件等，主要用于开发应用软件、管理数据资源、实现通信等。

应用软件是面向问题的软件，与物流配送企业业务运作相关，实现辅助企业管理的功能。不同的企业可以根据应用的要求开发或购买软件。

系统软件和实用软件通常由计算机厂商或专门的软件公司开发，它们构成物流配送信息系统开发和运行的软件平台，企业可在市场上配置和选购。系统软件种类较少，目前操作系统主要有磁盘操作系统（如 DOS）、GUI 操作系统（如 Windows 7、Windows 10、UNIX、Linux 等）。实用软件的特点是品种多、软件更新的频率高、版本更新快，因此用户的选择余地较大。在市场上也有应用软件可供选购，如财务软件、进销存软件等。

3）数据库

数据库用来存放与应用相关的数据，是实现辅助企业管理和与其他系统之间的联系、支持决策的数据基础，信息系统大量的数据都存放在数据库中。

随着国际互联网的深入应用，计算机安全技术、网络技术、通信技术的不断发展，以及市场专业化分工与协作的深化，物流配送企业封闭式的经营模式将被打破，企业及客户之间将更密切地共享信息，因此企业数据库的设计将面临集中、部分集中、分布式管理的决策。

4）相关人员

连锁企业配送信息管理系统的开发往往涉及很多方面的人员，有专业人员，有领导，也有终端用户，如企业高层的领导、信息主管、中层管理人员、业务主管、业务人员、系统分析员、系统设计员、程序设计员、系统维护人员等。不同的人员在物流配送信息系统开发过程中起着不同的作用。对于一个物流企业来说，应该配备什么样的专业队伍，主要取决于企业对配送信息管理系统的认识、企业对信息管理系统开发的管理模式和开发方式等。

5）连锁企业配送中心的管理制度与规范

连锁企业配送中心的管理制度与规范通常包括组织机构、部门职责、业务规范和流程、岗位制度等，它是配送信息管理系统成功开发和运行的管理基础和保障，是构造配送信息管理系统的主要参考依据，制约着系统硬件平台的结构、系统计算的模式、应用软件的选择等。

案例精析7-2

连锁超市配送中心信息系统解决方案

杰合伟业公司为城市连锁超市配送中心及配送销售类企业提供了以客户为中心的信息系统解决方案，为客户提供应时配送交付服务，为网上销售商提供综合增值物流服务，同时降低成本、提高效率，最大限度地满足消费者的需求。

1）总体构成及功能

系统的逻辑结构在横向上分为客户营销中心、客户联络中心、库存管理中心和配送调度中心四大模块，它们之间既紧密联系，又可相对独立运作，自成一体。从纵向看，每个模块又可分为三个层次，即数据管理层、业务处理层和决策分析层。

数据管理层有效保存与业务有关的所有原始数据，并对这些数据进行有效的分类管理。业务处理层主要支持日常业务，解决遇到的日常业务问题。其主要功能为数据采集、查询、统计及对数据的适当处理，并对业务过程进行监控和优化。决策分析层主要为业务部门提供决策分析的支持，帮助建立计划机制及控制机制，辅助业务部门进行决策。

2）功能简介

（1）采购管理子系统包括六个模块，即供应商管理、合同管理、订货管理、退货管理、应付款管理和采购价格管理。

（2）销售管理子系统包括八个模块，即商品价目管理、销售管理（零售）、批发管理、促销管理、销售统计与分析、应收款管理、售后服务管理、客户关系管理（CRM）。

（3）库存管理子系统包括八个模块，即入库管理、出库管理、盘点管理、库区库位管理、库存管理、库存统计和分析、退换货管理、预警控制。

（4）配送管理子系统包括六个模块，即配送优化管理（GIS优化模块、GPS优化模块与实时配送调度监控，动态作业管理等）、货运商管理、配送管理、运费结算、车辆信息维护、代收款管理。

（5）财务管理子系统包括三个模块，即应收账款管理、应付账款管理、门店收付管理。

（6）决策支持子系统包括五个模块，即采购分析决策、销售分析决策、配送分析决策、库存分析决策、成本毛利分析决策。

（7）信息系统管理子系统包括三个模块，即系统配置、数据传输、系统维护。

（8）人事和绩效管理子系统包括两个模块，即人事管理、绩效管理。

（9）门店管理子系统包括五个模块，即门店收付管理、门店销售管理、门店库存管理、门店配送管理、门店采购管理。

3）系统特点

充分利用CRM现代管理观念，通过对市场、客户关系的管理以及对数据的挖掘，促进企业的销售水平和服务质量，增加企业的收入。

优化调度和商业智能，综合考虑运力、路线和时间等因素，对客户订单进行合理优化，使企业充分发挥现有运力资源，并在基于客户历史消费记录的基础上，通过数据挖掘技术，主动得出客户的订货需求，提高客户的满意度。

支持现代配送类型的电子商务模式，让客户在订货时能立即确定货到的时间，并能随时查询和更改订货请求。

采用GIS/GPS/BI等高科技技术，对客户位置信息进行科学、高效的管理。

支持分布式应用和复杂组织结构，支持Internet，具有开放性、自动化与智能化等特点。

4）产品技术特点

（1）智能性。本系统能在运行过程中自我完善，能根据不同用户的业务需要或管理需求自我组建子系统，给予使用者极大的创造空间。

（2）安全性。系统除利用操作系统和数据库管理系统本身的安全机制外，在应用程序里还提供多种安全机制来控制不同级别用户的访问。

（3）灵活性。系统从数据结构、子系统定义、预警指标设定到数据的查询分析及打印输出都提供了详尽灵活的解决方案。

（4）兼容性。系统为其他的系统（如财务软件）留有接口，提供广泛的兼容性。

资料来源　佚名. 连锁超市配送中心信息系统解决方案［EB/OL］.［2017-04-25］. http://www.chinawuliu.com.cn/xsyj/200504/25/133738.shtml，有删改。

精析：杰合伟业公司设计的连锁超市配送中心信息系统解决方案紧密地与当前连锁超市运作的现状相结合，有很强的针对性与适用性。而且，该解决方案的功能强大，能进行广泛的信息交流，有助于提高连锁超市配送中心的运作效率。

7.3 连锁配送信息管理的关键技术

7.3.1 条形码技术

条形码（Bar Code）技术是在计算机的应用实践中产生和发展起来的一种自动识别技术。它是为实现对信息的自动扫描而设计的。它是实现快速、准确而可靠的采集数据的有效手段。条形码技术的应用解决了数据录入和数据采集的"瓶颈"问题，为供应链管理提供了有力的技术支持。从系统看，条形码技术涉及编码技术、光传感技术、条形码印刷技术以及计算机识别应用技术。

1）条形码的概念

根据《条码术语》（GB/T 12905—2001）的定义，条形码是由一组规则排列的条、空及其对应字符组成的标记，用以表示一定的信息。条是指对光线反射率较低的部分，空是指对光线反射率较高的部分。条形码具有识别快速、准确、可靠，印刷和制作简便，成本低廉的特点。

2）条形码的结构

一个完整的条形码是由两侧空白区、起始符、条码数据符、条码校验符和终止符组成的。常用条形码的种类包括通用商品条形码、储运单元条形码和贸易单元条形码。

（1）通用商品条形码（EAN-13码）。

通用商品条形码由13位数字组成，前缀码3位数字为国籍或地区代码，中前4位数字为厂商代码，中后5位数字为商品代码，最后1位数字为校验码。比如：690 1234 56789 8这一组条形码，690代表中国，由国际物品编码协会确定；1234为厂商代码，由中国各地区物品编码中心设定；56789为商品代码，由厂商根据国际通用商品编码规则自行编码；8是校验码，用于校验厂商识别代码和商品代码的正确性。图7-2表示了一个EAN-13码。当商品较小，粘贴条形码标签的位置不够时，可采用缩短码（EAN-8码），缩短码主要用于小型商品，如香烟、香水、化妆品等。

（2）储运单元条形码（ITF-14和ITF-14/ ITF-6码）。

储运单元条形码是专门表示储运单元的编码。它有定量储运单元条形码和变量储运单元条形码两种类型。

定量储运单元条形码是由13位或14位数字组成，当采用13位数字条形码时，它等同于通用商品条形码。采用14位数字条形码时，在EAN-13码前加1位数字，以表明物流状态，称为 ITF-14 码，如图 7-3 所示。

图 7-2　EAN-13 码

图 7-3　ITF-14 码

变量储运单元条形码是以 ITF-14 码作为主代码标志，附加 ITF-6 码标志，共 20 位数字组成，以 ITF-14/ ITF-6 码表示。

（3）贸易单元条形码（EAN-128 码）。

贸易单元条形码在物流与配送过程中，将商品的生产日期、有效日期、运输包装序号、重量、体积、尺寸、发出与送达地址等重要信息条码化，以便将这些重要信息快速扫描输入计算机系统。它是应用最广泛的条形码，也是主要使用于物流与配送领域的条形码。贸易单元条形码（EAN-128 码）如图 7-4 所示，A 表示应用识别码，例如集装箱序列号；B 代表包装形式码，1 是托盘，3 是无定义的包装指示码；C 代表 EAN 前置码和公司码；D 代表公司自行设定的序号；E 代表检查码：F 代表应用识别码；G 代表配送邮政码。

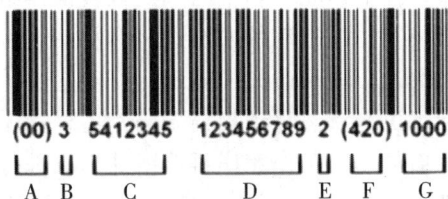

图 7-4　EAN-128 码

@补充阅读材料 7-1

《商品二维码》（GB/T 33993-2017）正式发布

2017 年 7 月，《商品二维码》（GB/T 33993-2017）正式发布，并于 2018 年 2 月 1 日起正式实施。该标准的发布，对于商品二维码在我国的推广、管理、应用与服务提供了重要指南，具有非常重要的指导意义。

商品二维码，顾名思义就是用于标识商品的二维码。那么，商品二维码与商品条码有什么样的区别和联系？在二维码不断改变人们生活方式的今天，《商品二维码》标准的发布，又会给人们的消费生活带来什么样的便利呢？

几乎每件商品上都有商品条码，它是目前国际、国内使用最广泛的 EAN-13 商品条码，由国际物品编码协会（GS1）制定，前缀码为 690—699 的条码为我国的商品所采用，能够实现商品零售（POS）、进货、存货管理、自动补货、销售分析及其他业务运作的自动化。

商品二维码国家标准充分结合我国实际，综合参考国内外相关技术标准，提出了统一、兼容的商品二维码数据结构，解决了目前我国商品二维码应用中编码数据结构不统一的问题。

它规定了商品二维码的数据结构、信息服务和符号印制质量要求，具有创新性、科学性、先进性和适用性，对于指导我国商品制造商用好二维码技术，确保商品跨系统、跨领域流通和信息互通，降低二维码应用风险和社会综合应用成本，搭建二维码良好生态系统，以及实现商品的跨国流通标识与信息互连互通具有重要的现实意义。

资料来源　佚名.《商品二维码》国家标准正式发布［EB/OL］.［2017-09-20］. http://news.e-works.net.cn/news/category802/news73151.htm.

3）条形码识别装置

条形码识别采用各种光电扫描设备，主要有以下几种：

（1）光笔扫描器。

光笔扫描器是形似笔的手持小型扫描器。

（2）台式扫描器。

台式扫描器是固定的扫描装置，手持带有条码的卡片或证件在扫描器上移动完成扫描。

（3）手持式扫描器。

手持式扫描器是能手持使用和移动使用的较大的扫描器，用于静态物品扫描。

（4）固定式光电及激光快速扫描器。

固定式光电及激光快速扫描器由光学扫描器和光电转换器组成，是目前物流领域应用较多的固定式扫描设备，安装在物品运动的通道边，对物品进行逐个扫描。

（5）便携式数据采集终端及无线条码扫描器。

该扫描器可在脱机（计算机）状态移动扫描条码，适合物流的各项移动作业环境。便携式数据采集终端可存储扫描数据，工作完毕再传回计算机进行统计分析。无线条码扫描器可通过无线系统向计算机实时传输扫描信息，适合即时性更强的移动采集需求。

4）条形码技术的优点

条形码技术是迄今为止最经济、实用的一种自动识别技术。条形码技术具有以下几个方面的优点：

（1）输入速度快。

与键盘输入相比，条形码输入的速度是键盘输入的 5 倍，并且能实现"即时数据输入"。

（2）可靠性高。

键盘输入数据出错率为三百分之一，利用光学字符识别技术出错率为万分之一，而采用条形码技术误码率低于百万分之一。

（3）采集信息量大。

利用传统的一维条形码一次可采集几十位字符的信息，二维条形码更可以携带数千个字符的信息，并有一定的自动纠错能力。

（4）灵活实用。

条形码标示既可以作为一种识别手段单独使用，也可以和有关识别设备组成一个系统实现自动化识别，还可以和其他控制设备链接起来实现自动化管理。

另外，条形码标签易于制作，对设备和材料没有特殊要求，识别设备操作容易，不需要特殊培训，且设备也相对便宜。

5）条形码技术在配送管理中的应用

在仓储管理系统中，利用条形码技术，无论仓库中的商品流向哪里，只要对商品包装上的条码进行扫描，就可自动记录下物品的流动情况，随时掌握库存物品情况。条形码技术与信息处理技术的结合，使我们能够合理、有效地利用仓库空间，优化仓库作业，并保证正确地进货、验收、盘点和出货，快捷地为客户提供优质的服务。

仓库管理系统引入条形码技术后对仓库的到货检验、入库、出库、调拨、移库移位、库存盘点等各个作业环节的数据都可以进行自动化的数据采集，保证仓库管理各个作业环节数据输入的效率和准确性，确保企业及时、准确地掌握库存的真实数据，合理保持和控制企业库存。通过科学的编码，还可方便地对物品的批次、保质期等方面进行管理。

在配送货物过程中，首先利用计算机网络将订货信息传输到仓储中心，然后通过打印机打印，以条形码及拣货单的形式输出（条形码分别记录预拣选的商品的编码和出货地编号）。仓储中心的操作人员将条形码贴在集装箱的侧面，并将拣货单放入集装箱内。在拣货过程中，集装箱一旦到达指定的货架前，自动扫描装置会立即读出条形码的内容，并自动进行分货。工作人员根据拣货单的要求，将拣选好的货物放入集装箱内，待作业结束后，只要按一下"结束"钮，装有货物的集装箱便会顺序地向下一个货架移动。等到全部作业结束后，相关人员利用自动分拣系统将贴有条形码的集装箱运往指定的出货口，转入发运工序。因此，在配送系统中运用条形码技术能够极大地提高了配送的运行效率和运行速度。

7.3.2 射频识别技术

射频识别（Radio Frequency Identification，RFID）技术是一项利用射频信号通过空间耦合（交变磁场或电磁场）实现无接触信息传递并通过所传递的信息达到识别目的的技术。射频识别技术实际上是自动识别技术（Automatic Equipment Identification，AEI）在无线电技术方面的具体应用与发展。与条形码相比，它的识别距离比光学系统远，不局限于视线的范围，可在物流活动和其他活动中广泛应用。

1）RFID系统的构成及工作原理

最基本的RFID系统由三部分组成：

①标签（Tag，即射频卡）。由耦合元件及芯片组成，标签含有内置天线，用于和射频

天线进行通信。

②阅读器。读取（在读写卡中还可以写入）标签信息的设备。

③天线。在标签和阅读器间传递射频信号。

RFID系统的基本工作流程是：

①阅读器通过发射天线发送一定频率的射频信号，当射频卡进入发射天线工作区域时产生感应电流，射频卡获得能量被激活。

②射频卡将自身编码等信息通过卡的内置发送天线发送出去。

③系统接收天线接收从射频卡发送来的载波信号，经天线调节器传送到阅读器，阅读器对接收的信号进行解调和解码，然后传送到后台主系统进行相关处理。

④主系统根据逻辑运算判断该卡的合法性，针对不同的设定作出相应的处理和控制，发出指令信号控制执行机构的动作。

2）射频识别技术的分类

射频识别技术主要按以下四种方式分类。

（1）按工作频率分类。

根据工作频率的不同，可分为低频和高频系统。低频系统一般指工作频率小于30MHz的系统。其基本特点是：射频卡的成本较低、标签内保存的数据量较少、阅读距离较短、射频卡外形多样、阅读天线方向性不强等。低频系统多用于短距离、低成本的应用中，如多数的门禁控制、动物监管、货物跟踪。高频系统一般指工作频率大于400MHz的系统。高频系统的基本特点是：射频卡及阅读器成本均较高、卡内保存的数据量较大、阅读距离较远、适应物体高速运动性能好、外形一般为卡状、阅读天线及射频卡天线均有较强的方向性。高频系统多应用于需要较长的读写距离和高的读写速度的场合，像火车监控、高速公路收费等系统。

（2）按射频卡的不同分类。

按读写次数的不同，射频卡可分成可读写卡（RW卡）、一次写入多次读出卡（WORM卡）和只读卡（RO卡）三种。RW卡一般比WORM卡和RO卡贵得多，如电话卡、信用卡等。WORM卡是用户可以一次性写入的卡，写入后数据不能改变。WORM卡比RW卡要便宜。RO卡存有一个唯一的号码，不能更改，保证了安全性。RO卡最便宜。

（3）按射频卡的有源与无源分类。

按有源与无源划分，射频卡可分为有源射频卡和无源射频卡两种。有源射频卡使用卡内电池的能量，识别距离较长；无源射频卡不含电池，利用阅读器发射的电磁波提供能量，但它的发射距离受限制。

（4）按调制方式分类。

根据调制方式的不同，射频卡可分为主动式和被动式。主动式的射频卡用自身的射频能量主动地发送数据给阅读器。被动式的射频卡，使用调制散射方式发射数据，它必须利用阅读器的载波调制自己的信号，适宜在门禁或交通的应用中使用。因为阅读器可以确保只激活一定范围内的射频卡。

3）射频识别技术的特点

作为一种信息识别技术，与传统的条形码相比，RFID具有以下特点：

（1）快速扫描且同时识读多个物体。RFID辨识器可同时辨识读取数个RFID标签。

（2）体积小型化、形状多样化。RFID在读取上并不受尺寸大小与形状限制，不需要为了读取精确度而配合纸张的固定尺寸和印刷品质。此外，RFID标签更可向小型化及多样形态发展，以应用于不同产品。

（3）抗污染能力和耐久性强。传统条形码的载体是纸张，因此容易受到污染，但RFID对水、油和化学药品等物质具有很强的抵抗性。

（4）可重复使用。现今的条形码印刷上去之后就无法更改，RFID标签则可以重复地新增、修改、删除RFID卷标内储存的数据，方便信息的更新。

（5）穿透性和无屏障阅读。在被覆盖的情况下RFID能够穿透纸张、木材和塑料等非金属或非透明的材质，并能够进行穿透性通信。而条形码扫描机必须在近距离而且没有物体阻挡的情况下，才可以辨读条形码。

（6）数据的记忆容量大。一维条形码的容量是50个字符，二维条形码最大可储存3 000个字符，RFID最大的容量则为数兆字符。随着记忆载体的发展，数据容量也有不断扩大的趋势。未来物品所需携带的资料量会越来越大，对卷标所能扩充容量的需求也相应增加。

（7）安全性高。由于RFID承载的是电子式信息，其数据内容可由密码进行保护，因此其内容不易被伪造及变造。

@ **补充阅读材料7-2**

RFID技术发展状况

近几年来，RFID技术发展迅猛，其应用领域也越来越广泛。物联网行业的飞速发展，各种RFID设备在物联网中广泛应用，也不断地推动着RFID技术层面上的革新。由于RFID技术具有高速移动物体识别、多目标识别和非接触识别等特点，其在管理、生产、信息传输等方面显示出巨大的发展潜力与应用空间，因此被认为是21世纪最有发展前途的信息技术之一。

RFID技术涉及信息、制造、材料等诸多高技术领域，涵盖无线通信、芯片设计与制造、天线设计与制造、标签封装、系统集成、信息安全等技术。一些国家和国际跨国公司都在加速推动RFID技术的研发和应用进程。在过去十年间，共产生数千项关于RFID技术的专利，主要集中在美国、日本、欧洲等国家和地区。

在应用系统集成和数据管理平台等方面，某些国际组织提出基于RFID的应用体系架构。各大软件厂商也在其产品中提供了支持RFID的服务及解决方案，相关的测试和应用推广工作正在进行中。中国在RFID应用架构、公共服务体系、中间件、系统集成以及信息融合和测试工作等方面取得了初步成果，建立国家RFID测试中心已经被列入科技发展规划。

中国已经将RFID技术应用于铁路车号识别、身份证和票证管理、动物标识、特种设备与危险品管理、公共交通以及生产过程管理等多个领域。

4）射频识别技术在配送管理中的应用

（1）入库和检验。

当贴有射频标签的货物运抵配送中心时，入口处的阅读器将自动识读标签，根据得到的信息，管理系统会自动更新存货清单。同时，根据订单的需要，将相应货品发往正确的地点。这一过程将传统的货物验收入库程序大大简化，省去了烦琐的检验、记录、清点等大量需要人力的工作。

（2）整理和补充货物。

装有移动阅读器的运送车自动对货物进行整理，根据计算机管理中心的指示自动将货物运送至正确的位置，同时将计算管理中心的存货清单更新，记录下最新的货品位置。存货补充系统将在存货达不到指定数量时自动向管理中心发出申请，根据管理中心的命令，在适当的时间补充相应数量的货物。在整理货物和补充存货时，如果发现有货物堆放到了错误位置，阅读器将随时向管理中心报警，根据指示，运送车将把这些货物重新堆放到指定的正确位置。

（3）订单填写。

通过RFID系统，存货和管理中心紧密联系在一起，而管理中心的订单填写，将发货、出库、验货、更新存货目录整合成一个整体，最大限度地减少了错误的发生，同时也大大节省了人力。

（4）货物出库运输。

应用RFID技术后，货物运输将实现高度自动化。当货品从配送中心出库，经过仓库出口处阅读器有效范围时，阅读器自动读取货品标签上的信息，不需要扫描，就可以直接将出库的货物运输到零售商手中，如图7-5所示。

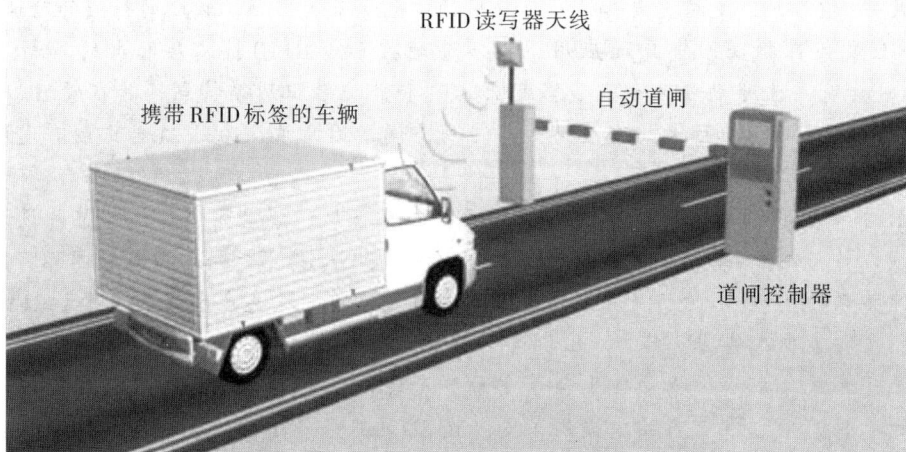

图7-5　RFID技术在货物出库运输时的应用

案例精析7-3

RFID技术在沃尔玛的应用

据一份研究报告指出，沃尔玛在世界各地的零售商场和配送中心普遍采用RFID标签技术以后，货物短缺和货架上的产品脱销发生率降低了16%，从而大幅度提高了客户服务满意率。其实，所谓RFID标签，无非是在每一种，甚至每一件货物上贴上技术含量远远超过条形码且信息独一无二的RFID标签。在货物进出通道口的时候，RFID标签能够发出无线信号，把信息立即传递给无线射频机读器，传递到供应链经营管理部门的各个环节上。于是仓库、堆场、配送中心，甚至商场货架上的有关商品的存货动态一目了然。

沃尔玛的这项RFID标签技术是在美国阿肯萨斯大学帮助下开发出来的。事实证明，在RFID标签技术和其他电子产品代码技术的大力支持下，沃尔玛避免了订货和货物发送的重复操作和遗漏，更不会出现产品或者商品供应链经营操作规程中的死角和黑箱。

RFID技术标签的操作方式其实相当简便，只需要少数人管理，货物跟踪和存货搜索效率高得惊人，大幅度提高了存货管理水平，减少了库存，降低了物流成本。沃尔玛商场的工作人员手持射频识别标签技术机读器，定时走进商场销售大厅或者货物仓库，用发射天线对着所有的货物一扫，各种货物的数量、存量等动态信息全部自动出现在机读器的屏幕上，已经缺货和即将发生短缺的货物栏目会发出提示警告声光信号，无一漏缺。

分布在美国和世界各地的沃尔玛零售商场的RFID网络，可以通过卫星通信网络技术实施全球一体化经营管理。也就是说，沃尔玛集团的各个零售商场、各家供货商、制造商、运输服务商和中间商等的存货、销售和售后服务、金融管理等信息动态均被美国沃尔玛零售商总部全面掌握。

资料来源　佚名. 沃尔玛：以RFID实现快充货架［EB/OL］.［2016-08-10］. http：//tech.hqew.com/news_1248024，有删改。

精析：通过射频识别技术标签和卫星通信网络，沃尔玛可以在第一时间和第一现场全面掌握商场货架上、托盘上、仓库中和运输途中的货物动态，大大提升物流运作和配送管理水平。

7.3.3　电子订货系统

电子订货系统（Electronic Ordering System，EOS），是指企业间利用通信网络（VAN或互联网）和终端设备，以在线连接方式进行订货作业和订货信息交换的系统，是连接供应商、配送中心、连锁分店等的一个整体订货/供货系统。

1）电子订货系统的构成与种类

电子订货系统包括订货系统、通信网络系统和接单电脑系统。就门店而言，只要配备了订货终端机和货价卡（或订货簿），再配上电话和数据机，就已初步具备一套完整的电子订货配置。就供应商来说，凡能接收门店通过数据机传输的订货信息，并可利用终端机设备系统直接作订单处理，打印出出货单和检货单，就可以说已具备电子订货系统的功能。但就整个社会而言，标准的电子订货系统绝不是"一对一"的格局，即并非单个的零售店与单个的供应商组成的系统，而是"多对多"的整体运作，即许多零售店和许多供应商组成的大系统的整体运作方式。

根据电子订货系统的整体运作程序来划分，大致可以分为以下三种类型。

（1）连锁体系内部的网络型。

这是指连锁门店有电子订货配置，连锁总部（或连锁公司内部的配送中心）有电脑接单系统，并利用通信网络传输订货信息。这是"多对一"（即众多的门店对连锁总部）与"一对多"（即连锁总部对众多的供应商）相结合的初级形式的电子订货系统。

（2）供应商对连锁门店的网络型。

其具体形式有两种：一种是直接的"多对多"，即众多的不同连锁体系下属的门店对供应商，由供应商直接接单发货至门店；另一种是以各连锁体系内部的配送中心为中介的间接的"多对多"，即连锁门店直接向供应商订货，并告知配送中心有关订货信息，供货商按商品类别向配送中心发货，并由配送中心按门店组配向门店送货，这可以说是中级形式的电子订货系统。

（3）众多零售系统共同利用的标准网络型。

其特征是利用标准化的传票和社会配套的信息管理系统完成订货作业。其具体形式有两种：一是地区性社会配套的信息管理系统网络，即成立由众多的中小型零售商、批发商构成的区域性社会配套的信息管理系统营运公司和地区性的咨询处理公司，为本地区的零售业服务，支持本地区 EOS 的运行；二是专业性社会配套信息管理系统网络，即按商品的性质划分专业，如食品、饼干、医药品、运动用品、玩具、衣料等，从而形成各个不同专业的信息网络。这是高级形式的电子订货系统，必须以统一的商品代码、统一的企业代码、统一的传票和订货标准的建立为前提条件。

2）连锁企业 EOS 的硬件设备配置与流程

连锁企业电子订货系统的硬件设备一般由三个部分组成。

（1）电子订货终端机。

其功能是将所需订货的商品及其条码和数量，以扫描和键入的方式，暂时储存在记忆体中，当订货作业完毕，再将终端机与后台电脑连接，取出储存在记忆体中的订货资料，存入电脑主机。电子订货终端机与手持式扫描器的外形有些相似，但功能却有很大差异，其主要区别是：电子订货终端机具有存储和运算等电脑基本功能，而扫描器只有阅读及解码功能。

（2）数据机。

它是传递订货人与接单人电脑信息资料的主要通信装置，其功能是将电脑内的数据转换成线性脉冲资料，通过专有数据线路，将订货信息从门店传递给商品供方的数据机，供方以此为依据来发送商品。

（3）其他设备。

其他设备有个人电脑、价格标签及店内码的印制设备等。

连锁企业电子订货系统的具体流程为：

第一步，订货信息收集。连锁门店中负责订货的人员，在卖场查看各商品的销售状况，收集并汇总订货商品的名称、订货数量等信息输入掌上型订货终端机，并一同将选择哪家供应商进行订货交易的信息通过在线网络系统发送给总部，由总部进行信息处理后，发送至商业增值网络中心。

第二步，信息处理。商业增值网络中心将获得的信息进行处理，核查交易双方的交易有效性；进行企业与供应商、企业与配送中心之间的 EDI 单证格式的检查和传递工作。

第三步，信息传递。商业增值网络中心将订货信息发送给供应商，供应商与相应的配送中心取得联系，如果配送中心有所需货物，则要求配送中心直接配送至所需货物的连锁门店；如果配送中心库存不足，则要求供应商接到订货请求后，先发货至配送中心，再由配送中心配送至连锁门店。

第四步，实物配送。配送中心在得到来自商业增值网络中心的订货信息后，根据发货清单向连锁门店进行配送货。如果配送中心库存不足，供应商需要先向配送中心发货（如第三步所述）。

通过电子订货系统，连锁企业总部可以实时地获得每天进出货的具体情况，可以掌握连锁门店的销售和库存情况，以保证库存合理化；供应商也可以通过电子订货系统及时地了解到下游企业的订货需求，通过长期积累的数据，可以对其配送中心的库存进行有效的管理和预测。

7.3.4 电子数据交换技术

1）电子数据交换的基本概念

电子数据交换（Electronic Data Interchange，EDI）是按照协议对具有一定结构特征的标准信息，经数据通信网络，在计算机系统之间进行交换和自动处理。也就是说，EDI用户根据国际通用的标准格式编制报文，以计算机可读的方式将结构化的信息，如订单、发票、提货单、海关申报单、进出口许可证等，按照协议进行传送。报文接收方按国际统一规定的语法规则对报文进行处理，通过信息管理系统和作业管理决策支持系统完成信息的自动交换和处理。

2）EDI的工作流程

EDI强调在其系统上传输的报文遵守一定的标准，因此，在发送之前，系统需要使用翻译程序将报文翻译成标准格式的报文。

（1）发送方计算机应用系统生成原始的用户数据。

（2）发送报文的数据映射和翻译。

（3）发送标准的EDI报文。通信软件将已转换成标准EDI格式的文件，经计算机网络传送到EDI网络中心。

（4）贸易伙伴获取标准的EDI文件。根据EDI网络软件的不同，EDI网络中心既可以通过计算机网络自动通知发送方的贸易伙伴，也可以被动地等待贸易伙伴通过计算机网络进行查询和下载。

（5）接收文件的数据映射和翻译。

（6）接收方应用系统处理翻译后的文件。EDI交换平台除提供用户之间的通信平台外，还可以根据业务需要，在提供格式转换和翻译软件的同时，提供密码管理、权限管理、通信管理、记账管理、数据存档、第三方认证等功能。

3）EDI的接入方式

（1）普通用户接入方式。

该类用户通常没有自己的计算机应用系统，当使用EDI与其贸易伙伴进行业务数据传递时，可通过浏览器到EDI交换中心的Web服务器上使用各种服务。

（2）具有单一计算机应用系统的用户接入方式。

用户通过网络直接接入EDI中心，该计算机应用系统中需要安装EDI系统的专用通信软件以及相应的映射和翻译软件。

（3）具有多个计算机应用系统的用户接入方式。

多个应用系统（如销售系统、采购系统、财务系统等）可采用联网方式将各个应用系统首先接入负责与EDI中心交换信息的服务器中，再由该服务器接入EDI交换平台，该服务器不仅负责各个应用系统与EDI中心的统一通信，还承担EDI标准格式的翻译、企业各部门EDI的记账。

（4）EDI系统的网络化。

采用 Internet 技术建立的企业内部专用网络（Intranet）的出现，对企业信息部门具有巨大的冲击力和吸引力。由于 Intranet 以 Web 为核心，平台统一、管理方便、培训简单，建造企业内部专用网络已成为一种时尚和必然趋势。外联网（Extranet）概念的提出，使 Intranet 由企业内部走向外部。Extranet 通过向一些主要的贸易伙伴添加外部连接来扩充 Intranet。

企业内联网和外联网的网络化，必然会促使以企业间交换信息为主要功能的 EDI 系统的网络化。目前，在很多 EDI 系统中，用户已经可以使用浏览器通过 EDI 中心的 Web 服务器访问 EDI 系统。

4）应用 EDI 技术的物流配送优点

与传统的链式信息传输方式相比，EDI 信息传输方式具有时间短、效率高的特点。信息的获取准确、及时，失误和中断少。采用了 EDI 技术，信息传输速度加快：一方面节省了时间，另一方面生产效率有了很大提高。同时，因为信息传输快速、及时，车辆空载率大大降低，进而经济效益有了极大的提高，实现了物流系统内部信息传递的便捷化与实时化。物流配送系统应用 EDI 技术的主要优点如下：

（1）快速响应。

快速响应关系到一个服务商是否能够及时满足顾客服务需求的能力。物流配送系统快速响应顾客的需求，最大限度地减少顾客的重复性工作，最大限度地满足顾客的服务需求，可以提高整个物流配送系统的服务质量。

（2）保持物流配送系统信息联系通畅。

物流配送系统内部以及货主、承运人、收货人等相关系统之间的信息交换和商业交易活动无不与通畅的信息紧密联系，应用 EDI 技术能够实现畅通的信息联系。

（3）物流配送信息的完整与最小变异性。

物流配送系统内的各机构应用 EDI 技术进行信息交换，能够保证信息的完整、充分、及时，实现信息的最小变异。变异是指破坏系统表现的任何意想不到的事件，它可以产生于任何一个领域，如到货时间延迟、货物损坏、货物交付地点不正确等。减少变异的可能性关系到物流配送系统的信息传递是否准确，而物流配送系统运用 EDI 技术使用电子文书进行内部及外部的标准化信息传输，可以降低人工输入次数及错误率。

【案例精析 7-4】

上海联华超市集团的 EDI 应用

上海联华超市集团经营大型综合超市、超级市场及便利店三大零售业态。截至 2017 年 6 月 30 日，门店总数达到 3 595 家，遍布全国 19 个省份及直辖市。作为国家科委"九五"科技攻关项目"商业 EDI 系统开发与示范"的示范单位之一，该集团从 1998 年 3 月开始，与北京商学院、浙江工商大学杭州商学院、上海商业高新技术开发公司合作开发自己的 EDI 应用系统。这个 EDI 应用系统包括配送中心和供货厂家、总部与配送中心、配送中心与门店之间的标准格式的信息传递，信息通过上海商业增值网 EDI 服务中心完成。

采用 EDI 系统之后，配送中心直接根据各门店的销售情况和要货情况产生订货信息发送给供货厂家。供货厂家供货后，配送中心根据供货厂家的发货通知单直接去维护库存，向门店发布存货信息，这样做的结果，使得信息流在供应商、配送中心、门店之间流动，所有数据只有一个入口，保证了数据传递的及时、准确，降低了订货成本和库存费用。

资料来源　佚名.上海联华超市集团的EDI应用［EB/OL］.［2017-11-29］. http://news.chinabyte.com/91/172591.shtml.

精析：上海联华超市集团运用EDI技术实现了信息在供应商、配送中心和门店之间的快速、便捷传递，节省了内部管理费用和处理费用，显著地缩短了从订货到交货的时间，提高了企业的管理水平和经营效率。

7.3.5　GIS和GPS技术

1）GIS技术

GIS（Geographical Information System）即地理信息系统，是一种获取、存储、检索、操作、分析和显示地球空间数据的计算机系统。

GIS具有以下三方面的特征：具有采集、管理、分析和输出多种地理空间信息的能力，具有空间性和动态性；以地理研究和地理决策为目的，以地理模型、方法为手段，具有区域空间分析、多要素综合分析和动态预测能力，能产生高层次的地理信息；由计算机系统支持进行空间地理数据管理，并由计算机程序模拟常规的或专门的地理分析方法，作用于空间数据，产生有用信息，完成人类以前难以完成的任务。

从应用的角度，GIS由硬件、软件、数据、人员和方法五部分组成。硬件和软件为地理信息系统建设提供环境；数据是GIS的重要内容；方法为GIS建设提供解决方案；人员是系统建设中的关键和能动性因素，直接影响和协调其他几个组成部分。

硬件主要包括计算机和网络设备，存储设备，数据输入、显示和输出的外围设备等。

软件主要包括以下几类：操作系统软件、数据库管理软件、系统开发软件、GIS软件等。GIS软件的选型直接影响其他软件的选择，影响系统解决方案，也影响系统建设周期和效益。

数据是GIS的重要内容，也是GIS系统的灵魂和生命。数据组织和处理是GIS应用系统建设中的关键环节。

方法是指系统需要采用何种技术路线、采用何种解决方案来实现系统目标。方法的采用会直接影响系统性能，影响系统的可用性和可维护性。

人员是GIS系统的能动部分。人员的技术水平和组织管理能力是决定系统建设成败的重要因素。系统人员按分工不同有项目经理、项目开发人员、项目数据人员、系统文档撰写人员和系统测试人员等。各个部分齐心协力、分工协作是GIS系统成功建设的重要保证。

2）GPS技术

GPS（Global Positioning System）即全球定位系统，是利用卫星星座、地面控制部分和信号接收机对监控对象进行动态定位和跟踪的系统。

GPS是美国国防部安排部署的，首要的任务是为美军及盟军提供全球范围内不间断的定位、导航等数据，其次也为民用、商用提供定位、导航、测速、授时等数据服务。GPS能为全球任意地点、任意用户同时提供高精度、全天候、连续、实时的三维定位、三维测速和时间基准。由于这一系统在定位、导航、测速、授时等方面的高效率、高精度、多功能、易移动、低价格，因此它在地球科学中应用广泛。

GPS系统包括GPS卫星、GPS监控站，以及用户接收设备和GPS应用软件等部分。GPS系统目前共有24颗卫星分布在6条固定的轨道上，绕地球运行。轨道距地面约20 400千米，每颗卫星以12小时为周期，连续向地面发送关于时间和自身位置的精确信息。

3）GIS和GPS技术在配送管理中的应用

（1）车辆和货物跟踪。

利用GPS和GIS技术可以实时显示出车辆的实际位置，并任意放大、缩小、换图；可以随目标移动，使目标始终保持在屏幕上；还可实现多窗口、多车辆、多屏幕同时跟踪，可对重要车辆和货物进行跟踪运输，以便进行合理调度和管理。

（2）货物配送路线规划和导航。

利用GIS和GPS技术，设计最佳行驶路线，包括最快的路线、最简单的路线、通过高速公路路段次数最少的路线等。路线规划好之后，利用GPS的三维导航功能，通过显示器显示设计路线以及汽车运行路线和运行方法。

（3）信息查询。

对配送范围内的主要物标进行查询，查询资料可以文字、语言及图像的形式显示，并在电子地图上显示其位置。

（4）指挥与决策。

指挥中心通过GIS和GPS技术可以监测区域内车辆的运行状况，对被监控车辆进行合理调度。利用长期客户、车辆、订单和地理数据等建立模型来进行配送网络的布局模拟，并以此为建立决策支持系统提供更有效而直观的决策依据。

案例精析 7-5

UPS运用信息技术提高竞争能力

联合包裹服务公司（United Parcel Service，UPS）是世界上最大的空中和地面包裹递送公司。联合包裹服务公司通过应用3项以配送信息技术为基础的服务提高了竞争能力。

第一，条形码和扫描仪使联合包裹服务公司能够有选择地每周7天、每天24小时跟踪和报告装运状况，顾客只需拨打免费电话号码，即可获得"地面跟踪"和航空递送这样的增值服务。

第二，联合包裹服务公司的递送驾驶员携带着以数控技术为基础的笔记本电脑到排好顺序的线路上收集递送信息。这种笔记本电脑使驾驶员能够用数字记录装运接受者的签字，以提供收货核实。通过电脑协调递送驾驶员信息，减少了差错，加快了递送速度。

第三，联合包裹服务公司最先进的信息技术应用，是创建于1993年的一个全美无线通信网络，该网络使用了55个蜂窝状载波电话。蜂窝状载波电话技术使驾驶员能够把实时跟踪的信息从卡车上传送到联合包裹服务公司的中央电脑。无线移动技术和系统能够提供电子数据储存，并能跟踪公司在全球范围内的数百万笔递送业务。通过安装卫星地面站和扩大系统，到1997年实时包裹跟踪成为现实。

由于使用了一种叫发货信息获取装置（DIAD）的手持计算机，联合包裹服务公司的驾驶员可以自动地获得有关客户签名、运货汽车、包裹发送和时间表等信息。驾驶员把

DIAD 接入卡车上的车用接口（即一个连接在移动电话网上的信息传送装置），包裹跟踪信息就被传送到联合包裹服务公司的计算机网络上，在联合包裹服务公司位于新泽西州的主计算机上被存储和处理。在那里，信息可以通达世界各地向客户提供包裹发送的证明。这个系统也可以为客户的查询提供打印信息。

资料来源　鲍吉龙，江锦祥. 物流信息技术［M］. 北京：机械工业出版社，2010.

精析：UPS 运用先进的信息技术，大大提高了监控的"透明度"，实现了对货物的准确控制和"全程跟踪"，并且使很多过去需要较多人工处理、耗费较多时间的活动得以简化，这种简化使得物流配送工作的效率大大提高，也提高了 UPS 的竞争能力。

本章小结

配送中心运营会产生大量信息，反过来，信息对于配送中心的运营也极为重要。尤其是作为配送中心主要活动的物流以及主要目的或风险的资金流，在产生信息的同时，更需要信息流的引导、支持、约束和推动。配送中心的信息管理就是利用适当的物流信息技术和方法，快速实现配送活动相关信息的收集、传输、存储、加工，加强配送信息的利用和控制。

连锁配送信息管理系统是指连锁企业以现代管理思想和理论为依据，以计算机软硬件、网络通信和其他现代信息技术为基础，以充分利用信息资源、实施物流配送业务、控制物流配送过程、支持物流配送决策为手段，以降低经营成本、提高企业效益和效率、增强企业的核心竞争力为目的，进行物流配送信息的收集、整理、存储、加工处理、更新维护、输出和传输的集成化的人机系统。连锁企业配送中心信息系统通常由销售出库管理系统、采购入库管理系统、输配送作业管理系统、客户服务管理系统、财务管理系统、绩效评价系统、系统服务系统等功能子系统组成。

连锁配送信息管理的关键技术包括条形码技术、射频识别技术、电子订货系统、电子数据交换技术、地理信息系统和全球定位系统。条形码技术是在计算机的应用实践中产生和发展起来的一种自动识别技术。它是为实现对信息的自动扫描而设计的。射频识别技术是一项利用射频信号通过空间耦合实现无接触信息传递，并通过所传递的信息达到识别目的的技术。电子订货系统是指企业间利用通信网络和终端设备，以在线连接方式进行订货作业和订货信息交换的系统，是连接供应商、配送中心、连锁分店等的一个整体订货/供货系统。电子数据交换是按照协议对具有一定结构特征的标准信息，经数据通信网络，在计算机系统之间进行交换和自动处理。

主要概念

配送中心信息　配送信息管理系统　条形码　射频识别　电子订货系统　电子数据交换　地理信息系统　全球定位系统

基础训练

一、不定项选择题

1.包括配送中心进出货和库存管理的总体流程，各个环节如进货、检验等分流程，人员与设备的使用情况，货物移动信息如时间、地点、事故等的信息属于配送中心的

（　　）。

A.信息作业信息　　　　　　　　　B.实物作业信息

C.相关的经营管理信息　　　　　　D.相关的商流活动信息

2.配送中心物流活动管理信息化的"四化"要求是指（　　）。

A.信息作业的电子化　　　　　　　B.信息作业的网络化

C.信息作业的自动化　　　　　　　D.信息作业的智能化

E.信息作业的低成本化

3.下列各系统中，（　　）属于连锁企业配送中心信息系统的功能子系统。

A.销售出库管理系统　　　　　　　B.采购入库管理系统

C.客户服务管理系统　　　　　　　D.绩效评价系统

4.一般来说，构成连锁企业配送信息管理系统的要素有（　　）。

A.硬件、软件　　　　B.数据库　　　　C.企业管理制度　　　　D.相关人员

5.（　　）是迄今为止最经济、实用的一种自动识别技术。

A.射频识别技术　　　　B.GIS技术　　　　C.GPS技术　　　　D.条形码技术

二、判断题

1.条形码是由一组规则排列的条、空以及对应的字符组成的标记，"空"指对光线反射率较低的部分，"条"指对光线反射率较高的部分。　　　　　　　　　　（　　）

2.利用GPS和GIS技术可以实时显示出车辆的实际位置，并任意放大、缩小、换图。
　　　　　　　　　　　　　　　　　　　　　　　　　　　　　　　　　（　　）

3.EDI强调在其系统上传输的报文遵守一定的标准，因此，在发送之前，系统需要使用翻译程序将报文翻译成标准格式的报文。　　　　　　　　　　　　　　　（　　）

4.射频识别技术的抗污染能力和耐久性不强。　　　　　　　　　　　　　（　　）

5.配送中心的信息系统除了提供各种商品的库存量、配送时间、价格、已订购商品的信息外，最主要的功能是希望随着运营状态的变化，随时提供最新的信息。　（　　）

三、简答题

1.简要介绍射频识别技术的原理及在配送管理中的应用。

2.简要回答连锁企业配送信息管理系统的功能结构。

3.简要回答连锁企业配送中心的信息管理途径与方法。

四、实训题

【实训项目】

条码标签生成打印实训

【实训情境设计】

依托所在学校物流配送实训室，要求学生模拟条码管理人员，根据验货清单，检索出商品的编码，运用条码技术，生成并打印出条码标签，贴到商品上。

【实训任务】

（1）接收收货单。实验开始后，按照企业的业务流程，验货人员对供应商发送来的商品进行检验后，开出收货单，条码管理人员以此为依据开始作业。

（2）给物品编码。条码管理人员根据收货单的信息，结合本企业的物品编码规则，对待入库的货物进行编码。该编码是货物的唯一标识。

（3）查找已编代码。如果货物已有编码，则在初始设定的货物数据库中，运用各种查询条件的组合，检索找到此货物的编号。

（4）记录货物编码。将货物的新编码或已有编码补充输入收货单。

（5）生成条码。用货物编码，调用条码生成模块，生成该货物的条码代号以及图形符号。

（6）打印条码标签。条码员依照条码打印机的使用说明，将上一步得到的条码符号提交到条码打印机，进而得到条码的不干胶标签。

（7）贴条码标签。条码管理员将打印出来的条码贴到商品合适的位置上。

【实训提示】

所在学校物流配送实训室应配备相关设备。注意在实训中使学生进一步理解条码技术的理论知识，加深学生对条码构成、生成、应用的直观认识，使学生真切地体会到条码的优越性，提升学生对配送信息管理现代化的认识。

【实训效果评价】

针对实训任务的完成情况，填写表7-1。

表7-1　　　　　　　　　　　　　实训效果评价表

考核项目	考核标准	所占比例
实训组织与准备	人员组织合理，分工明确，对实训目的和实训内容准备充分	10%
查找货物编码	能够快速、准确地检索收货单中的货物是否已有编码，若未编码，则进行新的货物编码	10%
货物编码和记录	以收货单信息为依据，结合本企业的物品编码规则，对货物进行正确编码，编码符合国际和国家规范。在数据库中准确记录货物编码	20%
生成和打印条码	用货物编码，调用条码生成模块，生成该货物的条码代号以及图形符号。利用条码打印机，得到条码的不干胶标签	20%
解决问题	明确指出问题所在，并提出解决问题的基本思路或对策。在他人的支持下制订计划并实施，此过程中适当利用相关资源。检查问题是否解决，并对方法做出总结和修改	10%
实训报告	撰写的报告内容完整、真实，反映本次实训取得的主要收获和体会，针对性强，表述符合基本原理，观点有独到之处	30%

课外拓展

获取连锁经营领域前沿资讯、政策法规、行业观点、数据资料，了解最新实务操作案例，请关注微信公众号"中物联采购委"（微信号：CFLP_SCM）。

第8章

不同商品的连锁配送管理

学习目标

通过本章的学习，了解生鲜、家电、服装、医药等产品配送的基本特征；掌握各种产品连锁配送的流程和方法；掌握不同产品配送中心建设的要领；认识我国生鲜、家电、服装、医药等产品连锁配送管理存在的问题以及解决思路。

引例 联华的生鲜食品配送

联华生鲜食品加工配送中心是目前我国设备最先进、规模最大的生鲜食品加工配送中心，总投资 6 000 万元，建筑面积 35 000 平方米，年生产能力 20 000 吨，其中肉制品 15 000 吨，生鲜蔬菜、调理半成品 3 000 吨，西式熟食制品 2 000 吨，产品包括 15 大类约 1 200 种。在生产加工的同时，配送中心还承担水果、冷冻品以及南北干货的配送任务。

门店的订单通过联华数据通信平台，实时地传输到生鲜配送中心，订单上已经标明了各商品的订货数量和相应的到货日期。生鲜配送中心接收到门店的要货数据后，立即在系统中生成门店要货订单，按不同的商品物流类型进行相应的处理。

在得到门店的订单并汇总后，物流计划部根据第二天的收货、配送和生产任务制订物流计划。第一，线路计划。根据各线路上门店的订货数量和品种，做出线路的调整，保证运输效率。第二，批次计划。根据总量和车辆人员情况设定加工和配送的批次，实现循环使用资源，提高效率。在批次计划中，将各线路分别分配到各批次中。第三，生产计划。根据批次计划，制订生产计划，将量大的商品分批投料加工，设定各线路的加工顺序，保证和配送运输相协调。第四，配货计划。根据批次计划，结合场地及物流设备的情况，做出配货的安排。

商品分拣完成后，都堆放在待发库区，按正常的配送计划，这些商品在晚上送到各门店，门店第二天早上将新鲜的商品上架。

配送时，按计划依路线上门店的顺序进行，同时抽样检查准确性。在货物装车的同时，系统能够自动算出包装物（笼车、周转箱）在各门店的使用清单，装货人员也据此来核对差异。在发车之前，系统根据各车的配载情况给出各运输车辆的随车商品清单、各门店的交接签收单和发货单。商品到门店后，由于数量高度准确，在门店验货时只要清点总的包装数量，退回上次配送带来的包装物，完成交接手续即可，一般一个门店的配送商品交接只需要 5 分钟。

资料来源　佚名.上海联华生鲜食品加工配送中心物流案例［EB/OL］.［2017-12-20］. http：//www.chinawuliu.com.cn/xsyj/201101/04/143792.shtml，有删改。

8.1 生鲜品连锁配送管理

8.1.1 生鲜品及其配送特征

生鲜品的概念源于外资零售企业，亦可称为易腐商品，属于不易保存的商品。经过几年的发展，虽然生鲜品普遍为国内消费者所认同，但是学术界以及业界人士对生鲜品的理解不一，生鲜品经营的项目和形式也有很大差异，因此至今对这类商品的概念没有明确的界定。参照日本的生鲜商品分类方法，中国业界有"生鲜三品"和"生鲜五品"之说。所谓"生鲜三品"，即青果（蔬菜水果）、精肉、水产品，这类商品只需做必要的保鲜和简单整理就可上架出售，是生鲜类的初级产品。近年来，随着人们生活节奏的加快，生鲜品的再加工已成为一种新的发展趋势，其内涵也有了进一步的丰富。有学者认为传统的"生鲜三品"已经发展为"生鲜五品"，即在"生鲜三品"的基础上再加上由西式生鲜加工制品延伸而来的面包和熟食制品。

生鲜品配送主要具有以下特征：

1）生鲜品配送对设备要求高

与工业品不同，生鲜品大多是有生命的动物性与植物性产品，具有易腐易损性，在配送过程中的运输、仓储、搬运、装卸、包装等环节的管理和操作难度大，因此对仓储、运输设备和流通保鲜条件提出了更高的要求。例如，水产品的冷藏和冷冻运输、分割肉的冷藏运输、牛奶等制品的恒温运输等，使用的设备专用性强，对设备的要求较高。

2）生鲜品配送对时效性要求高

生鲜品最大的特性就是易腐易损性，规定了配送时间的上限，因此对整个配送过程的时效性要求是很高的，大大限制了运输半径和交易时间，并要求尽量减少装卸和搬运次数。特别是一些鲜活的生鲜商品，对配送过程的要求非常苛刻。

3）生鲜品配送的成本较高

一方面，由于生鲜品大部分是人们每天生活必需的消费品，其需求量大、单位产品价值低，再加上最初产品形状、规格、质量参差不齐，因此在配送的过程中会产生较高的成本；另一方面，生鲜品本身的特性决定了其在流通过程中对配送设备以及时效性的要求很高，这样也会产生较高的配送成本。

4）生鲜品配送对信息化程度要求高

生鲜品配送离不开市场信息和物流资源信息，它们是生鲜配送效率、质量以及效益的保障。如果没有完善的信息系统，就不能及时地反映市场动态，不能发挥有效的信息导向作用，最终也不能保证生鲜品配送的时效性和低成本要求。

@补充阅读材料8-1

生鲜品配送服务的进一步延伸

沃尔玛目前正在硅谷地区测试一项新的物流服务，可将包括生鲜日杂在内的商品送至消费者家中的冰箱里，并且，当用户不在家时，其所订购的易腐坏商品也可以及时配送到家里。为此，沃尔玛与智能锁公司August Home和物流服务商Deliv达成合作。

首先，用户需要在沃尔玛官网下单，订单备好后会有Deliv的配送人员拣货并送至消费者的家中。当这位配送人员按门铃无人应答时，他可以使用消费者预先授权的一次性密码打开装有August Home智能锁的门。进门后，Deliv的工作人员会将杂货送至厨房，将易腐坏的商品放至冰箱或冰柜后便离开。与此同时，消费者也可通过家用监控设备连接August Home应用来查看配送过程。

自宣布收购电商公司Jet后，沃尔玛便与August Home开始在纽约市的1 000栋公寓里安装智能锁，从而方便今后对这些地区展开这项"最后一公里"的配送服务。

8.1.2　生鲜品配送的流程

不同种类的生鲜品的配送流程不尽相同，以下将生鲜品分为四类，并分别阐述其配送流程：

第一类生鲜品即保质期较短或对保鲜要求较高的产品，如点心类食品、肉制品、水产品等，要求能够快速送货，因此这类产品的配送不存在储存程序，在收货工序之后紧接着是分拣和配货等工序。其典型流程为：订货→收货→配装→送货。

第二类生鲜品即保质期较长的产品，一般在备货后安插储存工序，有时是放在冷库中储存。这类产品的配送流程与干货的流程差不多。其典型流程为：订货→收货→储存→配货→配装→送货。

第三类生鲜品即需要加工的产品。其操作程序如下：大量货物集中到仓库后，先进行初加工，包括将大块的货物分成小块，对货物进行等级划分，给蔬菜去根、去老叶，鱼类去头去内脏，配制成半成品等，再进行储存，最后配装送货。其典型流程为：订货→收货→加工→储存→配货→配装→送货。

第四类生鲜品是由供应商直供给门店的产品。有时为了提高产品周转速度及鲜度，虽由配送中心向供应商订货，但是供应商不是将产品发给配送中心，而是将产品直接发给各个门店，这是一种流程最短的产品配送方式。其典型流程为：配送中心订货→门店收货。

我们以第三类生鲜品为例说明生鲜品配送流程的具体环节。

1）订货

订货是配送流程运作的开始。配送中心收到和汇总门店的订货单后，首先要确定配送货物的种类和数量，然后要查询配送中心现有库存中是否有所需的现货。如果有现货，则转入拣选流程；如果没有，或虽然有现货但数量不足，则要及时发出订单或向总部采购部门申请发出订单，进行订货。

2）收货

收货包括接货签收和验收入库。通常，在商品货源充裕的条件下，采购部门向供应商发出订单以后，供应商会根据订单的要求很快组织供货，配送中心接到通知后，就会组织有关人员接货，先要在送货单上签收，继而还要对货物进行检验。验收入库主要包括数量的检验和质量的检验。若与订货合同要求相符，则可以转入下一道工序；若不符合合同要求，配送中心将详细记录差错情况，并拒绝接收货物。按照规定，质量不合格的商品将由供应商自行处理。经过验收之后，配送中心的工作人员随即按照类别、品种将其分开，分门别类地存放到指定的仓位和场地，或直接进行下一步操作。

生鲜品不可能按照普通工业品的标准进行严格的质量检验，同时我国生鲜商品标准化体系还不完善，生鲜品的品质、等级、规格、农药残留量、保鲜处理、包装、运输、计量等方面的标准还很不规范。但从发达国家生鲜品物流的经验及消费者追求自然、环保的生活方式的趋势来看，生鲜品质量是流通的立足之本。因此，生鲜品配送中心应从进货源头抓起，严格筛选生产者，并与其建立长期稳定的供销关系，对供货质量、数量、价格作详细的规定，以控制产品质量，保证产品品种，及时稳定价格。

3）加工

加工包括两方面的内容：一是制成品加工。这是生鲜经营的利润区，它包括西式糕点和面包，中式面点、面条加工以及半成品配菜，套餐、熟食的加工等。二是初级产品加工。它是对"生鲜三品"的初加工，包括清洁、分拆、分选、包装等工序，目的在于保鲜和提高配送效率。为了提高生鲜品的配送效率和效益，应引入先进技术和设备，对生鲜品进行在途加工和配送中心加工，使进货、分割、加工、包装、配送运输直至零售店销售形成一条有机的链条，这种组织形式无论是对流通加工的有效运转，还是对配送活动的完善与发展，都有积极的推动作用。

4）储存

储存主要是为了保证销售需要，但必须是合理库存，同时还要注意在储存业务中做到确保商品不发生数量和质量变化。生鲜食品的储存，有其特殊的要求，而且保管难度大，稍不注意，极易造成腐坏变质。为了防止这些损失发生，在存储方法上，应采用多种保鲜、养护手段和科学方法，目前在配送中心中使用较多的是冷藏储存、臭氧杀菌等方法；在存储地点上，要注意便于分拣、配货和出库；在存储时间上，要贯彻先进先出的原则；在存储管理上，要安全、正确、经济、简捷地保存生鲜品。

生鲜品经营的主要业态为零售业，而零售店只能根据市场预测来确定需求计划，但如果因此认为储存计划的精度没有生产企业根据生产进度来确定原材料和零配件需求计划那么高，就大错特错了。因为生鲜商品具有易腐易损性，不可能像普通日用品那样保存大量的商品库存，在与用户需求衔接的严密程度上要高得多。

在科学储存方面，前人已经形成了一套比较完整的理论，无论需求是连续的还是间断的，线性的还是非线性的，确定的还是随机的，都可以找到相对应的数学模型。但是，生鲜品和普通商品在储存上有一个很大的区别，就是保存期应短于保质期，在出货时又必须符合先进先出的原则，因此如何运用科学严密的数理技术预测出安全库存，使得库存量既能满足用户需求，又不致因保存期超过保质期而蒙受损失就至关重要了。

5）配货

配货是指配送中心的工作人员根据信息中心打印出的要货单上所要的商品、要货的时间、储存区域，以及装车配货要求、门店位置，将货物挑选出来的一种活动。配货一般是以摘取的方式拣选商品。工作人员推着集货车在仓库货架间巡回走动，按照配货单上指出的品种、数量、规格挑选出门店所需的商品并放入集货车内，最后存放在暂存区以备装车。

6）配装

为了充分利用载货车厢的容积、提高运输效率、降低送货成本，配送中心常常把同一条送货路线上不同门店的货物组合、配装在同一辆载货车上。

7）送货

在一般情况下，配送中心都使用自备的车辆进行送货作业。有时，它也借助于社会上专业运输组织的力量，联合进行送货作业。此外，为适应不同连锁门店的需要，配送中心在进行送货作业时，常常作出多种安排：有时是按照固定时间、固定路线为固定用户送货；有时也不受时间、路线的限制，机动灵活地进行送货作业。

另外，为保障生鲜品配送业务整体的正常运作，还需要进行信息处理、业务结算和退货、废弃物处理等作业。

案例精析 8-1

京客隆蔬果恒温加工配送中心作业流程

北京京客隆生鲜食品配送中心是国内连锁企业中屈指可数的生鲜食品配送中心之一。其中，占地面积为2 432平方米的蔬果恒温加工配送中心由4座独立可调温度、湿度的冷藏保鲜库，以及进货暂存区、筛选区、加工包装区、出货暂存区和17个进出货码头组成。以下是蔬果恒温加工配送中心的作业流程：

1）入库验收

京客隆采取的是统一采购、集中送货、锁定供货渠道、统一结算的经营策略。京客隆的蔬菜主要来源于北京的顺义、通州，河北的固安，以及山东、海南、内蒙古等地。水果的来源范围更广，包括京郊、河北、山东、内蒙古、新疆、海南、福建等地。

冷藏物流车将蔬果从蔬菜基地或水果产地运送至物流中心，卸货至进货暂存区，然后验收。验收主要由三部分组成：一是清点数量；二是查验质量；三是检测包装。清点数量主要是称重量、数箱数。因为事先与供应商在包装方面有标准化的约定，比如，苹果20千克一箱，供应商在供货时，大包装通常都是标准化的。因此，入库验收时要对供应商供货的标准化程度进行检验。查验质量主要是看水果或蔬菜的颜色、大小、软硬度。产品的品种不同，对质量的要求也不同。质量检测更重要的是检验农药残留情况，京客隆有专门的质检部门负责该项工作。检测包装主要是检测供应商的包装是否符合京客隆的标准化要求。

2）筛选

分类筛选主要是对进入物流中心尚未进行分类筛选的蔬果，依其品质、大小、色泽进行等级区分。在分类筛选过程中还要去除运输途中损坏的商品，有些蔬菜水果还需要去根去叶。

3）加工或冷藏

经验收后的蔬果，一部分放进冷藏库保存，另外一部分直接进入加工区，经加工后出货。

进入物流中心的蔬果，是先冷藏还是立即加工出货，应根据门店的订单来确定。当然，蔬果的品种不同也直接导致了其出货方式不同。比如，叶菜类，必须直接加工出货，时间越短越新鲜；而根茎类蔬菜和水果，则既可以存储又可以直接加工出货。对于门店没有订单的根茎类蔬菜和水果，一般根据其品质特征存储于相应温度的冷藏库中，这是因为每一种果蔬都有其存储的最佳温度和湿度以及储藏寿命。比如，苹果需要在1℃～4℃的温度条件下存储，最长可以保质12个月；而香蕉（绿色）则可以在13℃～14℃的条件下存放5周。

4）分类小包装

小包装，实际上是一个标准化的过程，也就是将水果、蔬菜先分类、筛选，然后裹膜称重、贴标，最后，将小包装装进标准物流容器里。在该中心，其标准容器是1米×1米的物流筐。通常高单价的果蔬所用的物流筐小，低单价的物流筐大。在该物流中心还有果篮和礼盒。

5）分拨前暂存

做好小包装的果蔬，应放在标准容器里，存放在出货暂存区。之后，根据门店的订单进行播种式拣选。分拨以门店为单位，各门店有各门店的出货暂存区，等待配送车辆来运输，一般在1个小时内出货。这期间，分拨好了的叶类菜会重新放回冷藏库，以保证新鲜。配送车可以直接从冷藏库中将其运走。

资料来源　褚方鸿. 京客隆生鲜食品配送中心［J］. 物流技术与应用，2006（4）.

精析：通过生鲜食品配送中心的建设，京客隆形成了标准化、一体化、规范化的生鲜采、配、销经营模式，全面提高了生鲜商品品质。生鲜食品配送中心的建立有利于企业调整经营结构。通过不同方式加工开发新产品，并以此开拓新市场，可以促进和引导消费，满足城市居民对高品质生鲜商品日益增长的需求。

案例精析8-2

京客隆猪肉分切加工中心作业流程

为了提高生活质量、保证健康，人们都愿意吃排酸猪肉。的确，排酸猪肉与非排酸猪肉在食品安全、营养成分、口味感受上有着很大的差别，同时，排酸猪肉对物流系统的规划与设计也提出了完全不同的要求。因为，排酸猪肉只有7～8天的鲜肉最佳保质期，为了给门店销售争取更多的时间，排酸猪肉的生产和加工过程必须一环扣一环地紧凑展开。以下是京客隆猪肉分切加工中心的作业流程：

1）验收入库

京客隆的生猪来源于北京市第五肉联厂、北京顺鑫农业股份有限公司以及北京千禧鹤集团等几家饲养中心。运往京客隆的猪肉都是从特级中精选的。每天250头猪的白条肉（将一头猪一分为二，去头去足去内脏），凌晨4点左右送到。

验收主要是检测质量、检验温度和清点数量。检测质量主要是检测猪肉的pH值以及含水量。检测温度，一是检测运送猪肉的冷藏车的温度，二是检测猪肉本身的温度。京客隆租用的是华日飞天冷藏车。事先与其在合约上有恒温要求的约定。生猪在屠宰之后立即做恒温处理，这样才能从源头上保证新鲜。所以，京客隆与各肉联厂在温度方面也有约定。

2）急速预冷、排酸

凡进入分切加工中心的猪肉，首先要经历一个排酸过程。排酸分两步，首先在-25℃的预冷室急速预冷4～6小时，然后送入-4℃～+4℃的冷藏库排酸18～20小时。当白条肉的中心温度达到0℃再拿出来分切就成为排酸猪肉。这种排酸过程也称为肉的"成熟过程"，其实就是在低温条件下，猪肉中的淀粉酶将肉中的糖（动物淀粉和葡萄糖）变为乳酸的过程。

和一般肉类相比，排酸肉肉体柔软有弹性，肉质也比较细腻。排酸肉的制造工艺不仅能避免有害物质残留在肉里，立即冷冻还能避免细菌的繁殖。而且，时间上的延迟使肌肉组织的纤维结构发生变化，容易咀嚼和消化，吸收利用率也高，口感香醇。

3）分切

从定点屠宰场运来的猪肉一般都是白条肉，经过排酸后，作为原料进入分切车间，工人按部位对其进行分割。此时分割的产品分为两种：一种是根据门店的订单可以直接进入市场的成品；另一种是可以进一步细加工的原料，如可以用来绞肉馅的瘦肉块。当然，瘦肉块既可以是成品，也可以是原料，这要根据门店的订单来确定。

4）细加工或冷藏

在猪肉分切加工中心有三个成品库、两个原材料库。进入成品库的产品，通过称重包装、贴标、金属残留检测之后就可以直接出库。进入原材料库的产品，则需要根据门店订单进一步细加工，变成门店所需要的成品。加工中心的加工用原材料来源于库存而非采购。京客隆的原则是：采购补充原材料库存，原材料库存保证生产需求，加工生产保证成品库存，成品库存保证门店需求。

5）金属残留检测、称重、包装

每一种成品在储存之前都要进行金属残留检测，以避免在加工过程中刀切斧砍或是自动化设备留下金属碎片。称重和包装实际上是一个标准化的过程。

6）批次拣货，分拨到各门店区

由于冷藏库里的温度很低，所以每一次拣货都是按单品的需求总量来拣的，然后分拨到每个门店。在分拨车间，每一个门店有一个标志牌，该门店所需商品都用物流筐装好，等待冷藏车运输。如果不能立即出货，分拨好了的商品要迅速送回冷库，然后从冷库直接出货。

7）出库

京客隆每天分两个批次出货，通常是凌晨2点一次，凌晨4点一次。猪肉成品用冷藏车运送，保持恒温。到门店后，这些成品放在−2℃～+2℃的保鲜橱柜里销售。这样京客隆的整个生鲜品始终处在一个冷链的环境中。

资料来源　褚方鸿. 京客隆生鲜食品配送中心［J］. 物流技术与应用，2006（4）.

精析：猪肉分切加工中心与蔬果恒温加工配送中心一样，也是由加工车间和冷藏库两部分组成，其特殊性在于猪肉分切加工中心对卫生洁净度的要求更高，对温度的要求更复杂，加工的内容更丰富。猪肉分切加工中心从真正意义上对猪肉进行了排酸加工处理，并保证了其在合理时间内完成排酸，这样可以明显提高产品的品质并延长保存期限。

8.1.3　生鲜品配送中心

生鲜品配送中心是指根据各个连锁店铺的生鲜订货内容，统一向产地、供应商或其他渠道订货，经验收、计量、加工、包装、贴标、分拣将生鲜配送到各店的物流组织或机构。

1）生鲜品配送中心的特点

（1）生鲜品配送中心属于低温物流。

由于生鲜商品易腐坏变质、保质期短，所以其储存和运输都要在低温条件下进行。生鲜品配送中心应配置专门的冷藏冷冻设施设备，满足生鲜配送的低温要求，这与其他商品配送中心的常温物流形成了鲜明的反差。

（2）生鲜品配送中心注重加工能力的建设。

由于生鲜品很多属于农副产品，且大多是初级产品，在进入家庭消费之前，还需经过分类、加工、整理等活动，因此，生鲜品配送中心的加工能力较一般配送中心强得多。

（3）生鲜品配送中心设备的专业性强，投资额大。

由于生鲜品需要专门的冷藏冷冻设施，同时，加工中又需要较多的容器和设备，因此，同等规模的生鲜配送中心较其他配送中心的投资额要大。

（4）生鲜品配送中心服务半径小。

由于生鲜品的鲜活易腐性，它们在运输中要采用特定的低温运输设备，而即使采用了保鲜设备，仍会有一定的损耗，并且损耗随时间和距离增加而增加，因此，生鲜配送中心的服务半径较小，这使得在相同连锁规模条件下，需建设的生鲜品配送中心多于其他配送中心。由于服务半径较小、吞吐量小，生鲜品配送中心的规模一般较小。

（5）生鲜品配送中心实行少批量、多频次的配送方法。

由于生鲜品保质期很短，再加上对商品加工周期的考虑，生鲜品配送中心对门店多采取少批量、多频次的配送方法，一般每天配送一次，而在国外，有些生鲜易腐商品一天配送三次甚至更多。

2）生鲜品配送中心的作用

（1）有利于与供应商建立长期战略合作关系。

生鲜品配送中心可以强化连锁企业集中采购的功能，连锁企业在批量采购的基础上，采购渠道由当地采购更多地向产地采购和跨地区采购发展，以拓宽企业采购选择面，减少流通环节，降低采购成本。同时，由于集中采购进货量大，因此连锁企业对供货方举足轻重，两者易结成利益共同体，保持长期、稳定的合作关系。这点对保证生鲜商品供应商及时、准确地发货和保持产品质量的稳定尤为重要。

（2）有利于减少投资。

生鲜加工和冷藏设备一般会占到大型综合超市总投入的1/3，合理规划这类设备投资十分重要。如果建立生鲜品配送中心，对大卖场而言，部分前期加工设备可以集中投资，从而避免设备过度投入；而对于生鲜商品现场加工场地不足的小型超市，生鲜品配送中心可以有效地保证生鲜品经营的规模和品类及品种的完整性。

（3）有利于产品品质、加工和管理标准化。

如果没有生鲜品配送中心，各店分散经营的生鲜商品要建立统一的生鲜产品采购验收标准并在各店统一执行存在着相当大的困难，管理上也容易出现一些漏洞。建立生鲜品配送中心后，这一问题的影响会在加工配送环节化解，大大减轻门店生鲜商品的管理压力。

（4）有利于控制和减少连锁店的存货和损耗。

生鲜商品经营的难点之一是损耗问题，对于鲜活易腐产品，合理有效地控制单店库存是一个关键环节。一般每个连锁门店库存都由正常库存和为了保证不脱销的一定数量的机动库存组成，如果没有生鲜品配送中心，为了保证销售，各个商店都必须有一整套完整的库存。而有了配送中心，多个商店共用一套库存，这使得机动库存部分大大减少，各个门店的平均库存量大大降低，可以有效地控制和减少连锁店铺的库存和损耗，加快商品周转。

（5）有利于强化获利能力。

生鲜品配送中心的建设，一方面可以降低初级生鲜商品的经营成本，另一方面可以使一些半成品和成品的加工能力大大增强。在目前的经营条件下，经营生鲜初级产品基本上是没有什么净利润的，而生鲜加工产品，如净菜、配菜、面包、熟食等利润较高，是生鲜商品的利润源。因此生鲜品配送中心的建设和发展，可以使连锁企业的获利能力增强。

案例精析 8-3

配送服务成为生鲜电商的新战场

《2017 年度（上）中国网络零售市场数据监测报告》显示，仅 2017 年上半年全国生鲜电商市场规模就已达 851.4 亿元。这相当于 2016 年全年市场规模的 93.16%。不到五年的时间，生鲜电商的市场规模从百亿元变为千亿元。

目前的生鲜电商可分为三类，分别是：以天猫、京东为代表的 B2C 平台；以爱鲜蜂、京东到家为代表的连接线下业态的 O2O 平台；还有就是类似每日优鲜的自营极速达平台。

传统 B2C 平台的运营模式，对于生鲜品来说并不是特别地契合。生鲜品类对消费者而言，是一种社区型业态。以往大家都是在社区周边的菜市场、便利店购买，其特点就是高频、便捷。在传统物流服务中，京东和天猫提供的当日达和次日达服务已经是最快的配送时效。这虽然已能满足那些对时效性并不急迫的消费者，但如果从社区型业态的要求来看，这还远远不够。正因为如此，O2O 服务才得以发展。

京东与沃尔玛的深度合作，以及入股永辉超市等布局，为京东到家提供了诸多优质的入驻商家。沃尔玛和京东到家的合作已覆盖全国 18 个主要城市，共计 134 家门店。同样开始线下布局的还有阿里。它们也在通过自营的方式探索一些新零售的改造和提升，比如通过便利店或前置仓的模式来实现 1 小时达。阿里此前推出的盒马鲜生，便可以看作一个大型的"前置仓"，它为周边 3～5 千米的消费者提供 30 分钟送达的服务。

资料来源　白杨. 生鲜电商：冷链物流的配送服务成为新战场［N］. 现代物流报，2017-09-27，有删改。

精析：配送能力的建设是目前生鲜电商领域发展的一大痛点。打造冷链物流，加强生鲜品的配送服务，已经成为各生鲜电商企业的重要任务。

3）生鲜品配送中心的建设

（1）需求分析。

企业对生鲜品配送中心的目标要求，包括：配送品种、数量；配送能力、周转天数、配送频率；对卫生标准的要求、对保鲜度的要求等。客户的不同需求会对生鲜品配送中心提出不同的要求，如加工工艺、加工程度、卫生标准、冷链、配送频率等，企业要衡量哪些是能做的、可做的。同时，连锁企业应了解市场上同类企业建设生鲜品配送中心的状况，研究其成功模式，找出值得借鉴的经验。

（2）业态与经营规模分析。

不同的连锁业态和经营规模条件下，生鲜区的经营方式、卖场规模和功能布局设计各不相同，相应地，生鲜品配送中心需要依据自身的具体情况和条件考虑建设规划。

对于小型超市的规模化连锁，其经营方式更多地表现出便民性和功能性服务的特点，所以在无法期望产生大卖场生鲜区热烈的现场气氛和销售业绩的情况下，其会特别注重生鲜品经营的功能性组合，如方便即食商品的各种组合，在日本的便利店中会根据特定的消费群经营便当，而这部分商品组合的综合经营毛利率也相对较高。由于场地较小，所以小型超市对生鲜品配送中心的依赖性非常大，并有较高的灵活性和柔性化要求。

对于大型综合超市（大卖场），在连锁经营的初期，由于单店能够集合相当数量的生鲜品种和销量，部分生鲜制成品多在超市卖场加工解决，并以色、香、味形成了对顾客强烈的吸引力。但在同一地区逐步形成区域连锁规模的过程中，单店自营的生鲜区成本会随店铺数量的增加而出现"规模不经济"的现象，所以会现实地面临生鲜供应链管理和优化投资组合问题。

对于连锁生鲜超市（连锁生鲜专卖店），由于这种业态形式还未被人们充分认识，因此虽然已经有先行者开始涉足，但要等其产生市场效果，逐步成为主力业态之一还有一个发展过程。目前广州市正在进行的肉菜市场超市化改造工程说明了该业态未来发展潜力巨大，而生鲜加工配送和完整规范的冷链系统是其发展的必要条件之一，生鲜品经营正从作为连锁超市集客的手段，逐步成为超市经营的利润增长点。

（3）投资建设方式选择。

连锁企业投资建设生鲜品配送中心有三种方式可供选择：第一，连锁企业集团筹资自建，分步投资，逐步搭建到位；第二，在整合现有供应商配送的基础上，联合供应商共同改造组建生鲜品共同配送系统；第三，选择合适的社会第三方配送系统，委托外包生鲜加工配送业务。在投资建设方式决策过程中，需要充分论证、对比和评估各种方案，以选择稳妥的投资方式。

（4）综合规划与分步实施。

在生鲜品配送中心建设规划过程中，要根据生鲜区整体销售能力预估和企业区域内后续发展战略等因素，综合考虑和确定加工配送的规模定位和设备配置，并在综合规划的前提下，随着生鲜经营规模的逐步扩大，考虑分步投资建设。

一般来讲，连锁企业配送系统的建立会经历一个由易到难、逐步提升的过程，先建立常温物流配送体系，然后建立一般初级产品保鲜转配体系，最后过渡到完整的生鲜加工配送系统，这时除部分产品（如豆制品等）还需要厂家直配外，大部分生鲜制成品如面包、主食厨房、熟食配菜等大类商品可以考虑自行生产，以获取更高的毛利。

（5）环境设计。

生鲜品配送中心作业环境设计主要体现在两个方面：第一，满足HACCP管理体系要求。严格按照HACCP管理设计，消除生鲜品的生物性危害、物理性危害和化学性危害，以达到生鲜食品的安全卫生要求。第二，建立完善的冷链系统。冷链是指食品从产地到消费者的生产加工、储藏运输、物流配送、销售的低温流通系统。生鲜品配送中心作为冷链系统物流配送环节的重要组成部分，设计中必须适应不同生鲜品的特性，按照严格的温度、湿度、清洁度要求进行。

（6）信息管理系统支持。

生鲜管理的难点之一是非标准生鲜品的成本核算与控制。建立连锁生鲜品配送中心后，连锁企业卖场内的诸多生鲜管理难题会集中上移至生鲜品配送中心，使得卖场生鲜管理趋于标准化,有效降低管理难度。但是,生鲜品配送中心又会对专业信息管理系统提出更高的要求:一是生鲜产品成本核算与控制,包括毛利目标的确定和分解、产品成本核算、单品管理等几个环节需要高效、完善的信息管理系统加以控制和保证;二是加工配送对速度的要求较高,一般要在24小时内完成一轮配送作业,确保每天配送一次,有些小型连锁店铺因存货空间不足,或者出于保鲜销售考虑,每天两次甚至三次的配送需求都可能出现,时间性要求很高,这实际上对店铺下单订货、信息传输、订单汇总、分类反馈、订单分析、成本核算等一系列信息处理都提出了高效的衔接与配合要求。

8.1.4 提高生鲜品配送效益的途径

生鲜品不同于其他消费品,其保鲜期短、易腐坏变质的特性对物流时效性的要求很高。在生鲜品配送中应该做到:保证生鲜品以最短的时间、最少的流通环节进入消费过程;保证生鲜品在流通中实现品质的稳定或提升;保证向消费者提供新鲜、安全的多样性生鲜品;降低整个配送过程中的损耗,全面节省成本。具体来说,提高生鲜品配送效益主要有以下途径:

1)合理选择配送中心地址

配送中心的配送覆盖面宽,是一种大规模的配送形式,必须有配套的大规模配送设备,如配送中心建筑、车辆、路线等,一旦建成就很难改变,灵活机动性较差,投资较高。因此对于怎样合理选址应该考虑多方面因素,进行统筹安排,也许不易找到一个最优解,但是相对满意解还是可以求得的。对于果蔬类食品的配送中心,应选择在城市干道处,以免运输距离拉得过长导致商品损耗过大;而对于鲜肉、水产品的配送中心,应选择在屠宰场、加工厂、毛皮处理厂等附近。因为有些冷藏品配送中心会产生特殊气味、污水、污物,而且设备及运输噪声较大,会对所在地环境造成一定的影响,故多选择在城郊。

2)合理设置配送线路,节省配送费用

生鲜商品的销售过程表现出了很强的时效性,一日之内价格变化较大,当产品出现破损或过期时,价格会大跌,而腐烂变质的产品只能丢弃。科学、合理的配送线路设计可以减少货物在途时间,减少货物损失,从而低成本、高效率地向消费者提供价廉物美的产品和优质的服务。但是,配送操作是在城市这个平面运作的,由于车流量的变化、道路施工等影响,城市在不同时间的交通状况是不一样的;同时,由配送客户的变动、可供调动车辆的变动等因素造成的配送线路的变化也时常发生,因此时间管理非常困难。和传统的运输线路选择不同,对于配送路径的选择,距离、运费是次要的,如何减少在途时间才是管理者最关心的问题,要以尽可能短的时间满足市场需求。

3)选择合理的物流技术,加强生鲜品配送中心内部作业时序分析

生鲜商品的易腐易损性规定了物流时间的上限,并要求尽量减少装卸搬运次数,以减少在途损耗。科学的配送管理,有利于保证商品品质,减少不必要的损耗,节省配送时间,这对于缩短交货时间、降低缺货率、获取最大利润都是有帮助的。在配送过程中还应配合使用农业专用运输车辆、农产品保鲜车辆等,以达到保证蔬菜、水果的品质在物流中不发生大的变化,最大限度地减少腐烂变质的目的。同时应注意的是,现有物流配送中心在减少物流成本、提高物流效率方面,将过多注意力集中于在途运输上,对城市交通状况、配送路线、运输工具的优化做了细致的分析,而忽视了配送中心内部各种作业配送时间和配送成本的花费。事实上,配送中心的物流成本有很大一部分发生在库内,其根本原

因是作业工序设置不合理导致大量人力和机器设备的消耗，而作业工序衔接不畅也造成了配送时间的浪费。所以，应对物流作业流程中的各项作业环节进行作业时序分析，以整合内部流程，减少内部物流成本。

<img src="8.2" /> **家电连锁配送管理**

近年来，我国家电零售连锁业快速扩张，并取得了显著的销售增长，市场地位也得到了提升。根据中国连锁经营协会的调查统计，2016年"中国连锁企业百强"中，国美电器、五星电器等均跻身其中，国美电器更是以1 646.93亿元的销售规模居排行榜第二位。然而近年来家电零售连锁业自身的利润在不断摊薄，降低企业内部经营成本已成为未来发展的必由之路，而物流配送体系的优化将是重要的一环。本节将主要探讨家电零售连锁企业的配送管理问题。

8.2.1　家电连锁企业配送的特点

1）配送的及时性

零售业是一个需要快速周转的行业，家电行业更是如此，激烈的市场竞争使家电行业本身的利润就不高，只有通过快速周转带来的大批量销售才能获得与厂商争取资源的砝码。因而可以看到，大型的家电连锁企业每隔一段时间都会有一定规模的促销活动，以低价位吸引消费者，这同时对物流配送提出了一个挑战，由于消费需求的多样化，如何在最短的时间内把商品配送到位，如何调度车辆和人员，如何维持一定的库存并及时补货，都需要配送加以协调控制。另外，有些家电产品对配送时间要求很高，例如，南方7、8月份购买空调的客户，对配送的快速性要求是不言而喻的，这就要求家电连锁企业有快速的应对能力，尽最大可能以最短时间将家电商品送到顾客手中。

2）配送的非均衡性

家电销售季节差异比较明显，特别是对那些季节性强的家电。像电暖气的销售旺季一般在冬季；空调、电扇的销售旺季一般在夏季。据调查，旺季的销售额比淡季要高出10多倍。另外，家电产品的"假日经济"特点也比较突出。受节假日（如"金九银十"和春节）商家促销的影响，家电的销售会猛增，随之而来的是消费者对快速物流配送的需求。因此，家电零售行业的库存及运输车辆都需要针对销售的淡旺季而进行调整。

3）配送服务地域分散

家电连锁企业客户需求比较随机，服务地域分散，而且很多一、二线城市对货车实行交通管制，这就对家电物流的配载、线路优化、时效性等提出了更高的要求。因家电配送用户多、交通路线复杂这一现象的存在，如何选择最佳配送路线、如何使配装和路线有效搭配等问题，不仅是家电配送运输的特点，也成为家电配送工作的难点与重点。

4）配送服务要求高

家电配送属于物流末端服务，直接与顾客接触，少不了要进行积极有效的沟通，如确认顾客购买的产品名称、送货时间、送货地点等内容。另外，如果是大型家电产品，还需要安装、调试，且需要配送工人具备特殊技能，对售后服务要求高。作为增值服务的家电配送，必须最大限度地满足顾客要求，为顾客提供最便捷的服务。

案例精析 8-4

日日顺的网购家电配送服务

由于大家电体积大、对安装服务的要求较高，因此家电网购中的送货不上楼、送到不安装、送货区域有限等问题，成为制约消费者网购家电的最大障碍。作为配送业内领先的服务品牌，日日顺物流与天猫合作，致力于为消费者提供精准快捷的网购体验。对新婚夫妇用户，通过"24小时限时达"服务，日日顺确保今天下单明天即可到货安装；对白领用户，日日顺提供"按约送达，送装同步"服务；对想给外地亲人买家电的用户，日日顺可以异地送货，突破家电配送区域的局限性。

本着为网购大件商品提供开放性物流服务平台的目标，日日顺物流一直在深度、广度和速度三方面进行市场规划和耕耘。在深度上，日日顺在全国建立了7 600多家县级专卖店，2.6万个乡镇专卖店，19万个村级联络站，真正做到了"销售到村，送货到门，服务到户"。在广度上，日日顺目前在全国有3 000多条客户配送专线、6 000多个服务网点，在全国串成了一张送装同步的服务网络，能帮用户实现在本地下单、异地送货。在速度上，日日顺目前已经在1 500多个区县实现24小时内限时达，在460个区县实现48小时内送达。

目前，日日顺强大的配送服务能力已吸引了众多知名品牌和网购平台的目光，海尔、创维、惠而浦、三洋等品牌和亚马逊、国美等纷纷与日日顺物流建立合作关系。日日顺物流按约送达、送装一体化服务为大件家电网购树立了一个新标准，这将推动网购市场特别是大件产品的网购进入良性发展。

资料来源 张经. 日日顺携手天猫突破网购家电配送瓶颈［N］. 中国消费者报，2012-11-14，有删改。

精析：日日顺物流在业内首先推出家电"按约送达，送装一体"服务，有效地突破了家电网购的配送瓶颈，有助于推动家电网购市场的发展。

5）配送安全性要求高

大型家电产品的重量和体积相对都比较大，对搬运和保管的要求较高，需要有一定的搬运技术方可完成。用户搬运不方便，需要送货上门。因此家电零售企业必须把家电商品完好无损地送达到指定地点，在搬运过程中注意防止不必要的损坏，以免给消费者带来麻烦。

@补充阅读材料 8-2

国家标准：家电物流服务通用要求（节选）

该标准（GB/T 33446—2016）规定了家电物流服务的基本要求和服务流程、实施保障以及评价与改进的要求。该标准适用于家电产品的仓储、运输、配送等物流服务。

1）基本要求

（1）总则。

应贯彻以客户为中心的服务理念，满足社会发展的需要及安全、环保、卫生等方面的要求。应采用先进的技术和管理手段，提高物流效率和资源利用率，降低物流成本，满足家电销售淡旺季特点及家电物流服务质量特性的要求。

（2）时效性。

应按销售淡旺季不同时段采取相应措施，满足客户的时效性要求。

（3）安全性。

服务过程中的各个环节应建立并严格执行货物安全防护制度，确保不因受到震动、倾侧、曝晒、雨淋、水浸等不良影响而导致家电包装、外形及性能的损坏。

（4）信息服务。

应采用便捷、有效的信息沟通渠道，包括信息系统、电子邮件、电话、手机短信、微信等，为客户提供与服务过程和货物状态相关的物流信息服务。

（5）客户服务。

应建立投诉受理及回访机制，及时处理客户投诉，并将相关事实、处理过程和结果反馈给客户，满足客户提出的合理要求，提高客户满意度。

2）服务流程

（1）订单确认。

应及时接收客户采用书面、传真、电子邮件或信息系统等方式传递的订单。应对订单和时效要求进行确认。若客户要求发生变化，应在接受订单前进行再确认，并确保订单要求能得到履行。

（2）服务方案设计。

应根据便捷、安全、高效的原则，充分考虑客户需求、家电产品特性及物流业务特点，设计家电物流服务方案。

（3）订单履行。

在仓储服务方面，应根据客户订单和仓储方案合理进行家电的入库前准备、入库验收、入库堆码、储存、盘点、配货、出库、装卸搬运等作业，并具有相应的作业流程和管理规范。

在运输服务方面，应根据客户订单和运输方案合理进行车辆调度、装车与码放、在途监控、交付和回单交接等作业，并具有相应的作业流程和管理规范。

在配送服务方面，应根据客户订单和配送方案，合理进行集拼与装车发运、在途监控、交付和回单交接等作业，并具有相应的作业流程和管理规范。

8.2.2 家电连锁企业配送模式的选择

在第2章中，我们曾将连锁企业的配送模式分为四种类型。具体到家电零售连锁企业而言，由于其经营产品的特性、价值、销售频度、要求的物流条件差异很大，所以配送模式具有多样性，企业选择怎样的发展模式是企业规模、实力、经营理念等因素综合作用的结果。

家电连锁网络的扩张和产业链的完善都需要高效的商业物流作支撑，影响家电零售连锁企业选择配送模式的因素有很多，包括企业的发展战略、所处的发展阶段、企业的规模甚至于经营理念、企业诚信度的追求等很多方面，但现阶段服务行业讨论比较多的"服务"与"成本"是其中的两个关键因素。既要追求物流服务质量的提升，又要做到服务成本的下降，这是现代市场竞争日益激烈的大环境下所有连锁经营企业都在着力去做的事情。

企业究竟采取哪一种物流模式，关键是要找到自身提供物流服务的定位与可支付的成本之间的平衡点，这其实就是一个性价比的问题，就如同购买商品一样，要注意适用性、经济性及功能上的可扩展性。

目前我国物流行业发展的整体规模、实力和水平尚不能满足家电连锁业快速崛起的需求，而外资物流企业也不能充分满足本土企业对于网络覆盖的要求。除了成本方面的考虑，掌控物流环节，还可以增强零售连锁企业在与厂商博弈中的话语权。比如，支撑沃尔玛"天天平价"的就是一整套完善的物流管理系统。当然，目前国内的零售连锁企业还不能与沃尔玛相提并论，只能因人而异，找到适合自己的配送模式。

案例精析8-5

苏宁电器的自营物流配送模式

苏宁电器选择了自营物流配送模式，它的物流、配送和售后体系基本上由自己的员工操作，迅速、快捷的物流是其特点。近年来家电连锁业高速发展，苏宁已经完成了一级城市布局，并进入了部分二、三级城市，形成了全国性的连锁网络。但是分散式、纯人工式的配送模式所产生的成本越来越高，严重地侵占了家电零售业本已微薄的利润空间。因此，苏宁电器在考察发达国家的物流模式后，借助日益发展的信息技术，提出了包含信息化购物、科技化管理、数字化配送等内容在内的第二代家电配送模式。

2005年12月，苏宁电器投资5 000万元、占地50亩（其中纯仓储面积约1万平方米）的杭州第二代物流基地正式投入使用。继之，2006年2月，总投资额达15亿元的具有物流基地功能的爱普莱斯科技工业园又在南京正式投入使用。苏宁电器计划在国内建设15个这样的物流基地、500个服务网点、30个客户服务中心，一起构成现代化的大型服务网络，称之为"5315"服务平台。

由于销售、物流和采购在同一平台，物流部门的效率得到了明显的提高，经销商达到了降低物流成本、快速满足客户各种不同需求以及提高服务水平的效果。以启用不久的苏宁杭州第二代物流基地为例：库存周转率提高了60%、仓库的总面积下降了40%、资金占用率下降了40%、物流工作人员减少了2/3以上，大约节约了一半的物流成本。同时，苏宁以其强大的配送能力向消费者承诺在苏宁购买的空调一律24小时送货并安装到位，即便在旺季销售高峰时也能如此。它还为有特殊要求的顾客提供最短3小时送货上门服务的"绿色通道"，深受消费者的欢迎。

资料来源　徐御.家电销售商的物流战略［J］.日用电器，2007（6）.

精析：企业自营物流模式实际上是一种"大而全"或"小而全"的配送模式，它不符合现代物流的理念，也不利于发挥企业的核心竞争力。但是由于供应链管理在我国企业中尚未完全成熟，真正做到横向一体化还需要一个过程，且第三方物流在我国的发展水平还较低，许多企业要找到与本身完美匹配的第三方物流很难，自营物流仍在我国部分企业中占主导地位。苏宁电器的自营物流仍有存在的价值和意义。

8.2.3 家电连锁配送存在的主要问题

1）我国城市配送大环境落后

（1）城市通行限制和交通堵塞是配送行业不得不面对的一大困境，错综复杂的交通问题使得许多配送企业束手无策。

（2）城市配送车辆没有标准。为避免各地（尤其是大都市）交通法规对货运车辆的限制，很多城市物流车辆多为安全性较低的微型客车。但是这类车辆没有专业的装卸和载货设备，在装卸和运输过程中容易造成大量的物流损耗。而且，此类车辆的内部空间大多不到专业车型的三分之一，根本满足不了物流需求，还会导致重复工作、效率低、能耗高，大大增加了城市物流的成本和风险。

（3）大多数城市缺少配送物流公共信息平台，因此造成城市物流配送空载率居高不下，增加了物流成本，造成了巨大的资源浪费和环境污染。

2）家电连锁企业自身的问题

（1）配送中心设施设备落后，自动化程度低。

相当一部分配送中心没有标准的装卸平台和足够的固定车位，从而造成了到处装卸、随意停车的现象，这样不仅不利于提高出库效率，还易造成货损的发生。在进出货高峰时段，容易产生混乱，甚至整个装卸场地都会堵塞。目前家电零售企业配送中心的货物进入配送中心后，货物的验收入库、库内保管、备货、配送安排、送货等操作基本上由人工完成，装卸工具仅限于简易的手推车、老虎车等，自动化、信息化程度低。物流设施的技术和设备比较陈旧，与国外以机电一体化、无纸化为特征的配送自动化、现代化相比，差距很大。配送中心缺乏自动化、机械化、高效率的现代化物流设施设备。

（2）配送中心的地址选择不合理。

家电连锁企业最初由于经验不足，在配送中心选址的时候，只简单地想到仓储租金，而没有考虑到要结合配送成本与配送效率、服务质量来分析。将配送中心选在偏僻、交通不便的地方，从表面看，一次性固定的仓储租金投资少了，但实际上会造成送货路程较长，导致配送成本增加。另外由于家电销售终端渠道的急剧集中，家电行业末端物流通道也会急剧集中，末端物流已成为家电连锁企业共同的瓶颈。

（3）物流信息不畅，缺乏先进的物流信息系统。

我国物流信息化的发展还处于初级阶段，大型家电连锁企业物流系统的现代化程度还很低，严重制约了物流系统的高效运行。信息流的不畅通使得企业对于物流运输的环节缺少有效的管理控制，主要表现为对于货物装运、车辆调度、运输路线没有准确管理，各连锁店之间的商品调配信息缺乏相互协调，造成物流配送成本较高。

（4）配送中心运营效率低下，供应链管理思想急需提升。

家电连锁企业布点紧密，销售网络快速增加，销售总额看似也快速增长。但销售额增长的同时并没有实现利润的同步增长。究其原因是在企业内部没有对采购、销售进行统筹安排和流程规划；在企业外部没有对供应商、物流资源和客户端进行有效的资源整合与成本改进，更没有从供应链的角度战略性地考虑与规划物流。

8.2.4　家电连锁配送的优化思路

1）政府要大力支持城市配送

（1）政府应将城市配送纳入城市规划之中。

要将城市配送提至物流业优先重点发展的高度，开辟城市配送绿色通道。交警部门应根据城市道路货运市场的客观需求和变化，逐步放松货运车白天通行的限制，当前可在货运车辆通行证分配方式上做必要的完善和调整，将中心区道路通行资源分配从普通货物运输向城市配送物流转移。

（2）政府政策导向应当明确，尽快出台配套的法律法规。

各地政府应尽快出台城市配送车辆标准，制定车辆技术规范。现在客车改货车已是公开的秘密，但改装车辆在安全性方面存在巨大隐患，载货能力一般只有货车的三分之一，并且装卸效率低。国外资料显示，如果对配送车辆和行驶路线进行合理的优化，行驶里程将减少7%～8%，而车辆数的减少将更大。

（3）以公共信息平台搭建智能运输系统作支撑。

重视对智能运输系统的应用是国外城市配送的重要特点。我国目前城市配送空载问题十分严重，企业无法获得城市交通管制、道路维修等的及时信息，在路径选择方面非常困难，急需政府在城市配送物流公共平台建设方面发挥作用。

2）企业要从自身出发寻求对策

（1）建设科学规范的物流配送中心。

在物流配送过程中，装卸搬运活动大多是在配送中心进行的，这一环节往往也是物流速度的瓶颈。一个规范的家电连锁企业的配送中心要求有操作平台，要有足够的停车位，"分门进出，单道行驶"，配送中心四周的交通状况必须严格要求。配送中心要考虑可持续发展，逐渐实现装卸搬运机械化。另外，还要适当引进信息技术，尽量使用配送中心配车计划与车辆调度计算机管理软件，以缩短配车计划编制时间，更合理地安排配送区域和路线，提高车辆的利用率并减少等候时间。

（2）科学选择配送中心地址。

配送中心的地址选择会直接影响到配送速度和流通费用，并且涉及配送中心的服务质量和服务水平。科学选择配送中心地址的标准是在保证一定顾客服务水平的前提下，将商品运送到顾客手中所花费的物流总成本最小化。因此配送中心的选址问题，要考虑如何能使物流总成本最低，这就需要结合配送量分布、交通状况、服务承诺时间、仓储成本、配送运价等多个因素，并用科学的数据分析处理方法来进行选择。科学合理的配送网点，可以达到降低物流总成本、提高配送效率、改善服务质量的效果。

（3）采用先进的物流信息系统。

通过采用先进的物流信息系统构造一个现代化的管理平台，可以提高配送调度的效率，实现动态库存管理以及在线交易处理，并可将功能拓展到销售分析、商品管理、成本核算等业务中，真正把物流、资金流、信息流集成到一起。例如，苏宁的JL/ERP系统和SAP/ERP系统的成功运作放在各自当时的行业环境中来看，苏宁的成功殊为不易，也非常有研究和学习价值。国内的大多数零售企业在ERP系统的实施过程中都不同程度地出现问题，而苏宁能够非常快速地实现信息化，将系统与管理思想、逻辑紧密贴合，使其成为日常工作的好帮手。

（4）提升供应链管理的战略性思想。

供应链管理的战略性思想就是通过供应链上成员的密切合作，建立低成本、高效率、快速响应、敏捷度高的经营机制，从而获取竞争优势。家电零售连锁企业应当与战略性商品供应商之间建立和巩固其战略联盟的关系，且这种关系是建立在协同的战略目标基础之上的，因此家电零售企业及其供应商首先必须确立对双方都有激励作用的战略合作目标。供应链成员之间要实现信息共享，这些信息包括可能影响其他供应链成员行动和表现的任何类型的数据，需要零售连锁企业和供应商双方共同提供，供应链上的各成员通过实时掌握的反映供应链状态的信息数据进行群体决策，设计出对系统最为有利的供应链管理方案。

案例精析8-6

国美电器的配送运作

国美电器集团（以下简称"国美"）成立于1987年，是一家以经营电器及消费电子产品零售为主的全国性连锁企业。依靠着"商者无域、相融共生"的企业发展理念，国美电器与全球知名家电制造企业保持紧密、友好、互助的战略合作伙伴关系，成为众多知名家电厂家在中国最大的经销商。

国美的物流是弹性的物流体系，自营及第三方配送相结合。在库存上，分为"大库""小库"，它们共同构成了国美全国连锁的物流系统的枢纽。"大库"是指配送中心，国美在每个地区只设立一个7 000～10 000平方米的配送中心，由这个地区和所有与之相邻的地区共同使用。"小库"是指国美各门店配备的小型仓库，用于存放少量库存。

在运输上，国美采取自营物流与第三方物流相结合的模式。从"大库"到"小库"之间的配送是由自建车队完成的，而大件传统电器的售后宅配有的是由第三方承运商从配送中心运往客户指定地，有的是由代销厂家直接送往客户家中，不需要经过配送中心。国美的配送虽是外包，但其管理权掌握在国美自己手中，必须按照国美的服务规范和统一的服务标准，穿国美的统一制服进行配送，并且为国美提供服务的承运商不止一个，承运商间的竞争更好地保证了国美服务的质量。大规模采用第三方物流配送是国美的成本优势，以及送货途中的物损责任由第三方承担，都减少了国美的一部分成本。

在配送运作模式上，国美将原先的"门店储存配送"模式改革为"集中配送"模式，大件的电器由生产厂家驻各地的分公司直接送至配送中心，在顾客看完样机下订单之后再由配送中心统一配送到顾客家中。在门店摆放的多为顾客可以用手直接带走的电器和样机等。集中配送模式与原先的门店储存配送模式相比，更加科学，并且效率高、成本和产品损坏率低。

国美电器分为宅配和店配两种形式。宅配主要针对大件传统家电，如彩电、空调、冰箱、洗衣机等。具体有两种情况：一是由国美的承运商（第三方物流）完成的。配送中心统一集中配送，国美承诺"80千米内送货上门"，其主要运作模式是由顾客到门店看样品，然后直接由配送中心向顾客指定地点发货。或者运用电子商务平台，顾客直接通过所在地区的国美网上商城下订单，配送中心向其发货。二是部分代理产品由厂家直接配送至客户指定地，不经过配送中心。这样节省了人员费用、管理费用、物流费用和仓储费用，使得总体的成本更低。店配主要针对3C类数码产品及小件的客户可直接自提的家电。

资料来源　佚名．国美电器物流运作模式浅析［EB/OL］．［2017-12-02］．http://cn.chinagate.cn/zhuanti/smlt/2013-12/02/content_30768712.htm.

精析：国美电器通过建立"大库"与"小库"，开展自营及第三方配送的结合，实现了"门店储存配送"向"集中配送"的转变，降低了配送的成本，同时改善了配送服务水平。

8.3 服装连锁配送管理

我国是世界上最大的服装消费国，同时也是服装产品出口大国，目前，服装行业已经成为我国国民经济的重要组成部分，它与人们的生产、生活、消费密切相关，是经济和社会发展水平的重要体现。本节主要探讨服装连锁企业的配送管理。

8.3.1　服装配送的特点

1）服装配送需要实现快速响应

服装的换季、时尚款式瞬息万变，使得服装市场需求预测难度加大，服装样品和退货业务烦琐。服装本身具有强烈的季节性和短暂的流行周期，新品上市时供不应求，几个月后，人们又将目光投向了更新的款式，所以在商品热销的同时要保证新货的及时供应，快速响应市场需求。

一些大型服装企业，每年压在销售渠道上的货款就高达几亿元，对于畅销款，只要出库就可以换成现金，这就要求配送中心把握住这些产品的下线时间，让这些产品第一时间到店，以最快的配送速度为企业创造效益。

2）服装配送以单品管理为主

服装不仅种类多，而且同一服装的颜色、尺寸也是不一样的，管理起来十分复杂，所以单品管理的思想尤为重要。单品管理是对服装企业供应链中货品管理的细化。在整个生产、营销、物流环节中，将每件货品细分到品种、款式、颜色、尺码、价格、面料、质地等。全球著名的服饰鞋类生产企业天伯龙公司，供应到每个零售店的服装，平均单品数量不超过12件，虽然增加了货品调拨次数，但是大大降低了滞销品库存，加快了畅销品到店的反应速度。

3）服装配送中心流通加工作业较多

与一般的配送中心相比，服装配送中心包含更多的流通加工作业，具体包括熨烫加工，如对易皱面料的服装进行处理加工；分装加工，如将散装或大包装的服装按零售要求进行重新包装；分选加工，如对服装按照面料质量、规格进行分选，并分别包装；贴标加工，如缝纫品牌标签、打制价格标签和条形码等。

8.3.2　服装连锁配送中的关键点

1）几个关键点

（1）包装运输和二次加工。

服装根据种类采用不同的包装方式，有平装（折装）和挂装，因不同的产品及不同的顾客需求而定。平装（折装）的过程中，工人将每件成衣根据客人的要求折好，放进胶袋，封上胶袋口。如果顾客需要挂装式的，成衣会被挂在衣架上，然后挂上胶袋，封上胶袋口，至此包装工序才算完成。在储存和运输过程中，大部分正装和高级时装需要采用挂装方式，需要大小和规格不同的海运或空运的挂衣箱。休闲服饰和内衣则一般采用平装方式。目前，服装生产、物流等各环节逐渐向专业化方向发展，服装贸易和专业物流的结合也会越来越紧密。比如，物流服务商根据客户需要针对加工完毕的产品提供一部分后期整理服务，内容涉及二次加工、包装等原本属于工厂的操作。

（2）市场快速反应机制的要求。

服装本身具有强烈的季节性和短暂的流行周期，如果市场反应速度慢，在激烈的市场竞争中，企业将付出惨重的代价。有时有些企业的产品仅仅停留在流通的中间环节，根本没有实现销售，库存和现金流严重制约了企业的发展。对于畅销服装，应把握住产品的下线时间，尽可能缩短产品的在库时间，在第一时间到达店铺，以最快的速度为企业创造效益；而对于试销产品，或换季新推出的款式，需要尽量增加产品的展示和试销范围，不同区域、不同时段、不同搭配地进行宣传，一旦获得良好的市场反应，就快速生产供给市场。

（3）适应服装多品种、小批量的发展趋势。

服装市场的发展演化，越来越呈现出多品种、小批量的发展趋势，而这种趋势也必将影响服装企业供应链的各个环节。为了顺应服装产品多品种、小批量的发展趋势，服装企业需要提高物流水平，通过建设功能强大的现代物流配送中心来响应这一要求。建设现代化的物流配送中心的确需要很大投入，但物流作业自动化不仅可以提高效率，还可以大幅降低企业运营成本，使服装的销售价格相应降低，从而增强产品的市场竞争力。目前，少数规模较大的龙头企业已着手规划建设物流配送中心。

（4）库存合理优化。

现代物流的一个根本理念就是要尽量降低库存，直至零库存。但是，没有库存对于正常运作的服装企业来说是根本不可能的。服装企业进行库存控制的目标不是消灭库存，而是合理控制库存。合理库存的一个基本准则是将库存尽量集中在畅销产品上。企业应适当控制库存，或者配合销售部门的推广、促销活动安排，及时在不同门店、仓库之间调配，将库存产品集中到促销活动辐射区域。

2）解决方法

（1）根据服装种类和市场定位，确定包装运输方式。

一般高端产品采用挂装方式，其优点是服装运输过程中不易损坏、不易变形，省去了二次加工工序，可以直接运送到销售门店，及时性强；缺点是包装和运输成本高。中低端服装产品包装一般采用折装方式，物流费用低。

（2）建立快速响应机制。

其具体做法是提高服装企业制造和物流环节的信息化水平，打造整个物流供应链，缩短新产品试销成功后大量投放的时间，抢得先机，赢得主动，变市场机会为企业效益。对于规模较大的服装企业，除建立覆盖全国的大型物流中心外，还必须建立功能强大的区域配送分中心，以满足快速销售的需要。

（3）建设功能强大的物流配送中心。

服装业多品种、小批量的发展趋势给服装物流设计规划带来了困难，以托盘为储存单元的自动化立体仓库难以满足服装配送要求，只有建设功能强大的物流配送中心，增加快速分拣区域和相关设施，才能适应多品种、小批量这一行业发展趋势的需要。

（4）严格控制库存。

服装企业的库存包括企业内部库存、物流过程动态库存和门店库存三部分。服装在库时间不能太长，企业内部库存必须严格控制并尽量减少，否则意味着企业将占用大量资金和产品滞销风险加大。合理的平均库存为2~3周的销量，最大库存不应超过1个月的销量。

此外，需要注意的是，不同类型服装（如正装和休闲运动装）的存储形态差异决定了其在存储和分拣环节采用的作业方式和设备不同，但在配送环节上的运作模式基本一样，选用哪种方式取决于物流成本的投入和控制。

（5）挂装技术值得关注。

目前，国内外的服装物流配送存在较大差别，主要体现在：国外服装企业的物流管理理念比较先进，物流服务专业化强，能够做到迅速、及时、准时。同时，国际化的服装产品大部分价格昂贵，虽然也有不少使用普通纸箱包装的方式运输，但挂装运输是国际服装运输的常规做法，以实现门到门服务，可以减少环节，尽快将产品打入市场。国内的服装物流配送目前多采取较初级的运输方式，对服务、时间等方面的考虑较少，只有少数附加值高、有国外背景的企业逐渐有意识地提高物流环节的操作水平。虽然一些大型的服装生产企业已开始使用挂装设备，但仅限于企业内部，而很少选择物流外包挂装运输的做法。国内的第三方物流服务商仅仅提供部分仓储、分拨服务。或许在不久的将来，采用挂装运输方式会成为国内服装物流配送发展的主流。

服装产品采用挂装运输方式必须设计专用封闭式挂装箱，挂装箱除满足储存并保护服装的要求外，还必须易折叠、防水防潮，有足够的强度满足货物箱多层摞放的要求，方便人员搬运（有易拆卸的脚轮或叉孔底托），材质一般为纸质、塑料、金属或木制。目前国内挂装箱多数为纸箱，未达到以上要求，只能采用厢式汽车运输。采用挂装箱的服装便于储存和搬运，既可以简单平面多层堆放储存，也可以采用货架和叉车配合立体储存。

案例精析8-7

报喜鸟的服装自动化物流配送中心

2011年国庆节期间，浙江报喜鸟服饰股份有限公司（以下简称报喜鸟）服装自动化物流配送中心在报喜鸟工业园正式上线并投入使用。该项目选择了国内著名物流系统装备集成商——北京起重运输机械设计研究院（简称北起院）作为物流设备系统方面的合作伙伴，在国内服装行业首次整合了具有国际先进水平的吊挂存储和拣选系统，并采用了世界一流的仓库管理系统（WMS）。

1）项目情况

报喜鸟的服装物流配送中心占地8 800平方米，分为两个部分。

第一部分：自动化立体仓库（AS/RS），为单层结构，主要实现叠装服饰产品的托盘入库和出库以及整托盘存储和整箱拣选。立体仓库长100米，宽24米，占地2 400平方米，5个巷道采用5台堆垛机，共有11 700个托盘货位，可以按照两种高度存储。在立体仓库的一端还规划了3层托盘输送机系统，分别能实现整托盘入库和出库、散件或者退货入库，以及整箱拣选的功能。

第二部分：平面库区，为三层结构。

第一层：主要规划了叠装、吊挂服装以及退货服装的收货区，新品拆零拣选及自动输送区，叠装拆零复核包装区，挂装复核包装区，自动称重贴标塑封以及自动分拣区，集货区等区域。其中，新品拆零拣选区规划了3 000多个拣选点，支持3 000多个服装新品的拆零拣选，采用电子标签拣货系统。

第二层：主要规划了叠装拆零拣选及自动输送区、退货处理区等区域。拆零拣选区规划了25 000多个拣选点。

第三层：主要规划了吊挂服装存储和拣选区。

在三层平面库区，规划了两套自动输送系统：一套为周转箱和原箱输送系统，能实现拆零所用的周转箱覆盖所有的需要拣选的品种区域，同时能将需要补货的原箱自动输送到指定区域，使输送线不只具有一种输送功能，同时还具备信息指挥功能；与此同时，该输送线能将自动化立体仓库、拆零拣选区、新品拣选区、复核包装区、分拣区等区域串联起来，使其形成一个有效的整体。另外一套是吊挂输送线的传输系统，该系统通过在一楼的收货、穿过二楼的输送、三楼的运输，以及一楼的发货、分拣等环节的实现，将吊挂存储和收发货等环节自动联系在一起。

2）创新的物流技术应用

报喜鸟服装自动化物流配送中心除采用了自动化立体仓库技术、在线拣选技术、输送技术、提升技术、电子标签拣选技术、复核包装技术、自动分拣技术等现代物流配送中心常用的技术外，还采用了其他物流配送中心没有采用的或者在服装行业比较特别的技术。

（1）自动吊挂技术。

为了保持服装的立体感，在高档服装行业采用吊挂存储是比较常见的存储方式，这种方式能比较容易地保证服装的品质，但其不易箱装的特性给物流带来了不小的挑战。以前有服装企业采用在箱子里吊挂的方式来实现服装的存储和出入库，不过这仅适合于品种少、批量大的情况，而报喜鸟的品种多、批量少、存储总量大，所以不能采用这种方式。因此，采用大规模吊挂存储和拣选系统就是一种必然选择。

报喜鸟经过广泛调研，最终采用了全自动吊挂系统。该系统能实现服装吊挂后自动输送上楼、自动输送到通道，拣选出来后自动输送到楼下、自动分类的功能。该系统在服装物流配送中心的首次使用，为服装行业的存储和拣选提供了另外一个选择。

（2）自动补货技术。

通常，在服装物流配送中心里，补货基本依靠人工搬运，或者采用短距离输送加人工搬运的方式。但在报喜鸟服装物流配送中心里，考虑到平面库楼层多、存储区和拣选区距离远、物流输送方向相同、输送量不大等因素，北起院创新地在该项目中采用了自动补货技术，在第二层规划了6个补货口，第一层规划了2个补货口。

该自动补货技术充分利用了箱输送线的能力，将立体仓库里用于拣选、补货的箱子和自动收货使用的C类纸箱，借助已存在的箱式输送系统，并充分利用条码识别技术，自动将补货箱子输送到指定存储区域的补货口，再由人工完成距离很短的人工上架过程。该技术的使用使得人工搬运的距离更短，从而提高了补货的效率。

（3）自动称重贴标技术。

为了有利于与第三方物流承运商进行结算，报喜鸟要求每一箱货物，无论是原箱还是拆零拣选后的包装箱，都必须有重量信息。该重量信息不但要在仓库管理系统里能查询到，而且要求打印在箱子的表面，这对物流技术在服装行业的使用提出了更高的要求。

北起院基于"用户的需求就是目标"的设计理念，在货物经复核包装后进入自动分拣机前引入了自动称重技术，采用世界先进的称重设备，辅以北起院自行开发的后台驱动平台，在每一箱识别之前都要进行位置整理、条码阅读等功能，然后完成自动称重、重量数据自动记录、自动绑定等工作。

为了实现重量信息的打印功能，北起院采用了自动贴标技术，在自动称重设备的下一步配置了高速自动贴标设备，将刚刚记录的重量信息自动贴标在箱子的指定位置，确保在箱子的交接过程中能对此重量信息一目了然。

（4）异尺寸自动热塑膜技术。

服装产品在运输过程中的丢货现象一直是令人头痛的顽症，各个企业为解决此问题想了很多办法。北起院在其实施的森马上海物流中心项目中采用的自动热塑膜技术很好地解决了这一问题。但是，森马项目中纸箱子的尺寸是完全一样的，而报喜鸟的箱子尺寸差异很大，甚至有的相差2倍以上，这给自动热塑膜技术带来了很大的挑战。

经过详细的调研、方案比较和深化设计，北起院研制出了异尺寸自动热塑膜设备，从而满足了报喜鸟的这一技术要求。

资料来源　秦叙斌. 浙江报喜鸟服装自动化物流配送中心［J］. 物流技术与应用，2012（6）.

精析：报喜鸟高效、精准的物流系统，可以轻松地满足3 000余家专卖店每年50亿元销售额的配送需求，同时也真正实现了报喜鸟的供应链和物流系统与企业信息系统的集成化和一体化，使物料的进、存、销完全满足了企业的要求，提高了配送速度，降低了物流成本。

8.3.3　服装连锁配送中心的规划与设计

1）规划设计的原则

服装配送中心是指对服装产品进行的仓储、加工、分拣、包装、配送和信息处理等物流作业的场所和组织。服装配送中心通过集成化的物流作业和信息系统，提高服装流通效率，降低服装流通的成本，提高客户服务水平和服装企业的市场竞争能力。与其他配送中心相比较，服装配送中心的规划建设原则可以用"六个强调"来概括：

（1）服装配送中心的建设强调选址的重要性。

配送中心的建设非常强调选址的合理性和科学性，服装配送中心更是如此。由于服装产品销售终端网点多、分布广，而且大多位于市区中心地带，客户类型也多，从而给配送中心选址带来了难度。一旦选址不合理，势必严重影响配送服务的水平和成本，配送中心的作用也会大打折扣。此外，有的服装企业在全国有多级配送中心，就是所谓的CDC（中央配送中心）和RDC（区域配送中心），如何处理好CDC和RDC在选址方面的关联也十分关键。比如，Aee精品鞋业公司在供应商较为集中的华南和华东地区成立了广州CDC和上海CDC，用于向北京RDC、沈阳RDC及成都RDC进行分拨并向销售终端直接配送。

（2）服装配送中心强调单品管理。

服装配送中心的管理对象是服装产品，由于服装产品具有品牌、款式、尺寸、颜色等多重属性，导致单品数量非常多，这给物流配送管理带来了很大的困难。要解决这方面的问题，一要靠专业化的设施设备和物流管理方法，二要有合适的物流信息系统，三要实行单品管理。单品管理就是在整个生产、营销、物流环节中，将每种货品细分到品种、款、色、码、价、面料质地等方面。单品管理可以提高货品周转率，增加货品调拨次数，大大降低滞销品库存，加快畅销品追单反应速度。

（3）服装配送中心强调订单处理与分拣作业。

服装销售形式既有直营，又有代理、批发和加盟，客户对象既有直营门店，也有大型商场、批发市场、个体加盟户，因此每天的订单类型多样、订货时间不定、订货数量差异较大，这给订单处理、货物分拣作业带来了难度。因此，采用合适的订货方式、订单处理系统、分拣方式、分拣技术就显得尤其重要。

（4）服装配送中心强调快速反应。

服装商品的季节性、流行性很强，一般来说，一个新品的生命周期也就是两三个月，在这两三个月内，要完成包装、运输、仓储、配送与退货等多个物流环节的大量工作，时间压力非常大，这要求配送中心要有快速反应的能力和高效的运作水平。如果企业反应速度慢，在激烈的市场竞争中，将付出惨重的代价。尤其是库存不能大量积压，否则会给企业造成很大损失。

（5）服装配送中心强调库存控制。

由于服装商品的季节性、流行性很强，导致了服装产品生命周期较短。以休闲装为例，一些休闲装的订货会一年会开 6~8 次，而一款休闲装的上市销售时间一般只有 2 周左右，如果一款新休闲装上市一周销量上不去，那么这款休闲装就会有大量的积压。一般来说，服装库存主要包括厂家库存和渠道库存，其中以渠道库存为主。配送中心位于渠道的核心，就如同自来水管的"总阀门"，它对于控制整个渠道的库存起到关键作用。

（6）服装配送中心强调信息化。

服装配送具有的上述五个特征导致了服装配送中心的各个环节都离不开信息系统的支持。比如，成千上万个服装单品，如果没有相应的软件，很难想象仓储管理会是什么样子。其中，条形码技术、POS 系统、RFID 技术等也是配送中心的关键性技术。

2）网络规划与选址决策

（1）网络规划：设立区域配送中心。

现阶段，具备一定销售规模的服装企业都需要建立现代化的配送中心以支持企业进一步发展，因此必须进行物流网络规划。根据渠道、门店、柜台的数量和分布的广泛程度，服装企业配送中心可分为一级配送中心和二级配送中心。其中一级配送中心就是区域配送中心，二级配送中心就是省、市分公司。

货品的区域配送中心是总部与分公司之间的货品、信息的传承者，其主要职能是为该区域所管辖的各分公司进行要货信息的收集，库存信息的监督，货品的配送、调剂，货款的回收等。为确保物流配送体系的快速反应，区域配送中心位置的确定应遵循以下原则，即该中心采取固定路线和频率的送货方式到达本区域内任一分公司的车程都在 24 小时以内。

与传统配送模式（总部—分公司—销售网点模式）相比，此模式一方面可以降低生产与销售的时间差，提高货品周转速率，削减长距离运输所带来的无效成本；另一方面设立区域配送中心，使货源的相对集中可以减少系统对安全库存的需求，从而提升其使用效率，使整个地区的存货得到更高效的运用；此外，设立区域配送中心可以及时获取市场信息，使加快送货成为可能，更加有利于调剂的及时进行，在提高了存货利用率的同时也提高了客户服务水平。

（2）选址决策：主要影响因素的考虑。

合理的选址是发挥配送中心功能的前提，也是物流网络规划的直接目的。配送中心的分布要尽量靠近渠道的分布，配送辐射的销售网点距离均匀，方便供货和渠道之间相互调货。同时，优化配送路线，缩短服装在途时间，尽量减少中间环节，以最低的货损、最高的效率使物流总成本达到最小，实现服装企业规模经营的最大利润。

服装配送中心选址时应该考虑的主要因素有：客户分布、交通条件、土地条件、自然条件等。

第一，客户分布。配送中心主要是以客户服务为目的，因此配送中心选址时首先要考虑的就是所服务客户的分布。对于服装配送中心来说，配送中心通常要考虑直营店、专卖店、加盟店的分布规律。这些客户大部分分布在人口密集的地方或大城市，配送中心为了降低运输成本和提高服务水平，多选在城市边缘接近客户分布的地区建立配送中心。目前，全国各大城市都有自己的服装批发市场，比如东北红博、华北大红门、华南虎门、广州流花等。配送中心选址时，应该优先考虑这些地方。

第二，交通条件。交通条件是影响配送成本及效率的重要因素之一，交通运输的不便会直接影响配送的运输成本，因此必须考虑距离车站的远近、道路状况、车站的性质、交通连接状况、搬运状况以及未来交通与邻近地区的发展状况等因素。选址应以重要的运输线路为主，以方便配送运输作业的进行。服装产品主要采用公路汽车运输，应尽量选择在交通方便的高速公路、国道及快速道路附近的地方。

第三，土地条件。配送中心选址还要考虑土地与地形的限制。对于土地的使用，必须符合相关法规及城市规划的限制，尽量选在物流园区、经济开发区、服装批发市场等政府规划用地范围内。

第四，自然条件。服装产品都是怕潮湿的，对湿度有一定的要求，因此在配送中心选址中，自然条件也是必须考虑的。其主要考虑备选地址的水文、温度、湿度等条件。

配送中心位置的选择，将显著影响实际营运的效率与成本，以及日后中心规模的扩充与发展，这是关系到配送中心生存发展的大事。因此，企业在决定配送中心设置的位置方案时，必须认真地进行内部和外部环境条件的综合分析与研究，并按适当步骤进行。

3）设施规划与平面布局

在进行服装配送中心建设时，设施规划与平面布局是关键点。平面布局要考虑设施，而设施的选购也要考虑平面布局。

（1）设施规划。

服装配送中心的设施规划主要是选用合适的货架系统和分拣设施。

第一，货架系统规划。由于服装产品的包装形式有托盘（P）、纸箱或布袋（C）、单品（B），因此服装配送中心的货物存储形式有四种：地面堆存、托盘存储、货架储放、货架挂装。

第二，分拣设施规划。一般来说，配送中心的拣货方式有三种：一是摘取式；二是播种式；三是复合法（同时采用摘取式和播种式）。中小型服装配送中心一般采用摘取式拣货，大型服装配送中心采用播种式拣货。分拣设施规划要与拣货方式相适应。

（2）平面布局。

服装配送中心的平面布局要与设施规划相一致。此外，加上EIQ分析（客户、订单、数量分析）、物流相关性分析和活动相关性分析，我们就可以大致形成配送中心的平面布局。

需要特别说明的是，目前通过型配送中心（越库配送）得到广泛运用。比如，日本岛村服装公司的配送中心就是没有库存的通过型配送中心，入库服装商品放置在入口处的传送带上，然后计算机系统根据读取的物流标签进行分拣，这种分拣设备带有临时保管功能，服装货物从分拣设备中先按照不同种类一次输出，再按照门店、柜台等进行分拣，然后检查、贴价格签、打包、发货。在出口处，货车车厢与配送中心紧密相连，由货车驾驶员进行装车。整个流程实现了高度自动化、简捷、快速、准确，实现了上午订货、当天出库、次日到达，是最省时的配送体系。

4）信息技术与信息系统建设

信息化是配送中心的重要标志。服装配送中心的信息化有两个方面：一是配送中心的信息化技术；二是信息系统管理。

服装配送中心信息技术的自动化主要采用条形码、RFID（无线条形码）、自动仓库等技术。下面以RFID技术为例，说明服装配送中心信息化技术的应用。

无线条形码管理解决方案可以帮助服装企业实现更快捷、准确的流程管理。随着服装行业的竞争日趋激烈，服装的生命周期变得越来越短。以男士夹克为例，要保证一批新品的利润，服装企业从收到客户订单到产品上架的平均周期必须控制在13天以内，因为一旦超过这个时间，晚一天就会损失上万元。无线条形码管理解决方案可通过条形码管理品牌、类别、颜色款式、尺码等信息。服装从生产线下来后，通过扫描，进入仓库指定的货位存放，以缩短出库时间、提高准确率，并减少出货错误带来的额外运输成本。

以劲霸的RFID技术应用为例进行说明。劲霸的RFID技术解决方案包括在劲霸的物料仓和成品仓实施无线仓库管理系统，通过条形码识别系统在各专卖店和卖场进行实时数据采集，与总部实现即时信息共享和沟通，解决劲霸在仓库管理和供应链管理上面临的问题。劲霸从2000年9月开展特许加盟业务至今，已在全国32个省、自治区、直辖市拥有专卖网点数千个。随着业务规模的不断扩大，劲霸每天出库的货品、数量和品种项目非常多，单纯依靠人工检查出库情况，无法避免多种款式、型号货品混装时出现的发错货、漏发货的情况。同时，由于生产和成品仓库无法及时了解市场反馈信息，往往是市场上需要的产品在仓库中没有储备，而市场销售情况并不理想的产品却又堆积如山，从而造成了很大的浪费。于是劲霸便考虑利用信息化提高仓库管理和配送业务水平。

目前，劲霸的RFID系统流程包括出库信息采集、扫描结果查询、配送仓库盘点、门店盘点等环节。例如，在进行出库信息采集时，操作人员每次用MC3000扫描一个商品条形码，数据实时传输到后台，系统自动累计已经扫描的该品类的数量，并将已经扫描的总数和原来出货单中该品类的计划出货数进行对比，如果等于或者大于，则应及时给出相应的提示，并且不再接受扫描同类品类。每次扫描的箱号和相应的货品条形码都会保存在条形码接口表中，同时还会记录其他有用信息，例如操作员代码、出货单号、出货日期等。

RFID技术解决方案帮助劲霸实现了对配送中心各仓库、专卖店库存的实时查询和盘点，全面提高了劲霸服装物流配送的服务水平。

案例精析8-8

史得奇服装零售店集团公司的物流配送

总部设立在美国南部得克萨斯州休斯敦的史得奇服装零售店集团公司（Stage Stores Inc., STGS）经营（批发/零售）男女老少服装，经营范围主要在美国东部诸州和全国各地，国内有660家服装批发/零售店，世界各地经营与公司同名的店面以及用Bealls、Palais Royal、Peebles等名字挂牌的店面有342家。

为了确保服装快速畅通，史得奇服装零售店集团公司设立两套配送中心系统，一套在得克萨斯州的杰克逊维尔，拥有面积为33万平方英尺和107 000平方英尺的两大配送仓库，总面积达437 000平方英尺，可以日均发送22 000只卡通箱服装产品；另外一套在弗吉尼亚州的南希尔，有面积为162 000平方英尺的仓库一座。两地配送中心仓库设施全部采用仓库管理系统软件（简称WMS），货物进库、分拣、鉴别、包装、存放和出库全部用皮带输送机和自动轨道车操作；配送中心之间经常进行交叉配送、越库转运，可以最大化降低运输成本和提高配送效率，每年配送业务量超过900万卡通箱。

而高速配送物流背后的秘密就是信息准确、严密规划和充分的储运准备。根据美国史得奇服装零售店集团公司销售经营规划，所有的供货商必须根据事先签署的协议，在服装抵达配送中心之前完成一系列增值服务，其中包括在服装上面挂品牌标签，所有品牌服装必须配挂在挂衣箱内，凡是服装上货架或者送到商店仓库之前的全部包装、整理、清点和审计等工作一律由供应商搞定。为了促使物流供应链畅通运转，史得奇服装零售店集团公司要求各家供应商按照规定操作，供应链上下线必须相互密切合作，如供应商必须事先及时通报货物抵达配送中心或者直接送达相关零售商店的确切日期和时间，以便配送中心和服装零售店做好准备，避免增加存货或者发生商品断档，也为个别临时更改日期留有足够空间。美国史得奇服装零售店集团公司配送中心也充分发挥第三方运输服务功能，承包服装等商品的运输任务，把应急用的公司自营运输车队运力减少到最低限度，从而大幅度降低运输成本。

由于配送中心和物流供应链管理充分利用了信息系统软件，进一步缩短了服装产品的转运时间，有时候在配送中心指挥下，干脆绕过配送中心，把产品直接送到各地零售商店，甚至直接送到客户手中，从而进一步提高了供应链运营效率，时装等产品能够以最快的速度上货架与消费者见面，服装零售量也不断扩大。

资料来源 佚名. 物流案例分析：史得奇服装配送的设计管理［EB/OL］.［2015-06-09］. http://www.examw.com/wuliu/anli/192026/，有删改。

精析：史得奇服装零售店集团公司配送和物流获得巨大成功的背后就是积极引进和充分运用信息系统软件，这些软件的主要供应商根据美国史得奇服装零售店集团配送和物流的具体需求量身定做、设计制造合适的软件，帮助其最大化地提高物流速度，减少供应链运营风险，把运输成本降低到最低限度。

8.4 医药连锁配送管理

8.4.1 医药连锁配送的特点

1）日配送总量差别大

由于买方市场在一定程度上呈现出对药品需求的不稳定性与无规律性，因此配送中心药品日配送量差别较大，以北京某大型企业的医药配送中心为例，每日药品出货量从5 000箱至18 000箱不等。

2）每日配送门店数量的波动性强

配送需求变化具有极强的复杂性，药店位置、服务人群等造成的每日配送门店数量的波动强度与变化的复杂性难以预测，从而造成了配送计划的不确定性。

3）不同时期的药品需求种类差异明显

由于人们在不同季节对药品的需求有所不同，配送中心对药品配送的种类在不同季节也存在较大差异，因此在不同时期，配送中心对药品配送的种类表现出较大的差异性。

8.4.2 医药连锁配送中心的建设

1）医药连锁配送中心建设的要求

医药流通企业的配送中心建设要比生产厂商的物流中心更为复杂和困难。根据日本医药物流配送中心建设的经验，一个符合信赖性、生产性、安全性和灵活适应市场环境变化的配送中心至少应该考虑以下5个方面的问题：第一，符合GSP质量管理体系。贯彻药品管理法律法规，各区均进行温度的管理，引入批号管理系统、跟踪管理系统（出货历史的记录/检索的系统化）、采用监督系统。第二，低成本营运。其主要表现为：构建无须专业人员也能进行作业的简单作业环境；拆零分拣操作的无纸化；排除业务上的无效操作（分拣、补货各流程的不连续或间断）；能够随时了解作业进度的环境结构。第三，缩短响应时间。其主要表现为：由计算机完成的物流信息一体化；整箱与拆零作业的分离，提高作业效率；提高作业的灵活性以及操作效率；拆零分拣作业的提速；系统的简单化。第四，机械化与自动化。其主要表现为：量体裁衣的自动化系统；引入劳动力管理和计时制（适合第三方物流的布局）；动线流畅的工作环境（包括改善工作环境）。第五，防止人为错误。其主要表现为：对于拆零拼箱采用POS检验系统；进行实时管理和处理残余药品（监控系统）；构成零差错系统；确立集货验收系统。

上述问题的深入考虑将直接影响整个配送中心的布局、流程、设备和信息管理的设计结果。有经验的系统集成商能够帮助建设者准确定义商业目标和功能需求，并提供有效的系统设计方案。

2）**医药连锁配送中心的建设目标与水平**

医药连锁配送中心的建设目标，应全面符合GSP规定，并满足企业的总体发展战略要求。配送中心集进货、存储、拣选、配送于一体并具有多功能、高精度、高效益等特点，应能完全支持企业当前和规划中的医药药品批发与零售业务，并在时机成熟时无障碍地展开第三方物流服务，顺利转轨并成为利润中心。

配送中心建设的主要目标与水平包括：具有信息化、自动化、网络化、智能化、标准化和柔性化的较高水平；高效、实时的物流和信息系统；降低作业误差率，提高库存周转率，挖掘商业利润；降低物流运作成本，缩短物流作业周期和交货周期，提升物流服务竞争的能力。

每个项目建设的决策者或许都会希望未来的配送中心具有高起点、高水平和高度的柔性。然而，建设成本、周期和复杂性必须是决策者慎之又慎的抉择。这些抉择将影响建设中的很多大大小小的决定。借助社会专业"外脑"，聘请有经验的物流咨询顾问，无疑是一条捷径。全面分析和评估企业发展目标、准确定位商业需求，能使项目建议书更趋于实际，更具可操作性并降低风险。

3）**医药连锁配送中心的布局及设计**

新建的配送中心往往从选址开始，配送中心选址通常是一个单设施选址问题。在选址优化过程中服务对象个数为一序列，配送路程作为变量与运输费用成正比，选址模型可依据总运输成本最小求出一组初解，然后采用加权方式进行比选。显然，成功的选址将直接影响配送中心的营运成本。

历史数据的分析是配送中心建设的基础，期望的出入库吞吐量及库内上架、补货与移动量分布图是设计的依据。

系统设计者根据建设目标和主要设计参数进行布局设计或方案设计。无论设备选用如何，布局设计必须保证动线流畅，并在可能的情况下留出进一步发展的余地。在不断优化布局设计的同时也需要不断优化流程。流程的设计包括营运流程和管理流程的设计。流程的设计务必做到每个环节都准确、高效和流畅，能够对日常营运进行系统化、规范化、标准化管理。医药连锁配送中心的设备选择范围较大，如码盘机器人、高速缓冲设备、箱式自动仓库、层式拆盘机、分拣机、电子标签系统、RF手持终端等。设备的选取应符合合适、合理、可靠、高效的原则。

4）**医药连锁配送中心的信息系统**

信息系统是物流配送中心的"大脑"，而由其延伸出去的"网络"构成了中心的"神经"，其重要性不言而喻。该系统是集信息、控制、管理于一体的复杂系统。企业原有ERP或许要进行数据、通信与接口再造，以便能与仓库管理系统实现可靠、实时的通信和数据传输。仓库管理系统是配送中心的核心管理软件，该软件不仅实施收货、上架、发货、补货、拣选、逆向物流、各子系统运行等的管理，而且对配送中心高效率、高处理能力、高正确度、实时控制等具有重要的作用。同时，以此为基础建立的信息平台将为供应商、配送中心、医院、药房与顾客所共享。供应商随时可通过互联网检索其产品的库存量，并根据统计数据组织生产；同样，客户也可以利用EDI和网络下达订单并查询订单履行状况。

获得仓库管理系统软件的方式有很多种，可由用户自行开发，可以由集成商提供，也可以购置独立的第三方软件。不能断言哪一种方式最好，而只能判断哪一种最适合建设目标。不过建议在选择仓库管理系统时，除了确定功能需求之外，也应该谨慎考虑以下几个问题：是否有利于医药流通企业内的第三方物流服务；是否有利于企业的战略规划；是否有利于形成行业的系统标准；是否有利于GSP的规定和修订；是否有利于对外合作和信息对接。信息系统的实施由系统集成商、仓库管理系统供应商以及项目建设者共同完成。实施目标是为了确保数据的实时传递及其准确性。

8.4.3 我国医药零售连锁企业的配送管理问题

1）医药零售连锁企业"连而未锁"，集中采购规模优势欠缺

一方面，我国医药零售连锁企业还在初步发展阶段，多数医药零售连锁企业在国内"跑马圈地"，仅是在追求商业网点资源，但这种"放卫星"式的扩张及业态模式的简单复制体现不出配送中心的规模优势，从而增加了物流成本，降低了企业的整体盈利能力，加大了企业的经营风险，未能实现有限资本的收益最大化。另一方面，由于长期以来我国药品销售是按区域代理的形式来进行管理，这就限制了医药连锁企业进行全国统一采购的能力。当前医药零售连锁企业所占市场份额还不足以制约生产企业，只能进行分区采购。一些药店的采购是由全国各分公司单独进行，而总部不设采购部，如海王星辰、江西开心大药房等。连锁企业主要是发挥几个统一的优势：统一采购、统一配送、统一定价、统一结算、统一企业标志、统一信息系统、统一运作管理，以充分发挥资源配置优势，降低运营成本。而各分部分设采购部，各分部单独进行采购的组织结构，不能达到批量采购，不能实现规模经济，在谈判中也失去了大量购买的折扣优惠。

2）仓库布局不合理，库存混乱

由于医药零售连锁企业业务的多样性，不同品种的零散物品占据了很大的仓库面积，在一定程度上降低了仓库的利用率。还有一些医药零售连锁企业的仓库平面布置区域安排不合理，只强调充分利用空间，没有考虑前后工序的衔接，而且仓库内商品的存放、混合堆码现象严重，从而既影响了工作效率，也影响了配送，降低了服务质量，增加了库存成本。

在实际经营过程中，有些企业盲目追求"零库存"，造成药品需求准备不足，丧失市场良机；而更多的企业设立了不合理的"二级库存"（即仓储中心与各门店的仓库存在重复式库存），造成部分门店商品大量积压，占用了企业大量资金，与此同时，部分门店单品供不应求，向配送中心要货却遭遇断货的现象时有发生。

3）配送运营效率低下

由于我国医药行业不规范及药品规格不统一、运输环节过多、管理不善等方面的问题，医药企业配送中心的配送效率一般为60%～70%，而这一配送效率仅局限于中心城市或某一个地区，如果市场范围扩大，其配送效率会明显降低，即我国的医药零售业配送能力有限，只充当着仓库与运输中转站的角色，甚至某些企业将配送中心和传统的零售店仓库等同起来，配送中心的利润来源仍是传统的批零差价，配送中心各项功能并未发挥出来。

首先，业务量低，资源闲置。配送中心有一个达到盈亏平衡点的配送规模，只有当配送的店铺超过盈亏平衡点时，才能盈利。我国的配送中心大多数都是企业为自身服务而建的，其总体业务量低，无法达到经济配送规模。

其次，一些企业在建设配送中心时只注重硬件投入，却忽视对现代先进技术与管理的投入。随着经济的发展，一些先进的设备，诸如商品条码系统、商品选择组配系统和商品分送运输系统等在配送中心内逐渐普及，但与之相配套的软件系统和管理人才却严重缺乏，这不仅使这些先进设备的作用得不到发挥，还会造成巨大的浪费，甚至会由于成本投入过高而使企业陷入经营困境。

最后，配送资源的闲置与缺乏矛盾突出。一部分医药零售连锁企业存在着盲目追求自成配送体系的倾向，各起炉灶，重复建设配送中心，配送能力有余，造成了社会资源的极大浪费，应有的经济效益并未产生。一部分药品连锁企业希望借助社会化的配送中心实现商品配送，却无法实现。目前，社会化的配送中心数量还相当有限，还不能满足社会的全部需要，不能适应迅速发展的连锁经营的需要。

4）医药配送信息化、标准化水平落后

（1）信息化水平落后。

当前，国内物流信息技术应用尚处于起步阶段，物流信息系统很不完善，企业间信息缺乏相互连接和共享，远远没有达到物流运作所要求的信息化水平。尽管许多医药生产商、批发商、零售商、医院药房等都配备了电子计算机，但由于相互之间没有形成网络，因而所发挥的作用极为有限。而发达国家物流信息网络比较完善，医药供给商、批发商、零售商、医院都能通过网络实现信息共享，数据能快速、准确地传递，大大提高了库存治理、装卸搬运、采购、订货、配送、订单处理等环节的效率。例如，瑞典全国只有一家医药批发经营企业——国家大药房，其物流能力可以支持全国各地连锁经营药店的药品供给，医院不设门诊药房，医生根据患者病情开具电子处方，医院电脑同所有药店电脑联网，患者凭挂号凭据和个人信息卡即可到任何一个药店取药，既降低了药品在医院中的费用，也方便了广大患者购药。

（2）药品编码没有形成统一标准。

我国药品编码未实现标准化，无论是医药工商企业还是医疗机构，均自行设计编码、自成体系，相互之间不兼容，已有编码只能在各自的系统内使用。药品进入不同的连锁门店，需要印上各自相应的编码。进入超市的非处方药则被纳入超市的编码系统。不同的连锁企业之间、连锁企业与超市之间互不兼容，信息处理效率低下，从而大大增加了药品监管的难度。

（3）药品包装规格不统一。

要实现药品机械化自动入库、堆放、出库，药品包装规格必须统一。但国内各企业药品包装规格很不统一，彼此间差异很大，往往会造成很多新建的配送中心在药品入库和出库时还需要转换包装，从而增加了劳动力成本，降低了物流效率。

8.4.4　我国医药零售连锁企业配送管理的优化

1）建立集中化采购体系

集中化采购体系可以集中全公司的采购力量对整个供应市场产生影响，使集团采购处于有利的地位。采购集中化不仅是采购管理的发展趋势，更是切实降低采购成本的正确举措，医药零售连锁企业必须设置独立的、单一的采购部门体系，集中企业共性化的产品和服务，实现采购总成本最低。

2）合理进行仓库布局，完善库存结构管理

医药连锁企业库区布局设计应紧紧围绕仓库的主要功能这一主题展开，同时结合实际操作中所涉及的具体问题，进行具体分析。医药企业的仓库布局应根据其发货品种的整散件分类，划分为整件仓库、散件仓库，既满足 GSP 管理要求，又适当平衡散库区发货员的工作量。

在库存管理方面，坚持小批量购进、勤进快销的原则。根据门店所在商圈特点，合理制定销售与库存的比例，以保持库存结构的平衡与合理；同时运用 ABC 库存分类管理办法、CVA 关键因素分析方法等科学的库存管理方法合理控制库存量，避免积压资金，加快库存周转，提高资金利用率。

3）建立现代配送中心，增强配送能力

对医药零售连锁企业来说，特别是新建的医药零售连锁企业，社会化配送中心和企业自营配送中心都是十分必要的。一方面，它要依靠若干家社会化配送中心，为其进行大类商品的专业化配送服务；另一方面，它要通过自营的配送中心实现多品种的综合性配送。每个企业都应该在分析企业整体情况、经营环境的背景下进行判断，选择适合自己的物流配送方案。例如，大型连锁药店可采取以自营配送为主、供应商配送和第三方配送为辅的方式；而中小型连锁药店既可以联合起来，实行共同配送，以提高配送效率，降低配送成本，也可将配送业务委托给专业的物流公司全权负责，这样企业便可以专注于自己的主业，使物流活动的运作更加简单、高效。

合理地设置配送中心地址，正确进行配送中心建设的规划，加强配送中心的作业组织，提高配送中心的运作水平是提高配送效率与快速响应终端要求的重要条件。

4）加快医药配送信息化、标准化建设

《医药产品冷链物流温控设施设备验证性能确认技术规范》经国家质量监督检验检疫总局、国家标准化管理委员会批准，将于 2018 年 5 月 1 日正式实施。规范中规定了医药产品冷链物流中使用的温控仓库、温控车辆、冷藏箱或保温箱、温度监测系统性能确认的内容、要求和操作要点，解决了验证管理执行过程中认识不一致、方法不统一等问题，降低了医药产品存储和运输过程中的风险。

（1）加快医药配送信息化建设步伐。

政府应多渠道调动各方面资金，加快信息网络建设，构建医药电子商务平台，尽快实现企业间的互联互通，积极推广应用全球卫星定位系统、电子数据交换系统、自动连续补货系统、电子订货系统、销售时点实时控制系统、寻车寻货系统、资金快速支付系统以及实现信息快速输入的条形码技术的运用。

（2）推进医药配送标准化建设。

一是组织有关单位尽快制定和出台统一的药品编码体系。药品分类代码系统的建立是一项专业性极强的技术工作，涉及医学、药学、分类学、代码学、统计学、商品学等学科，建议由国家标准委员会牵头，协调各有关部委及单位，如国家食品药品监督管理局、卫生部、中国食品药品检定研究院、国家药典委员会、中国药学会等组成专家委员会，广泛征求医药企业和医药行业协会的意见，加快制定和出台统一的药品编码体系。二是加快推进药品容器标准、药品包装标准和药品信息化标准的规范。

案例精析8-9

北京医药股份现代物流配送中心

走进这座12 000平方米的物流配送中心，眼前的景象与以往印象中的药品仓库截然不同，这里更像一个"物流和信息流的处理工厂"。大宗药品进仓后通过高速垂直升降机进入各楼层，然后由叉车送到高位托盘货架和分类存储区。

各存储区的货物除按照规定分区存储外，还根据销售的快慢分层存储。货物的仓储管理信息和客户的订货信息，通过仓库管理系统（WMS）分类处理，并以指令方式传达给相应的操作人员和设备，后者根据指令进行上架、移仓、补货、盘点、拣选、传输、配送等操作。

与传统的手工纸单拣选方式不同的是，这里商品的拣选极其简单、准确而快速。在无线系统覆盖区域，用RF（手持电子标签拣选系统）扫描枪扫描周转箱上的条码后，即获取了商品拣选指令，拣选人员只需走到每条指令指定的存储位置拣取指定数量的商品，在扫描枪上确认之后即可开始下一个指令的拣选，直至完成该周转箱在该区域的所有拣选任务；在电子拣选区域，用激光扫描枪扫描周转箱上的条码后，则存储货架上的电子指示标签就会显示出拣选位置、拣选数量，拣选人员只需走到该位置拣取指示的数量并确认之后，即可开始下一个货位的商品拣选，直至完成该周转箱在该区域的所有拣选任务。周转箱沿着物流的方向走过各个区域，当所有的区域拣选任务都完成之后，会在路径控制系统的指引下走向其目标区域，即位于首层的配送巷道。

物流配送中心首层共有21条配送巷道，各巷道可以同时接受从上游传输过来的货物，保证上游的物流不会阻塞；到达各巷道的货物，经操作人员汇总整理后用笼车搬运到相应的配送卡车上，送往相应的客户指定地址。对于整箱货物，根据其数量的多少，有两种传送方式：一是直接将整箱商品放到传送线上，传送线上的固定扫描器会自动扫描贴于其表面的条码标签以获取相关信息，在路径控制系统的指引下，由传送线将其送往正确的发货区；二是将很多整箱货物码放于标准托盘上，通过垂直传送系统运往首层，然后由首层的工作人员汇总整理后，用叉车运送到正确的发货区。整个系统的运作快速、准确、高效，真正实现了医药物流的自动化、信息化和实时化。

资料来源　一则. 走近现代医药物流配送中心［N］. 中国医药报，2004-03-04.

精析：医药物流配送中心不仅可为大型医药公司提供物流服务，降低流通成本，而且可向中小型医药流通企业、医药零售企业、医药连锁店等提供物流服务。通过仓储、拣选等作业的信息化和自动化建设，北京医药股份现代物流配送中心大大提高了配送效率，订单处理能力得以增强，货物拣选差错几乎为零，配送时间缩短，劳动力成本降低。

🌀本章小结

生鲜品配送主要具有配送设备要求高、配送时效性要求高、配送成本高、配送的信息化程度要求高等特征。对于需要加工的生鲜商品，其配送操作程序如下：大量货物集中到仓库后，先进行初加工，包括将大块的货物分成小块，对货物进行等级划分，给蔬菜去根、去老叶，鱼类去头去内脏，配制成半成品等，再进行储存，最后配装送货。其典型流程为：订货→收货→加工→储存→配货→配装→送货。生鲜品配送中心的建设应注重需求分析、业态与经营规模分析、投资建设方式选择、综合规划与分步实施、环境设计、信息管理系统支持等，可以通过合理选择配送中心地址，合理设置配送路线，以及选择合理的物流技术，来提高生鲜品配送效益。

家电连锁企业配送具有及时性、非均衡性、服务要求高等特征。家电连锁零售企业的配送模式具有多样性，企业选择怎样的发展模式是企业规模、实力、经营理念等因素综合作用的结果。目前，主要的家电连锁企业在大家电配送方面，越来越多地采用了集中配送的一体化物流服务方式。集中配送与传统的配送方式相比，可以降低企业总库存，增加销售营业面积，降低经营成本，降低运输费用，最大限度地满足顾客要求。我国家电零售连锁企业的物流配送还存在信息系统不健全、配送中心运营效率低下、配送中心选址不科学等问题，应采取多种措施促进家电零售连锁企业配送体系的发展。

服装配送具有实现快速响应、以单品管理为主、流通加工作业较多等特点。服装连锁配送中应处理好以下几个关键点：包装运输和二次加工，市场快速反应机制的要求，适应服装多品种、小批量的发展趋势，库存合理优化。可以通过建立高效合理的物流配送中心、建设服装连锁企业的内部信息网络、积极开展共同配送等措施促进我国服装连锁企业的配送发展。

医药连锁配送具有日配送总量差别大、日配送门店数量的波动性强、不同时期药品需求种类差异明显等特征。可以通过建立集中化采购体系，合理进行仓库布局，完善库存结构管理，建立现代配送中心，增强配送能力，加快医药配送信息化、标准化建设等措施，促进我国医药零售连锁企业配送管理的优化。

主要概念

生鲜品配送　家电配送　服装配送　医药配送

基础训练

一、不定项选择题

1.对于保质期较短或对保鲜要求较高的生鲜产品，其配送的典型流程为（　　）。

A.订货→收货→储货→配货→配装→送货

B.配送中心订货→门店收货

C.订货→收货→配装→送货

D.订货→收货→加工→储存→配货→配装→送货

2.家电连锁企业配送的特点主要包括（　　）。

A.配送的及时性　　　　　　　　　　　　B.配送以单品管理为主

C.配送服务要求高　　　　　　　　　　　D.配送的非均衡性

3.下列各项中，（　　）属于我国医药零售连锁企业配送管理中存在的问题。

A.医药零售连锁企业"连而未锁"，集中采购规模优势欠缺

B.配送运营效率低下

C.医药配送信息化、标准化落后

D.仓库布局不合理，库存混乱

4.在家电配送中，集中配送与传统的配送方式相比，具有（　　）的优势。

A.降低运输费用　　　　　　　　　　B.对顾客的服务时间更灵活

C.降低企业总库存　　　　　　　　　D.增加销售营业面积，降低经营成本

5.服装连锁配送中应处理好（　　）等关键点。

A.市场快速反应机制的要求

B.包装运输和二次加工

C.适应服装多品种、小批量的发展趋势

D.库存合理优化

二、判断题

1.生鲜品配送中心属于低温物流，这与其他商品配送中心的常温物流形成了鲜明的反差。　　　　　　　　　　　　　　　　　　　　　　　　　　　　　（　　）

2.生鲜品配送中心一般实行大批量、少频次的配送方法。　　　　　　（　　）

3.一般来说，服装配送中心的流通加工作业较多。　　　　　　　　　（　　）

4.医药连锁企业虽然每日配送门店数量的波动性强，但日配送总量差别不大。
　　　　　　　　　　　　　　　　　　　　　　　　　　　　　　　（　　）

5.家电连锁企业应选择自营物流的配送模式。　　　　　　　　　　　（　　）

三、简答题

1.简要回答生鲜品配送的基本流程以及生鲜品配送中心建设中应注意的问题。

2.家电连锁企业配送的特点是什么？如何优化家电连锁配送？

3.我国服装连锁企业配送中存在哪些问题？应如何加以解决？

四、实训题

【实训项目】

生鲜品或家电配送作业流程优化实训

【实训情境设计】

5~6人为一组，参观、调研某连锁超市，收集相关资料，了解生鲜品或家电产品的配送作业流程，结合企业实践分析当前流程的合理性，并能站在新的管理技术、管理理念的基础上，看到其局限性，并在此基础上进行优化。

【实训任务】

对实习企业的生鲜品或家电产品配送流程进行调查，以小组为单位，按规范要求，绘制作业流程图；认真考察连锁企业实际需求，对照所学知识进行分析，并绘制改进后的作业流程图；制作实训报告幻灯片，相互讨论；撰写作业流程优化报告。

【实训提示】

在认真梳理本章理论知识的基础上，各组选择一家连锁超市作为调研对象，建议选择知名度较高、管理较规范的大型连锁超市。实训过程中，要注重组员的合理搭配与团队协作，要做好资料的记录和整理，以组为单位提交的某连锁超市配送作业流程优化报告要言之有物、有理有据，切忌空泛。

【实训效果评价】

针对实训任务的完成情况，填写表8-1。

表8-1　　　　　　　　　　　　　　实训效果评价表

考核项目	考核标准	所占比例
实训组织与准备	人员组织合理，分工明确，对调研目的和实训内容准备充分	10%
资料收集整理	能正确、熟练地通过网络收集目标企业的相关资料信息，对网络资源能够有效甄别、分析，并根据实训任务的需要进行科学整理。具备实地参观考察条件的，应合理选择考察项目，并对所选考察项目进行全面、深入的调研，得出第一手信息资料	20%
信息处理	分解复杂信息任务，列出行动计划，选择适当方法获取信息，培养职业信息敏感度，筛选有效信息，整理和综合信息，用文字与图表展示信息，用多媒体手段辅助信息传达	10%
与人交流合作	树立沟通意识，积极交流和表达，围绕主题交谈，把握交谈方式，倾听他人讲话并以多种形式回应，运用交谈技巧准确表达观点。理解团队目标，建立合作关系，明确自身角色，接受工作安排，遵守合作承诺，沟通工作进度，调整合作关系	10%
作业流程优化	以调研取得的第一手资料为基础，绘制企业的配送作业流程图，发现其中存在的不合理之处，提出改进方案，并绘制改进后的作业流程图	20%
实训报告	撰写的报告内容完整、真实，体会深刻，针对性强，切实反映了目标企业配送流程的问题，提出优化方案，表述符合基本原理，观点有独到之处	30%

课外拓展

获取连锁经营领域前沿资讯、政策法规、行业观点、数据资料，了解最新实务操作案例，请关注微信公众号"Analysys易观"（微信号：enfodesk）。

综合实训

【实训项目】

连锁企业配送管理软件实训

【实训情境设计】

以所在学校物流配送综合实训室为依托，以深圳招商迪辰系统有限公司开发的连锁企业物流配送解决方案为参考，通过连锁企业配送管理软件，模拟连锁企业配送管理的整个流程，包括配送单货物的拣选、运输车辆的配载、配送路径的优化、运输、配送到虚拟超市等。

将连锁企业整个物流系统分为以下几个子系统：仓储管理系统、运输/配送管理系统、GPS车辆跟踪与调度管理系统、结算管理系统、统计分析与报表管理系统、决策支持系统、客户端服务系统、数据交换与系统集成、基础数据管理。

仓储管理系统将支持区域配送中心和门店配送中心的仓库管理业务，以及整个物流体系的库存管理，即虚拟中央仓库管理，主要的功能模块包括：货位管理、仓库设置、货位设置、商品目录管理、初期商品目录录入、商品目录维护、出入库委托（接单）管理、到货指令、出货指令、入库管理（预入库计划查询、货位预安排、收货管理、检验管理、入库计划、入库执行调度、退货管理）、越库管理（越库计划查询、越库操作管理）、出货管理（预出库计划查询、拣货计划、拣货执行调度、出库复核、自提管理）、库存管理（转仓管理、库存调整、倒垛管理、盘点管理、商品溢损管理、组装/拆卸管理、货物加工管理、库存控制、货物分类管理、物权转移管理）、仓库管理（仓库租用管理、货位分配管理）、托盘管理（托盘调度管理、托盘状态维护与查询）、虚拟中央仓库（VNDC）管理、存货储备分析（存货库龄分析、安全库存预警、保质期预警、存货 ABC 分析）、库存报告（进出库报表、日结报表）、条码编制打印。

运输/配送管理系统的主要功能模块包括：运力资源管理（车辆管理、司机管理、运输/配送线路管理、车队管理、运力状态管理）、运输管理（运输计划、车辆调度、车辆跟踪）、配送管理（配送订单管理、运输调度管理、运输配送单管理、业务跟踪管理、回单管理）。

GPS 车辆跟踪与调度管理系统的主要功能模块包括：实时车辆跟踪、通信调度、报警管理、车辆历史行程跟踪、地图管理、车辆管理。

结算管理系统的主要功能模块包括：合同管理、费率及价格管理、费用维护与核算、费用的统计和分摊、预核算管理、应收应付账管理、核销管理、开票管理、发票管理、账龄分析、成本利润分析、结算管理（对冲、分摊、往来账管理）。

统计分析与报表管理系统的主要功能模块包括：业务统计分析、作业统计分析报表、财务统计分析报表、库存业务报表、库存分析报表、财务统计查询、综合统计报表管理、预警管理、绩效考核管理。

决策支持系统的主要功能模块包括：配送优化（基于 GIS 系统，实现配送过程的运力配载、车辆调度和线路优化）、存货管理、库存补货决策（采购决策）、数据挖掘、报表分析。

客户端服务系统的主要功能模块包括：网上业务管理（客户可直接在网上进行配送委托单的下达，并可查询下单后相关处理情况）、网上业务查询（订单查询、货物跟踪查询、库存查询、商品流向查询、网上业务量的查询、费用及账务查询、付款计划查询、费用查询、客户投诉及意见反馈）。

数据交换与系统集成的主要功能模块包括与其他信息系统的接口。由于连锁企业的物流业务涉及企业的多个环节，涉及与多个外部系统的衔接问题，所以物流信息系统与多个信息系统都存在信息交换。

基础数据管理的主要功能模块包括：通用基础数据（主要是分类、费用科目、计量单位、包装类型、状态，客户或结算对象管理，价格管理等）、组织与人事管理（组织机构管理、员工档案管理等）、系统管理（用户管理、系统参数管理、角色管理、数据备份、数据恢复等）。

【实训任务】

系统管理模块操作。其具体包括：各个部门和部门项目的设置方法；系统员工资料的录入方法；各个部门操作权限的具体设置以及系统密码、代码和编号的操作方法。重点掌握部门设置方法和员工资料录入方法。

客户管理系统模块操作。其具体包括：客户基本信息的操作和管理；客户报价系统及报价明细的操作；合同资料以及合同仓位的操作和管理。重点掌握客户报价系统和报价明细的操作。

配送管理系统模块操作。其具体包括入仓处理流程、出仓处理流程、加工处理流程和资源的查询与统计。入仓处理流程包括分配入仓作业资源、仓库基本信息的管理和操作，卸货作业、验货作业和分配仓位作业；出仓处理流程包括出仓选货、出仓装车、分配资源和出仓装卸作业；加工处理流程操作、资源的查询和统计操作。重点掌握入仓处理和出仓处理流程的操作。

运输管理系统模块操作。其具体包括：运输基本资料的设置和操作；运输客户管理操作；调度管理操作（包括车辆查询、订车处理、调度配载和费用处理操作方法）；运输成本的计算和统计查询操作。

【实训提示】

实训指导教师应对配送应用软件进行讲解和上机指导，使学生熟练掌握仓储与配送的基本操作流程，能够在各大模块中快速、准确地录入基本资料，完成模块之间的切换和信息之间的传递，并能够利用系统资源对现有资料进行查询和管理，最终达到能够根据实际案例快速完成软件操作的目的。

【实训效果评价】

针对实训任务的完成情况，填写表综-1。

表综-1   **实训效果评价表**

考核项目	考核标准	训练模块	所占比例
系统基本信息维护能力	能正确、熟练地进行部门、项目、员工、操作权限、密码等基本信息的录入、查询、修改和删除操作	系统管理模块	10%
客户基本信息维护能力	能正确、熟练地进行客户基本信息、报价信息的录入、查询、修改和删除操作	客户管理模块	20%
货物入仓、出仓操作流程	能正确、熟练地进行入仓单生成、入仓流程操作、入仓保管、出仓选货、出仓单生成、出仓流程操作	配送管理模块	30%
运输路线管理	能正确、熟练地进行货物运输路线的添加和维护	运输管理模块	10%
综合分析	积极、认真地完成综合实训活动，主动性强，撰写的报告内容完整、真实，体会深刻，针对性强，表述符合基本原理，观点有独到之处	综合训练模块	30%

主要参考文献

[1] 阮喜珍. 物流配送管理实务 [M]. 天津：天津大学出版社，2014.

[2] 李加明. 连锁企业物流配送中心运营实务 [M]. 北京：北京理工大学出版社，2014.

[3] 欧健. 现代物流配送理论与实务 [M]. 广州：世界图书出版广东有限公司，2012.

[4] 江少文. 配送中心运营管理 [M]. 2版. 北京：高等教育出版社，2011.

[5] 刘联辉. 配送实务 [M]. 2版. 北京：中国物资出版社，2009.

[6] 高海辰. 连锁配送网络技术 [M]. 2版. 北京：高等教育出版社，2008.

[7] 刘宝. 连锁企业物流配送与管理 [M]. 北京：化学工业出版社，2008.

[8] 殷沿海. 配送中心规划与管理 [M]. 北京：高等教育出版社，2008.

[9] 宾厚. 配送实务 [M]. 长沙：湖南人民出版社，2007.

[10] 陈平. 物流配送管理实务 [M]. 武汉：武汉理工大学出版社，2007.

[11] 钱芝网. 配送管理实务 [M]. 北京：中国时代经济出版社，2007.

[12] 于宗水，赵继兴：配送管理实务 [M]. 北京：人民交通出版社，2007.

[13] 郑承志，刘宝. 物流管理概论 [M]. 北京：电子工业出版社，2007.

[14] 陈修齐. 物流配送管理 [M]. 北京：电子工业出版社，2006.

[15] 江少文. 配送中心运营管理 [M]. 北京：高等教育出版社，2006.

[16] 刘斌. 物流配送营运与管理 [M]. 上海：立信会计出版社，2006.

[17] 祁洪祥，钱廷仙. 配送管理 [M]. 南京：东南大学出版社，2006.

[18] 汝宜红. 物流运作管理 [M]. 北京：清华大学出版社，2006.

[19] 吕军伟. 物流配送业务管理模板与岗位操作流程 [M]. 北京：中国时代经济出版社，2005.

[20] 孙红. 物流配送中心管理 [M]. 北京：高等教育出版社，2005.

[21] 邬星根. 仓储与配送管理 [M]. 上海：复旦大学出版社，2005.

[22] 单凤儒. 管理学基础 [M]. 2版. 北京：高等教育出版社，2004.

[23] 赵家俊. 现代物流配送管理 [M]. 北京：北京大学出版社，2004.

[24] 汝宜红. 配送中心规划 [M]. 北京：北京交通大学出版社，2002.

[25] 贾磊，沈振辉. 连锁便利店物流配送管理模式分析——以7-ELEVEn为例 [J]. 安阳工学院学报，2017（3）.

[26] 范学谦. 生鲜电商的配送模式解析 [J]. 物流技术，2017（8）.

[27] Intelligrated. 阿迪达斯美国南卡罗来纳州配送中心 [J]. 物流技术与应用，2017（7）.

[28] 刘敏. 探析家电零售连锁企业物流配送问题 [J]. 物流科技，2012（6）.

[29] 邓汝春. 服装配送中心的设计与规划研究 [J]. 中国市场，2009（15）.

[30] 祁庆民. 服装物流的关键点与解决之道 [J]. 物流技术与应用，2009（5）.

[31] 韩延慧，李昭熹. 连锁企业物流配送模式选择研究 [J]. 物流技术，2008（8）.

[32] 彭文治. 我国医药连锁零售企业物流管理问题及对策 [J]. 贵州工业大学学报：社会科学版，2008（6）.

［33］张卫星，王欣. 家电零售连锁业物流配送现状及优化研究［J］. 中国市场，2008（45）.

［34］陈光军. EDI技术在现代物流管理中的应用［J］. 中国管理信息化，2007（5）.

［35］贾兴洪. 连锁超市物流配送模式及选择［J］. 商场现代化，2007（20）.

［36］孟群波. 配送中心如何做好信息管理［J］. 中国市场，2007（4）.

［37］王涛. 作业成本法在配送成本管理中的应用［J］. 科技创业月刊，2007（10）.

［38］魏际刚. 促进我国医药物流发展的政策建议［J］. 中国流通经济，2007（3）.

［39］王茜. 我国服装企业物流配送中心的建设模式选择研究［J］. 商场现代化，2007（2）.

［40］夏白燕. 关于科学管理生鲜配送的思考［J］. 价值工程，2007（1）.

［41］张丽君. 商业连锁企业物流配送管理［J］. 中国市场，2007（32）.

［42］钱廷仙. 连锁零售企业配送模式的选择［J］. 江苏经贸职业技术学院学报，2006（2）.

［43］任慧军. 连锁企业物流配送成本的影响因素与运作策略［J］. 河南科技，2006（6）.

［44］张长森. 连锁零售企业共同配送模式探析［J］. 商业时代，2006（34）.

［45］王微怡. 物流改革是家电销售企业发展的创造力——从国美物流改革看家电销售企业的发展［J］. 家电科技，2005（3）.

［46］郁庆华，松林宪雄. 现代医药物流配送中心的建设［J］. 物流技术与应用，2004（6）.

［47］祖倚丹. 服装连锁经营的物流管理［J］. 中国纺织，2004（10）.

［48］向琳. 无人机开启物流配送新时代［N］. 证券时报，2017-07-15.

［49］白杨. 生鲜电商：冷链物流的配送服务成为新战场［N］. 现代物流报，2017-09-27.

［50］年双渡. 沃尔玛能否在配送服务上扳回一局［N］. 中国商报，2016-08-05.

［51］方昕. 投资生鲜配送中心建设要注意的问题［N］. 现代物流报，2006-07-13.